21世纪广告智能运作书系

书系主编　高凯征

品牌学概要

许铁吉　蔡学平　王云刚　编　著

中南大学出版社

网址：www.csupress.com.cn

图书在版编目（CIP）数据

品牌学概要/许铁吉等编著 . —长沙：中南大学出版社，2009.1
ISBN 978-7-81105-892-5

Ⅰ.品...　　Ⅱ.许...　　Ⅲ.企业管理：质量管理 – 高等学校 – 教材
Ⅳ.F273.2

中国版本图书馆 CIP 数据核字（2009）第 006310 号

品牌学概要

许铁吉　蔡学平　王云刚　编著

□责任编辑	彭亚非	
□责任印制	易红卫	
□出版发行	中南大学出版社	
	社址：长沙市麓山南路	邮编：410083
	发行科电话：0731-8876770	传真：0731-8710482
□印　　装	长沙市宏发印刷有限公司	

□开　　本	787×960 1/16　□印张 16.75　□字数 295 千字	
□版　　次	2009 年 1 月第 1 版　□2017 年 1 月第 3 次印刷	
□书　　号	**ISBN 978-7-81105-892-5**	
□定　　价	**35.00 元**	

总序

　　广告业的繁荣在中国也就是十几年的时间。十几年间，中国大体上完成了计划经济向市场经济转型，广告业伴随着市场经济的发展而发展起来。同时，它也是市场经济的有机构成、广告业在市场经济中发展，市场经济在广告业中展示。

　　不过，广告作为传播商品或商品生产信息的形象手段，却由来已久，大约有两千多年了。声音广告、实物广告、标志广告、色彩广告、语言广告等等，先秦至汉就不断地普遍起来。历史是文化的构成与展现形态，又是文化的过滤器。在漫长的历史过程中，很多存在过甚至繁荣过的东西消失了，很多先前没有的东西产生了并且繁荣了，更有一些东西消失了复又产生，产生了又再消失，几起几落，这就是历史的文化过滤作用。历史过滤有历史根据历史标准，合于这根据的东西就保留和繁荣起来，不合于这根据的东西就被滤除或者淘汰。这历史的根据或标准又不断地变化，此一时彼一时，这就有了此时被淘汰而彼时又生出的情况。再有，这历史的过滤作用又有空间地域的差异，在此一地产生的东西在彼一地未必产生，在此一地被淘汰的东西在彼一地未必淘汰。比如中国的京剧在西方就没有，而西方规模宏大的教堂群在中国也没有。时间与空间是历史的基本形态也是历史过滤作用的基本形态。不过，不管历史怎样发挥着过滤作用，怎样使不少东西被滤除使不少东西消而又生或生而又消，也不管历史怎样地体现为空间或地域差异，广告却在历史中长存并长盛不衰。这样，广告及广告业就成为一种普遍的历史现象。当然，广告业作为业而产生并繁荣这是社会分工的结果。社会分工有社会分工的条件，当广告业作为业而独立并繁荣时，相应的历史条件便是商品经济的一定程度的发展与发达。据史记载，唐宋两代是中国广告业相当繁荣的两个时期，专门有一批技艺高超的手艺人在专门的场所从事着花样繁多的精美的广告制作，当时，车船、房架、院墙、廊柱、铺面、门脸、摊亭等都作为广告媒体被开发出来。唐宋时期，正是中国商品经济空前发展的时期。有人说，盛世广告多。这话不假，不仅唐宋，历史上凡值盛世，便都有广告的繁荣。从这一意义说，广告是建立在商品经济基础上的社会繁荣的晴雨表。

广告及广告业与商品经济的内在联系则在于广告乃是商品经济的表象，商品及商品经济经由广告及广告业创造的表象而自我表征、而传播信息、而营造市场并赢得市场。"酒好不怕巷子深"是因为好酒借助于人们的口碑广告而走出深巷，广为人知，进入市场。有些人认为商品好没有广告照样不愁买主，这种看法的迂腐处在于它不知道一传十十传百的好口碑本身就是广告，同时它也不知道大家所以乐于传乐于使自己成为那"好酒"的活广告，乃是因为那好酒需要广告，需要广告才有一传十十传百的广告效应，也才有那酒的更好；此外，这迂腐还在于，迂腐者没有想到，如果那好酒有了更多的广告宣传形式，它会获得更大的市场，它将由深巷进入闹市，再由闹市走向全国乃至世界。

这就涉及到广告与商品与厂家与市场与消费者与媒体的关系。这是一个复杂的关系群。构成关系群的每一方都在不停地变化，而任何一方的任何一点变化都会经由这复杂的关系引起其他各方的变化。问题是所有这些方面又都在不断地变、同时地变，这就是变幻莫测了。不少商品，不少厂家，不少广告部门，不少广告媒体，就是因为没有很好地顾及各方之变，顺应各方之变，进而以应万变而寻求自身发展的不变，而终于每况愈下甚至淘汰出局。商品经济愈发达，广告业愈繁荣，由上述诸关系方面组成的关系群也就愈千变万化，充满玄机，愈要求眼观六路耳听八方，随机而起应时而动。这样一来，专门研究广告的广告学就成为综合各方的、动态的、机智的、富于创造性的学问，从广告业的经营与发展角度说，这几乎成为一门事关存亡的学问。

当下，中国的市场经济进入繁荣期，很多专家学者认同这样的说法，即随着市场经济的更加繁荣，中国的社会发展已呈现出众多的历史盛世特征。这样一来，就盛世广告多的历史一般性而言，中国广告业的更加繁盛正成为不争的事实。广告业的繁盛自然要集聚一大批广告从业人员，即所谓广告人；而广告学的事关经营与发展之存亡的严重性，又使得这门学问成为广告人及有志于广告的人无可回避必须精修的学问。由此，广告便有了相当普遍而且强烈的求教与施教的社会需求。一些专门从事广告学教学的院校或专业陆续被催生与发展，一批专事广告教学及研究的教师先后进入角色，更多急欲求知的学生也带着广告人的梦想走进课堂。20 世纪 90 年代初，极少数率先开设广告专业的教学者还被业内人士讥笑为投市场经济之机巧，曾几何时，大家又都唯恐不先地挤入这块专业教学领域。这又一次证明任何选择都无从离开发展变化的现实，发展才是硬道理。

　　真正有成效的广告教学离不开适宜于广告发展现实的教材。然而现实发展太快,广告学问的社会需求也来得太猛烈,而任何一门知识的教材又需要一个积累沉淀的过程。虽然可以借鉴,借鉴邻近学科的教材,借鉴先行的他国同类学科教材,但这毕竟是借鉴而且也只能是借鉴。中国的广告教材如果不适宜中国广告的发展规律,那就只能是花拳绣腿误人子弟。

　　适宜于中国广告业实际、适宜于中国广告发展、适宜于中国广告人才需要的广告教材,成为急切的时代呼唤。

　　摆在读者面前的这套"21 世纪广告智能运作书系"正是应时代呼唤而生,应时代的广告教学需要而生。它承载着历史的广告业的坎坷起落而来,积聚着广告的经验积累而来,负载着广告人的热切期待而来,承担着广告学及广告业繁荣的压力而来。它是一个风尘仆仆的赶路者,带着喧嚣的市场风尘进行冷静的思索。

　　广告这门学问是一个综合性很强的学问,它须直面充满活力并变动不居的现实复杂的广告场景,须对解答实践着的广告及广告业难题提供富于实践意义的启发与引导,它还必须提供广告开发与创造广告精品、更充分地发挥广告效应的方略。这就是广告学的现实具体性特征。在所有的学问中,具体性的而非抽象性的学问是极具知识综合性的学问,没有众多知识的融会贯通就没有现实具体性的学问性及实践性的实现。广告策划、广告创意、广告经营、广告媒体开发、广告制作等,都直接面临具体的实施效果问题,而每一个效果的获取又都涉及众多方面知识。广告策划的总体方略,怎样既合于商家又合于市场更合于消费者的关注? 这就既要知晓商家的经营之道及经营状况,又要了解市场的变化规律变化现实,还要了解消费者的消费期待、消费水平、消费习惯。这里的每一个方面都靠相关知识的支撑着:工商管理学的知识、经济学的知识、市场学的知识、消费学的知识、心理学的知识、美学的知识、文化学的知识、民俗学的知识、传播学的知识、媒体学的知识、设计学的知识、写作学的知识,等等。这众多知识如血液贯体般地流转于广告学问及其应用中,任何一方面知识的不足都会给施教与应用带来窘迫与尴尬。有人说广告的学问在广告之外,这话当然是有道理的。当广告人不是很难,也就是个谋业与敬业问题,但要成为广告界精英成为呼风唤雨的广告大师,那就大不容易了。其中的难就难在这需要大量的知识积累,需要从业于广告的人是一个真正意义的通才。按照这样的标准来编写广告学教材,要通过这样的教材去培养广告人,去为广告业精英、广告大师打下坚实的广告学基础,不突出广告学的知识综合性特点,显然不行。

此外，广告学问既非知的学问亦非技的学问，但它又离不开知与技，它介于知与技之间，是知的具体运用是技的经验向着知识的升华。中国古人称这类学问为"术"，古希腊的亚里士多德则称之为"艺"。广告学的教材如果按照纯然的知识类教材去编写，对定义范畴特点功能等，条分缕析，成识成体，不能说这类教材没用，这也只是专业知识的入门之用。而且，不管这类教材如何追求知识的体系性，理论的精深性，它也比不上那些理论性很强的专业。眼下不少这类关于"术"或"艺"的教材，特别在知识性理论性上下功夫，整个体例建立在原理、特点、功能等的知识性阐述的基础上。使用这样的教材，学生知道了是这么回事甚至知道了为什么是这么回事，但却不会动手动脑去做这事，这就是问题了，这显然有违教学的初衷。像这样的以知为重的教材，在广告学的各类学问中，在总类或重要分类中有一本两本概论性的东西也就够了。至于少数人要进一步深造，要在广告学领域做大学问，如攻读硕士或博士学位，进而成为这一领域的理论家，那当然须有更富于理论性的教材，但那又绝不是概论性的东西，而只能是专题研究的专著性教材。像现在不少教材那样，应用而不能用，专题研究却既非专题又不得专题之究，就不伦不类了。

当然，走另一种极端，把广告学问做成技术性教学，只是在动手、动口能力上下功夫，使学生所学仅止于如何市场调查，如何谈判，如何做灯箱广告路牌广告等，这也不合于广告的学问规定。这些具体动手或上手的技术性的学习或训练确实应该有，应该学与练，但不能仅止于此，还要进一步向知识学问的高度提升，即不仅使学生会动手去做，更要使学生知道为什么应这样去做，知道何以这样做行而那样做就不行。一则电视广告，从形象到言辞到场景和音乐，做出来播出来了，看上去似乎原本就应该如此，其实从制作者角度说，他着手制作时是面临着众多种选择的，每一个局部或细部都有众多选择，对每一个选择他都要进行大量比较，而最终所以这样来做而不那样去做他都必须有所根据。这里是容不得盲目性的，也非随意之举。为什么有些电视广告，从模特表演到场景，音乐、言辞、摄制技术都很不错，受众也乐于观看，但十几遍播过去了，就是记不清所宣传的商品叫什么名称？为什么一些报纸广告整版地做，不断地做，受众应合率却远不如预期那么高？为什么一些优秀的现场广告可以技压群雄，从其他现场广告中脱颖而出一下便抓住受众的注意，而其他广告反倒成了陪衬？为什么一个广告策划可以救活一个企业、创出一个品牌，而更多的广告策划却无助于企业走出打不开市场的困境？为什么有些广告语美则美矣却乏力于促销，而另一些看似平常的广告语却产生出强而有力的关注效应，甚至一语定乾坤？这类问题主要并不是技术或技艺水平问题，这里有众多学问的灵活运用。仅从心理学角度说它就涉及感觉强化问题、知觉注意问题、同构问题、认知问题、想像问题、记忆问题、情感问题、共鸣问题，等等。对于制作者来说，桃李不言可以，心中无数则决然不行。这心中的数就是学问。这学问的体现及获得这学问之方法的重要习得处所就是教材及使用教材进行教学的课堂。

广告学的"术"或"艺"的学问，在亚里士多德的识、智、艺的三元划分中属于"智"。"智"，即智能，这是开启、运用、展示聪明才智的能力。它不同于观念的知，也不同于技术技艺的技，智能是知与技的汇聚场所。无知则无智，同样，无技也无智，专门的知汇成专门的智，专门的技受导专门的智。而广告学问的综合性又决定了广告之智乃是综合的智，它由众多知识支撑又向广告所需的众多技艺敞开。广告学问做成知的学问或做成技的传授都未见其本分，惟基于广告知识的广告智能开发，才是这门学问的起点与归宿。概括地说，就是如何进行广告学的智能传授与训练。这套"21世纪广告智能运作书系"就是奠基于广告学智能的传授与训练，并以此组合知识、转用知识、综合知识、再以此为根据形成思路和体例，建构以智能实训为特征的学问体系。

广告学的智能实训，须以教为引导以训为主元。教，主要讲授待训之智能的性质、结构、心理特征、训练根据、训练方法根据、训练要求、训练目的等等；训，则分导训、助训与自训，引导学生成为智能开发的主体。这类教与训再与相应的广告学知识关联起来，以相应的广告专业知识为专业智能实训的知识提领并据此营造相应的知识场景与应用场景，专业知识由此被讲授。在这样的学问系统中，专业知识铺设进去了，专业知识向专业智能实训的转化展开了，提升专业智能的目的也现实化了，学生学成后用于专业开发的业绩也就随之而来。就这样的知识——实训——智能提高——专业应用四位一体的教材学问构架及学问体系而言，这是一套应广告及广告业现实发展的实际需要，实现知识智能转化的富于创新性的教材。这套教材的构架与体系，决定着旨在开发智能的案例分析，旨在进行智能实训的专业场景式、专业课题式、专业情境式训练题目的设立，以及学生的实训参与、实训参与过程设计，实训成果检验这三个方面，它们在教材中占据重要位置。这里的难点及特点并不在于案例分析及训练题目的设立形式，这类形式在其他教材中也都不同程度地引起关注并设立，而在于把这类形式的根基设立于智能开发的基点。显然，让人知道一件事与教人做好这件事并不是一回事。出于知识的基点与出于实训的基点，两者即便用到同一个案例与设立同样的习题，其要求其侧重其具体分析与展开过程也大不相同。其中的差别，与告诉人南极旅游的知识和亲自组织旅游团到南极旅游是完全不同的两回事一样。

这套教材中的半数以上内容在此前三年中已在辽宁广告职业学院及部分从业人员培训中不同程度地试用，并在试用中不同程度地修改与完善，收到的教学效果是令人振奋的。一些综合性大学的广告专业也已引入或正在引入这样的教学思路及这套教材此前已然成形的部分。

广告业的繁荣与发展催生着与之适应的广告学教学，卓有成效的广告学教学通过源源不断地为广告业输送开发了专业智能的人才而促进广告业的更加繁荣与发展。这个过程中，作为广告业及广告人才的答谢式馈赠，以智能实训为基点的广告学教材也在实践中如根基于沃土的苗木，饱受阳光雨露的滋养，正长成繁茂的森林。

现在，这套教材向读者们交付了，它需要在读者的批评中不断完善。

以此为序。

高凯征

目　录

第一章　品牌概述

学习目标

1. 掌握品牌的定义与内涵。

2. 了解品牌的类别。

3. 理解品牌的作用与意义。

4. 了解品牌的历史渊源。

基本概念

品牌　　品牌承诺　　品牌类别　　产品线

品牌故事

金色拱门下的麦当劳

金黄拱门下的美味汉堡和亲切服务，从一诞生到今天一直深受消费者的欢迎。麦当劳遍布世界各地，为了迎合不同国家和地区的消费者的饮食习惯，在保持麦当劳产品传统特色的同时，产品的本土化特点也相当突出。它在不同国家和地区的产品线有着明显的差异。

"麦当劳不仅仅是一家餐厅。"这句话精确地涵盖了麦当劳集团的经营理念。在麦当劳的全球运营体系中，麦当劳餐厅是很重要的一环，因为麦当劳的经营理念和欢乐、美味是通过餐厅的人员传递给顾客的。

1928年，麦当劳兄弟在美国加利福尼亚州开设了一间小食品店，贩卖一种以面包夹香肠的食品，取名为汉堡。由于价廉、味美、方便，生意愈做愈兴隆。为了发展业务，麦当劳兄弟决定机械化生产汉堡，为此订购了八部碎肉机。

碎肉机推销员雷·克罗克（Ray Kroc）看到麦当劳兄弟购买那么多碎肉机，心里大为疑惑，于是亲临麦当劳去一探究竟。具有生意眼光的雷·克罗克看见汉堡生意如此兴隆，认定这产品会有发展前途。他反复观察分析，坚定了信心，与麦当劳兄弟协商，不惜高价购买专利权，自己经营汉堡。他接手后，生意更加蒸蒸日上，仅在1960年就赚了5 600万美元。

雷·克罗克注意产品品质，为使汉堡美味可口，百吃不厌，他奉行品质至上的观念，不新鲜的肉，绝对不用，违者必究。这种指导原则和管理措施使得产品品质始终如一，赢得了信誉。同时，注意增加花式品种，以适合顾客的各种口味。

雷·克罗克确立了"顾客至上"的宗旨，规定所有销售店要做好服务工作。在各销售店的柜台设有整洁的纸餐巾和牛奶、可口可乐用的吸管，让顾客随意取用。同时，员工态度和蔼，热情待客。顾客打个电话，也可送货上门。总之，他为这50美分的买卖（一个汉堡的售价）设想得十分周到。

讲究卫生，是麦当劳的一项重要原则。雷·克罗克强调，汉堡要向不注重卫生的习惯挑战。他规定员工要懂得如何注意卫生，明确规定产品的卫生标准和销售店的清洁条例。员工的工作服，一律要雪白整齐，天天更换；店里的一切物品，摆设得井井有条；纸屑杂物，随见随清。餐厅的每一个用具、位置和角落都体现出麦当劳对卫生清洁的注重。麦当劳为顾客提供了一个干净、舒适、愉快的用餐环境。

顾客的满意程度是衡量产品生命周期的重要尺度。快捷、友善、可靠的服务是麦当劳的标志。麦当劳从经验中懂得向顾客提供优质服务的重要性，因此每一位员工都会本着以顾客为先的原则，为顾客带来欢笑。汉堡问世80年，它不但没有衰落，反而越销越旺，它走出加州，遍及美国，走向世界。究其原因：一是便宜，一个汉堡价钱是一个普通工人工作五分钟的报酬，一顿午餐吃两个汉堡就够了；二是便利，国外的企业机关中午只有半小时的休息，汉堡掌握并利用了这一机遇；三是美味多样，迎合大众的不同需求。

此外，汉堡的成功与雷·克罗克注重提高人员素质是分不开的。"汉堡大学"培养了各方面的管理人才，确保了经营水准。雷·克罗克曾经说过："麦当劳是群体力量的成功故事，只要继续共同努力，我们必会永远独占鳌头。我们对汉堡行业的态度比谁都认真。当时是如此，现在也是如此！麦当劳不是空谈品质、服务、清洁和物有所值，我们是付诸行动的！"

麦当劳在不同时期推出的广告语甚多，但都紧紧围绕"欢乐"而展开。比如目前在台湾，麦当劳推出的广告语是"欢笑欢聚麦当劳"，在中国内地的广告语是"更多欢笑，更多选择，尽在麦当劳"和"常常欢笑，尝尝麦当劳"。

美国《商业周刊》2007年对"品牌价值"所做的市场调查数据显示，麦当劳在没有任何抵押的情况下，至少有293.98亿美元的身价。这个巨额身价的认定，是对全球化成功经营的麦当劳的最佳肯定。目前麦当劳在全世界六大洲121个国家中拥有超过30 000家连锁店，每天销售2亿多个汉堡，全球营业额约 406.3 亿美元，净利润约 19 亿美元。1959 年，世界第一家麦当劳由创始人雷·克罗克在美国芝加哥 Eik Grove Village 成立，金黄拱门下的美味汉堡和亲切服务，立刻受到各界人士的欢迎。现在，每天为全世界 4 500 万以上的人士提供超值美味的麦当劳汉堡，并且每 3 小时就有一家麦当劳在世界的某个位置诞生，使得人们走遍世界各地，都可以看到代表着快速整洁和亲切服务的餐饮业连锁品牌与领导者的金黄拱门。

第一节　认识品牌

20 世纪的 50 年代，美国的大卫·奥格威第一次提出了"品牌"概念，至今不过半个世纪多一点。50 多年来，"品牌"二字成为当代营销界使用频率最高的词语。而我国直到 20 世纪 90 年代后期才有了品牌的概念，随着我国市场经济体制的不断完善和市场经济的蓬勃发展，无论是在企业界还是学术界，都越来越高度关注品牌的成长和品牌运营的规律。

一、品牌的定义

品牌一词来源于英语单词"brand"或"trademark"。实际上，英语"品牌"（brand）一词源于古挪威语的"baandr"，意思是"打上烙印"。原本是指中世纪烙在马、牛、羊身上的烙印，用以区分其不同的所有者。手工业者往往在自己的产品上打上标记，以证明出处。

品牌被用来区分不同生产者的产品由来已久。如今，品牌的内涵早已超出这个范围。综合有关品牌的各种定义，归纳起来有以下四个不同侧重的类型：

（一）符号说

这类定义着眼于品牌外在的识别功能。它从最直观、最外在的表象出发，将品牌看作是一种标榜个性、具有区别功能的特殊符号。消费者对一个品牌的认识首先通过视觉来感知。因此，品牌的设计、包装等个性要素，作为一种能激发视觉印象的符号，如果能够给消费者带来较强的视觉冲击，就能产生巨大的威力。许多世界名牌的标志，如麦当劳的 M 形招牌、耐克的钩形标志等，一直以来都带给消费者强烈的视觉冲击，并且潜移默化为其品牌密不可分的一部分。在一些消费者眼中，标志符号几乎就是品牌的全部。

（二）综合说

这类定义将品牌置于市场营销乃至整个社会的大环境中加以分析。认为品牌不仅包括品牌名称、包装、标志等有形的信息功能方面的内容，而且还将品牌放入历史与时代，做横向和纵向的全坐标的考量。明确了与品牌密不可分的要素，如历史、社会、文化、法律、市场经济、心理感受等，这些是无形的，容易被人忽略，但它们又是客观存在的，是构成品牌的必要成分。只有将这些要素最大限度地加以整合，品牌概念才是完整的。就像大卫·奥格威在《品牌经营法则》中说的那样："除了品牌就是产品外，品牌认同的基础概念还必须包括'品牌就是企业'、'品牌就是人'、'品牌就是符号'的概念，品牌实际上是由其本身整合诸多品牌信息而构成的。"

（三）关系说

这类定义从品牌与消费者沟通功能的角度，强调品牌价值的最后实现由消费者来决定。这种界定强调品牌是一种偏好，甚至是一种偏见，是消费者或某些权威机构认定的一种价值倾向，是市场选择、社会评论的结果。

这种说法认为，品牌能够被认同是与消费者的情感化消费密切相关的。消费者的选择往往决定一个品牌的命运，如果消费者对于产品的认识和情感是友好积极的，品牌就有可能转化为一种无形资产，从而体现出价值；否则品牌就会面临被遗弃的严重危机。

品牌的概念是在产品和消费者之间的互动过程中形成的，产品提供给消费者满意的使用价值，消费者通过自己对产品的感知形成一定的认识并对其产生类似于依附的情感。一个品牌的建立必须经过生产领域和流通领域，这两个环节缺一不可，而消费者则是流通领域的"把关人"，一个产品得不到消费者的认同便只能是功败垂成。品牌属于生产者，但在根本上，它更属于消费者。

"关系说"很好地将品牌放到一个更广阔的领域里加以认定，充分肯定了消费领域对品牌的打造所具有的决定性作用，这较前几种定义无疑是一种飞跃。但它又片面强调了消费者的作用，忽视了品牌自身因素的功能，同时也只偏重说明产品与消费者之间的关系，而忽略了其他关系利益团体，如政府、供应商、技术市场等对品牌的影响。而整合营销学认为，其他主要关系利益团体对品牌的影响并不亚于消费者。

（四）资源说

这类定义着眼于品牌具有的价值。在经济学的角度，从产品的外延如品牌资产方面进行阐述，突出品牌作为一种无形资产时给企业带来的财富和利润，给社会带来的文化及时尚等价值意义。认为品牌是一种价值，在一定程度上脱离产品而存在，可以买卖，具有获利能力。这种说法主要侧重于品牌在市场运营中的作用。

以上四类定义从各自的角度对品牌的内涵做出不同界定，各有侧重点。综合以上定义之所长，可将品牌定义如下：品牌是能给拥有者带来溢价、产生增值的一种无形资产，它的载体是用以和其他竞争者的产品或劳务相区别的名称、术语、象征、记号或设计及其组合，增值的源泉来自于在消费者心中形成的关于其载体的印象。

二、品牌的构成要素

品牌不仅是一个名称，它还含有许多信息，既有表面的、外在的，使人一见便知的，又有内在的，需要深入领会的。只有将这些信息最大限度地整合起来，品牌才是完整的。品牌的构成要素有以下两个方面。

（一）品牌的显性要素

显性要素是品牌外在的、具象的因素，可直接给予消费者视觉上的冲击和感觉上的印象，包括品牌名称、标志与图标、标记、标准字、标准色、标准包装、广告曲。

1. 品牌名称。品牌名称往往简洁地反映产品的中心内容。品牌名称不仅将产品本身内容加以概括，而且还反映着企业的经营理念、价值观念、企业文化等元素。它在品牌中起着提纲挈领的作用，是消费者记忆品牌和品牌传播的主要依据。例如五粮液所体现的纯粮酿造的品质，金六福所表达的良好祝愿等。

2. 标志与图标。这是品牌用以激发视觉感知的一种识别体系，它能给人以更具体、更可感的形象记忆，帮助消费者更好地识别和记忆品牌。

标志是表示起源和所有权的一种方式。标志可分为两种，一种是文字标志，用独特的形式书写，标示公司名称和商标。例如Coca-cola的独特的具有飘逸感的字体。一种是抽象标志，例如梅塞德斯—奔驰的三叉星徽、劳力士的皇冠和奥林匹克的五色圆环。这些没有文字的标志也被称为图标。

3. 标记。是品牌图标的一个特殊类型，它不但具象，而且往往取材于现实生活，标记在广告和包装设计中，起着非常重要的作用。

标记形象生动，色彩丰富，充满想象力和趣味性，它能使品牌的视觉体系变得活泼生动，品牌形象变得饱满、鲜活，并且使品牌个性得以具体化。标记可向消费者充分传递产品的特性和品牌的个性，拉近品牌与消费者之间的距离。标记可以是某种有生命的事物，例如花花公子的兔子、可口可乐酷儿果汁饮料的酷儿精灵等；也可以是活生生的人物，例如肯德基上校、麦当劳大叔、万宝路牛仔等。

4. 标准字。标准字是品牌传播中的文字部分，它常常是品牌的名称或企业的经营口号、广告语等。例如李宁的"一切皆有可能"、雀巢的"味道好极了"。

5. 标准色。标准色是体现自我个性并用以区别其他产品的色彩体系。它一般选用鲜明的色彩，将愉悦的、欢快的情绪传达给消费者。例如柯达的黄色、富士的绿色、可口可乐的红色、百事可乐的红蓝相间等。

6. 标准包装。是指某一具体产品的体现个性的独特的包装方式。例如喜之郎水晶之恋果冻的心形外壳、酒鬼酒的麻袋形酒瓶等。

7. 广告曲。是用音乐的形式描述品牌形象。通常由品牌所有者组织力量专门创作。其鲜明的音乐形象、优美的旋律如同春雨般深入人心，或伴随着广告语长久地铭刻在听众的脑海中。例如东芝洗衣机、上海三菱电梯、汇源果汁的广告曲等。

上述的品牌显性要素不会也不必出现在同一次品牌推广中。品牌的外在形象依赖于这些显性要素的组合，不同的组合方式在塑造品牌形象时会产生不同的效果。

（二）品牌的隐性要素

隐性要素是品牌内在的富有内涵的因素，它不会被直接感觉，它存在于品牌形成的整个过程中，是品牌的理念、品牌的核心。它包括品牌承诺、品牌个性和品牌体验。

1. 品牌承诺。为品牌作出承诺的是产品的生产者，接受承诺的则是产品的消费者。品牌是对于消费者的一种保证，因此它应始终如一地履行诺言。作为产品不可能永远是一个面孔，许多优秀的品牌都在不断地为产品注入新的内容，而它们之所以一直受到消费者的青睐，是因为品牌所有者灌注在产品中的价值观、文化观和经营理念始终如一。品牌承诺会使消费者在接触品牌时有充分的信心。麦当劳快餐带给顾客的理念绝不是简单的吃饱吃好，而是更高层次的"产生快乐"。凭借这样的承诺和努力，顾客任何时候在麦当劳都会体验到轻松愉快的氛围。

2. 品牌个性。有位品牌评论家指出：用人作比喻很容易使消费者接受品牌。例如，就像人有人格一样，每个品牌也有它自己的"风格"；人有个性，每个品牌也都有它自己的"个性"。大卫·奥格威在《品牌经营法则》中就提到品牌有五大个性要素：纯真、刺激、称职、成熟和粗犷。品牌不同于商标，它不仅是一种符号，更是一种个性。将品牌个性化会使消费者更容易接受这个品牌。企业创造了品牌的个性，而这种个性带来的相关情感暗示，满足了人们的不同需求，从而使品牌在细分市场与不同消费者建立起良好的关系。人们通常会选择自己认同的品牌，比如喜爱追求时尚的年轻女性往往会选择真维斯，而不会选择森马等较男性化的休闲服。

3.品牌体验。有人做过实验，消费者在选择商品时，往往挑选一个市场占有率高的品牌；但若提供两种大致同样的产品却没有品牌标志时，消费者就拿不定主意了。在品牌的形成过程中，消费者是品牌的最后拥有者，消费者扮演了一个把关人的角色，他们对品牌的信任、满意、肯定等正面情感，能够使品牌历久不衰；而他们对品牌的厌恶、怀疑、拒绝等负面感情，必然使品牌受挫甚至夭折。使用一个品牌的主观体验不同于使用没有承诺的品牌产品的感觉，品牌能够改变人们应用产品的真实感受，而这些体验、感觉、感受往往就形成了一种无形的内在的价值。隐性要素不同于显性要素，绝对不能一蹴而就，它要在长期的品牌经营推广中逐步形成。显性要素可以由品牌拥有者完全掌握，而隐性要素则高度依赖于品牌与消费者的相互关系。

（三）品牌的相关名词

1.品牌与产品。产品和品牌是品牌形成过程中两个不同的阶段，二者有着明显的次序的区别。

首先，产品是可感的，产品具有某种特定功能来满足消费者的使用需求，消费者可以通过视觉、味觉、嗅觉、触觉等感官系统来加以辨认、体会。品牌则是消费者在使用了产品后所产生的想法、情感、感觉，它包含着消费者的认知、态度。特定的品牌消费体现了消费的情感化，当一个品牌被市场广泛了解和接受之后，它就会给消费者带来特定的价值、情感。如一条休闲牛仔裤，当人们了解到它是被冠以"李维斯"这个品牌时，往往会给消费者带来一种流行、时尚的感觉。

其次，两者产生的环节不同。产品处于生产环节（工厂、车间），而品牌则形成于流通环节。每个品牌之下都有一个产品，而一个产品却未必能成就一个品牌。由产品到品牌，并不是一个自然而然的过程。企业主要保证产品的品质和功能；营销和广告人员负责将产品的附加信息加以整合并告诉目标消费群体；消费者通过对产品的感受、认知而形成一种认同、信赖，这样，才基本完成了产品向品牌的转化。品牌的形成除了受企业内部环境的制约外，还受企业外部环境，如供应商、消费者、技术市场、政府、法律等多种因素的制约。

2. 品牌与名牌。名牌应该体现以下几个主要特征，即：名牌具有持续的稳定性，在市场上占据主导地位；名牌有巨大的经济价值；名牌有很高的社会声誉；名牌拥有强有力的顾客忠诚度，具有一般品牌不具备的亲和力。

名牌可以看作是著名品牌，是一种有着很高的社会知名度与强大的影响力的品牌。在品牌的知名度、美誉度与忠诚度三个指标中，名牌首先是有着极大的知名度，同时还拥有着一定的美誉度与忠诚度。名牌是品牌动态发展的特定过程和阶段。任何企业都有将品牌打造为著名品牌和强势品牌的意愿，例如宝洁、可口可乐、丰田等都属于强势品牌。

第二节 品牌的类别

人们会依据一定的标准将事物进行归类，为的是对事物有一个明确的认识，这体现的是标准明确和认识明晰。对于品牌来说，了解品牌所属的类别，有助于品牌建设的规划，有助于品牌形象的塑造。

一、按影响范围分类

按照品牌被认知的广度和影响范围的大小，可以划分为地区品牌、国家品牌、国际品牌、全球品牌。

地区品牌是被一定地域范围内的公众认知的品牌，其影响力和辐射力也仅限于某一地区。像沈阳的八王寺饮料、江苏的东渡香烟、湖北的行吟阁啤酒等均属于这一类。这些品牌在当地及相近的区域拥有相当大的市场销售额，地区范围内知名度较高、美誉度极好，但是一旦离开这一地区，其知名度可能接近于零，其品牌范围有一个非常明显的边界。地区品牌是现实的，也是危险的，因为市场竞争如逆水行舟，不进则退。市场是动态的，如果没有进攻精神，其他品牌也会前来攻城略地，尤其是在国家品牌、国际品牌咄咄逼人的强大攻势下，要想坐享小国寡民式的安稳是不可能的。

国家品牌是被本国的消费市场所认知的品牌，它们有大规模的、持续性的广告投入支持，市场占有率高，消费者对它们的熟悉度也较高。与地区品牌相比，其市场竞争力要强得多，市场占有率要大得多。像海尔彩电、新飞冰箱、小天鹅洗衣机、茅台酒等均属于此类，这些品牌在国内均获得国家级评比的大奖，在中央一级媒体进行宣传推广，在国内的知名度和美誉度很高，产品覆盖全国，是国内同类产品中的首选品牌。

国际品牌与全球品牌的概念容易混淆，国际品牌是实施国际化战略的品牌，全球品牌是实施国际化战略并已获得有效成就的品牌。全球品牌具有较高的国际知名度，享有很高的国际信誉度，具有强大的竞争优势和巨大的经济价值，在战略意图和内在品质上，具有相同与鲜明的品牌本质、特征和价值观。两者的区别主要体现在两个方面：在营销组合的运用方面，全球品牌要比国际品牌的品牌程度高；在销售地域的分布方面，全球品牌要比国际品牌的占有面广。

国际品牌和全球品牌才是真正的名牌。市场经济是开放的经济，在全球经济一体化的时代，竞争没有国界。品牌虽有它的原产地、原产国，但是品牌运行的舞台却是国际性和全球性的。可口可乐是美国的品牌，但可口可乐饮料风行世界上一切实行市场经济的国家和地区；索尼是日本品牌，但在全球都占有相当的市场份额。

品牌的发展是一个长期的过程，一个品牌总是先在某一特定环境的竞争中成为地区品牌，然后拓展到全国，成为全国品牌，接着才有可能参与国际市场的竞争，再逐步发展为国际品牌。全球品牌是品牌理想的最高境界，但是其形成必然经历各个发展阶段。

二、按市场地位分类

按照品牌在市场上所处的地位，可以将品牌划分为领导型品牌、挑战型品牌、追随型品牌和补缺型品牌。

任何行业都有被行业公认的领导型品牌，该品牌产品在本行业市场中占有最大的市场份额。不论是否受到赞赏或尊重，其他品牌都会承认它的统治地位。它是竞争对手的众矢之的，竞争者或模仿，或向其挑战，或避免与之竞争。例如可口可乐、麦当劳、万宝路、柯达等均属于市场领导型品牌。这些市场领导型品牌的形成不是靠密集式的广告、产品的优异性能和特别好记的名字。造就领导型品牌的真正原因是过硬的质量，也就是顾客所认定的价值。

在行业中名列第二、三位或名次再低一些的品牌可称之为挑战型品牌。如百事可乐、肯德基、555、富士等。这类品牌或者向领导型品牌发起攻击，以争取更大的市场份额；或者维持现状，避免引起争端。挑战型品牌的进攻性竞争旨在扩大市场占有率，为此，必须选择竞争对象。一般可以选择以下三种不同的攻击目标：攻击领导型品牌、攻击同类的品牌和攻击小规模的品牌。挑战型品牌可以利用既有品牌的知名度与营销、生产和管理等方面的优势打入相关产品市场，与这几类品牌进行竞争。

处于前两种品牌类型之下，又实行紧随这两种品牌的策略的品牌是追随型品牌。它们尽可能在各个细分市场和市场营销组合领域里模仿领导型品牌，采用此种策略的追随型品牌具有一定的寄生性，因为它们很少刺激市场，主要依赖领导型品牌经营者的投资而生存。它们是挑战型品牌攻击的主要目标之一，因此必须保持低廉的制造成本、优良的产品质量和周全的服务，来保持或提高竞争优势。

三、按生命周期分类

按照品牌的生命周期来划分，可以将品牌分为新品牌、上升品牌、领导品牌和衰退品牌。

新品牌是指处于市场导入期的品牌，即刚刚进入市场，消费者对其认识较薄弱，还没有占据市场份额的品牌。对于此类品牌，从诞生之日起，生产、销售厂商一般都采取强化营销战略，力图使得品牌有活力地发展，争取获得越来越多的市场份额。处于此发展周期的新产品，应当树立行业正宗产品的市场形象，积极扩大新产品的知名度，努力获得消费者的认可。

上升品牌是指处于市场发展期的品牌，即该品牌已经进入市场一段时间，其产品活力以及消费者对其认知程度都处于上升阶段。此类品牌在市场中已经占据一定份额，有一定的知名度，处于这一市场周期的品牌应当树立应有的品牌形象，加强提高品牌形象的宣传活动，力争获得消费者的认同和赞誉。

领导品牌是指处于市场成熟期的品牌，即该品牌已经取得竞争优势，获得大部分消费者的认可，市场份额稳定，居于该行业品牌的领导地位。一个品牌一旦居于领导地位，就会拥有广大的忠实消费者，只要其可以随着市场变换加以调整，并能跟上社会发展，其品牌地位一般可以维持相当长的时期。此类品牌虽然已经取得了消费者的认可及尊重，但是仍然应该加强营销活力，应有计划地导入新商品，以求品牌的活化，适应消费者的需求。

衰退品牌是指处于市场衰退期的品牌，即该品牌开始老化，逐渐失去活力，其产品质量难以提高，市场开始衰退。由于市场环境变化，既有品牌已不适应新的市场环境，厂商一般将重点放在开发新市场上，重新开始新品牌的培育创造工作。处于此市场周期的品牌，可以采取如下策略：一是通过产品的改进来避免品牌利润的下滑；二是尽全力开拓新市场，开发新产品，并将已有的品牌优势转移到这些新领域；三是降低成本，发展规模经济，增加销售量，提高营销效果。

四、按消费层次分类

按照品牌产品的性质、价值和消费层次的区别来划分，可以将品牌分为大众品牌和高档品牌。

大众品牌是面向广大群体，以市场的高占有率为基本特征的品牌。其特征是价格适中，产量很高。像麦当劳、佐丹奴、可口可乐等，其价格与同行同类相比不见得高，但市场覆盖面大，具有一般消费公众能承受的特点，以大的市场占有率形成规模，从而使品牌获利甚丰。

高档品牌是指面向少数甚至是极少数公众群体，以高价位、低产量为特征的品牌。像汽车行业的劳斯莱斯、服装行业的杰尼亚和阿曼尼最为典型。例如劳斯莱斯汽车有史以来从设计、生产到文化象征都极为讲究，一直是限量生产，被人们看作是身份和地位的象征。高档品牌所显示的是技术实力和行业地位。然而，真正能带来巨额利润的是大众品牌的产品。

五、按形成方式分类

按品牌的形成方式来划分，可以区分为以质量、销售、传播、服务为不同侧重点的品牌类型。

1. 以质量创建品牌。这类品牌在同类产品中质量突出，许多早期品牌都属于这一类型，它们主要通过独特的工艺和稳定的质量占领市场，运用良好的口碑实现人际传播。像北京全聚德烤鸭、天津狗不理包子、沈阳老边饺子，国外的娇兰香水、轩尼诗白兰地等，都是以杰出的品质，通过人们口碑传颂而闻名的。

这种重质量、轻广告的做法也是当时公司规模小、传媒不普及的反映。综观许多国际名牌，从维萨卡（VISA）的"全球第一品牌信用卡"，再到固特异的"轮胎第一品牌"，都是凭借质量塑造的国际知名品牌。而华人熟悉的红花油、六必居咸菜更是因为质量可靠，无须大做广告，成为居家旅游的必备物品。

2. 以销售创建品牌。这类品牌主要依靠销售手段和途径的创新，在销售网点上占有较高的覆盖率和市场占有率，从而在同质产品中取胜。像真维斯、佐丹奴等众多的服装品牌，它们的产品质量并不突出，广告宣传也较少，但由大量的专卖店组成的高密度的经销点，不仅促进了销售量的激增，也传播了品牌信息，取得了知名度。

安利的洗涤用品、雅芳的化妆品，所做广告甚少，但它们在全球建立数以万计的直销网络，使产品大规模地销售，并在销售产品的过程中给消费者留下深刻的印象，从而成为名牌。

3. 以传播创建品牌。国内国外许多品牌，它们的质量和销售水平在同行业中并不显著，但由于传播能力突出，从而在竞争中占据了优势，树立了自己的品牌。品牌传播在品牌建立过程中有着极为重要的作用，而扩大品牌知名度的传播手段主要有广告、赞助、公关、公益活动等。

广告是提升品牌知名度的最主要手段，它传递信息快、覆盖范围广、效果明显。秦池集团 1996 年和 1997 年分别以 66 666 668.88 元和 3.2 亿元的巨资在中央电视台广告招标中夺标，强大的广告攻势，使秦池的知名度飞速提高，也一度上演了"每天以一辆桑塔纳换一辆奥迪"的奇迹。同样，可口可乐平均每年的广告费高达 1.84 亿美元，被人们称为是"用钱堆起来的名牌"。

4. 以服务创建品牌。这类品牌的产品质量、销售能力等方面稳定，但缺少创新之处，但却以优质服务著称，从而赢得知名度。像中国家电品牌中的海尔、小天鹅，美国的波音飞机、花旗银行等，都是以优质的服务，特别是售后服务来树立品牌形象的。中国著名家电品牌海尔重视售后服务，提出了"1、2、3、3 规范"，即：自带一块垫布、两只鞋套、三块盖布、三块毛巾，并专设了"绿色电话"、"星级服务车"，在为顾客提供的优质服务中创出了名牌。

六、按所属行业分类

按行业分类，不同的行业就有不同的品牌。俗话中讲有"三百六十行"，有多少种行业，就会有多少种品牌。

如今的竞争越来越趋于同质产品的竞争。如果遮住商标，可口可乐与百事可乐并无太大区别；康师傅与统一方便面也没有什么明显的不同。在这种情况下，品牌就成为人们识别、选购商品的唯一依据。各行各业的众多品牌在行业中有不同的位置，知名品牌往往成为消费者的首选。例如：

1. 餐饮行业中，有麦当劳、可口可乐、肯德基、百事可乐、雀巢、亨氏、康师傅、娃哈哈等。

2. 汽车行业中，有奔驰、劳斯莱斯、福特、宝马、大众、丰田、本田、奥迪、红旗等。

3. 电器行业中，有松下、索尼、日立、飞利浦、海尔、长虹等。

4. 电脑行业中，有微软、IBM、苹果、明基、惠普、联想、LG 等。

七、按知名程度分类

根据品牌知名度层次的不同，可以把产品及其品牌分为 6 个层次：驰名商标、著名商标、一般名牌、优质产品、合格产品、不合格产品。

驰名商标（Well-known Trademark）是商标法律中的一个专有名词，它最早出现于 1883 年的《保护工业产权巴黎公约》。我国于 1985 年加入《保护工业产权巴黎公约》国际组织，根据国际惯例和我国《商标法》的规定，驰名商标专有权得到了范围更广、力度更强的法律保护。

驰名商标具有较高的法律和商业价值，在国际商业品牌中享有很高的地位，受到世界 100 多个国家的共同承认与保护。它是企业经济效益、商业信誉、管理水平、产品质量及品牌知名度、美誉度等企业综合实力的集中体现。认定驰名商标，对保护知名商标专用权人的合法权益和帮助企业参加国际市场竞争具有特殊的意义。

著名商标按照国际标准来分析，属于国家级水准的名牌，是该国的某些区域或行业的品牌中的佼佼者。在我国，著名商标属于"国优"水准的名牌，是行业中最优秀并被人普遍接受和依赖的品牌。

一般名牌属于区域性的知名品牌，在一定范围内具有影响力。

优质产品和合格产品不属于知名品牌，而合格产品则是对流通商品的基本要求。

不合格产品属于坚决予以取缔之列。

第三节　品牌的作用与意义

如前所述，"品牌是能给拥有者带来溢价、产生增值的一种无形资产，它的载体是用以和其他竞争者的产品或劳务相区别的名称、术语、象征、记号或设计及其组合，增值的源泉来自于在消费者心中形成的关于其载体的印象"。可见，品牌是连接企业与消费者的纽带，对于企业和消费者都具有重大的作用。

一、协助消费者处理资讯

品牌是一种识别系统，它是特定产品和服务的识别标志。品牌的最终目标就是建立此品牌与彼品牌的差异。这种差异便于消费者区别不同的品牌，并根据品牌选择自己喜欢的产品。

　　品牌是企业与消费者沟通的标签。在产品高度同质化的今天，品牌已成为同类产品相互区分的主要标志。在人们的购买过程中，品牌充当着无声的导购员，对产品信息起着有效的显示作用。正是通过对各种商品信息的浓缩，品牌揭示了该产品与其他产品的不同之处，消费者依据自己的偏好、需求，在众多产品中选择自己喜爱和信赖的品牌。

　　品牌的一个重要作用就是简化人们的购买行为。在消费者面对众多产品时，品牌能够帮助顾客处理产品信息，减少顾客在选择产品时所花费的精力。品牌压缩信息的功能十分突出。

二、增强消费者购买信心

　　品牌不仅仅是产品的代名词，它还涵盖了企业声誉、产品质量、企业形象等多方面的内容。

　　品牌建立在产品质量的基础之上。具有广泛的知名度和普遍认同度的品牌同时也是产品高质量的象征。即使消费者对某品牌的产品信息不甚了解，但名牌产品所传递出品质感使消费者相信它有优于其他产品的质量。

　　品牌还意味着一种信誉，它是企业自身形象的象征。品牌意味着产品和服务的承诺。品牌能够对产品的品质、性能、服务等提供可靠的保证。品牌可以消除消费者对产品的疑虑，为消费者提供信心。

　　对消费者而言，认牌选购也是一种省力的选择，它不仅使消费者省去大量的时间、精力去掌握不同商品的有关信息，而且还能够降低购物风险，使选择变得更加容易也更令人满意。

三、提高消费者满意程度

　　在物质越来越丰富的今天，消费者正从理性消费走向感性消费。

　　理性消费是指消费者以物质性的满足为主要目的，商品的质量、功能、价格等因素成为着重考察的对象，在购买过程中以实用与否为主要参考目标。感性消费则指人们在消费过程中除满足物质需求外，更加注重商品所具有的象征意义和表现能力。

　　在感性消费时代，产品的选择性增多了；同时，消费者更加注重生活质量，敢于追求高品质的产品，通过有选择地购买商品，强化自己的个性形象。在消费者心目中，品牌不只是一个名称、一种标志，它除了代表一定的产品质量，还具有一定的象征意义。

　　消费者购买品牌，除了使用价值外，还有身价、品位、档次和自我满足，即附加价值。与此种消费心理相适应，品牌消费取代了产品消费。品牌消费就是消费者在购买决策中，以选择品牌和品牌满足为第一准则。品牌消费除满足一定的实际需求外，还具有一定的象征价值和情感愉悦价值，能够给消费者提供更多的心理满足。

第四节   品牌的历史渊源

品牌作为一种社会经济现象，它是社会经济发展到一定阶段的产物，它是商品交换过程中理念成熟的标志。在品牌的大概念中，它指的不仅仅是商品的品牌，人物、城市、风土人情、服务品质都可以形成品牌。

品牌意识的历史是短暂的，但是品牌现象却是古已有之。可以说，品牌是与商品交换相伴而生的。当人们懂得了交换、懂得了选择和比较的时候，品牌观念就已经萌芽了。历史造就了品牌，品牌也在潜移默化中改变历史。

一、中国品牌发展史

（一）我国古代的品牌现象

1.商周的品牌发展。早在我国的商周时期，就出现了很多以不同的特产而闻名遐迩的大都市。如"郢"、"宛"、"殷"等。它们有的盛产铁器，有的盛产织物，有的盛产粮食作物，众多商贾云集此地，各地游客慕名前往，他们看中的都是名城的"品牌"。

在西周墓葬出土的文物中，发现有封建领主产品的标志和各种印记。在山东寿光县出土的西周"已侯"虢钟，铭文刻有"已侯作宝钟"五字；而"良季鼎"的铭文上有"良季作宝鼎"的字样。如果这些产品用来进行了交换，无疑这些文字标记都是早期商标和品牌的萌芽。

2.春秋战国的品牌发展。春秋战国时期，商业已作为一门独立的职业从生产劳动中分离出来，人们在让渡自己的劳动产品时，都想得到交换方最好的产品。于是，人们就开始根据口口相传的品牌信誉来确定交换的对象。为了明确自己的身份，宣传自己的产品，当时有固定营业场所的商人最常用的广告形式就是招牌和幌子。

战国末年的韩非子在《外储说右上》中这样描写："宋人有沽酒者，升概甚平，遇客甚谨，为酒甚美，悬帜甚高。"在河南登封告成镇发掘出土的大约春秋战国时期的陶器上刻有镏体的字迹"阳城"，这可以认为是我国品牌的雏形。"阳城"标记是我国最早的文字广告，文字应用于品牌和广告，是品牌发展史和广告发展史上的大事，它标志着品牌已经摆脱了原始的叫卖吆喝和口耳相传的模式，朦胧的注册意识已经觉醒，品牌的传播逐步走向标准化、规范化和商业化。

3.西汉的品牌发展。在西汉，朦胧的品牌意识已经深入到社会生活中，实物招牌广告开始流行。卖灯笼的店铺就在门楣挂一灯笼，卖酒的多在门口悬挂酒旗或垒一个"当垆"。

《乐府诗集·羽林郎》曾这样描写卖酒的女子："胡姬年十五，春日独当垆……头上蓝田玉，耳后大秦珠。"

由此可见，"当垆"已经是一个指代酒的专有名词，而"蓝田玉"，"大秦珠"显然是当时公认的彰显地位的"品牌"首饰。以"品牌"来衬托文学作品的主人公，表现出当时的品牌意识已经相当普遍、相当清晰。

4.东汉的品牌发展。东汉时期市场上流行的著名文具品牌有"张芝笔"、"左伯纸"等。据史书《三辅决录》记载："夫工欲善其事，必先利其器，用张芝笔、左伯纸及臣墨。"这些品牌都是以能工巧匠的名字命名，说明当时的人们已经懂得用具有鲜明特征的品牌来体现商品的卓越价值。

《洛阳伽蓝记》记载了酒商刘白堕巧做广告，宣传自己品牌的故事：刘酿造的鹤觞酒香醇甘美，一次南青州刺史毛鸿宾路遇劫匪，强盗饮用了其随身带的鹤觞酒后，竟醉倒路旁，只好束手就擒。于是鹤觞酒名声大噪，成为当时白酒业最知名的品牌。

5.唐朝的品牌发展。唐朝是我国封建社会的鼎盛时期，商贾众多，集市星罗棋布，商业贸易也异常繁荣。品牌意识在这个时期得到了充分的张扬，出现了特色叫卖、酒幌、幡旗、铭牌、挂饰、灯笼、刻牌……品牌的传播和扩散已经达到了一个非常自觉的阶段。大量的店铺和饭馆为了扩大影响，突出自身特色，大量使用幌子作为品牌标志，这在我国的品牌史上具有非常重要的意义。幌子，也称酒幌、青帘、酒帘，是周围呈锯齿状的长条旗子，最初多用青白二色制作，长约一尺，后来发展到用五彩酒旗绣上图案或店名，悬于门头，招揽顾客。

唐朝另一种典型的品牌传播形式便是灯笼广告。灯笼多于夜间悬挂在店铺的门头，灯笼上用文字表明其商号和商业性质，以区别酒楼、茶馆、客栈等等。各种行业的灯笼造型迥异，文字也大相径庭，酒楼悬挂的灯笼如酒瓮，药店的灯笼形似药葫芦，上书不同的文字，在夜间熠熠生辉，引人注目。

6.宋元品牌的发展。在宋朝，国家取消了统一管理的市肆，放开了农民对市场的利用，广告的形式和运用开始发生变化。带有鲜明的品牌意识的广告遍布城乡。口头广告丰富多彩，招牌广告图文并茂，铺面装潢各具特色。

　　从宋代张择端的名画《清明上河图》上，可以清楚地看到，招牌广告遍布汴梁城，形状有横有竖，内容有文有图。画面上仅汴梁城东门外十字路口附近就有各式招牌、横匾、竖标、广告牌等30余块。如卖羊肉的"孙羊店"，卖香料的"刘家上色沉檀楝香"，药材店的"赵太丞家"、"杨家应症"，等等。而吴自牧的《梦粱录·铺席》中也记载："杭城市肆名家，有名者如日瓦儿前皂儿水，杂货场前甘豆汤，戈家蜜枣，市西坊南和济惠民药局，官巷前仁爱堂熟药铺"等，可见当时品牌的繁荣。

　　品牌的设计与装潢，在宋朝也开始考究起来。孟元老在《东京梦华录》中写道："凡京师酒店，门首皆缚彩楼、欢门。"铺面招牌精工细作、精美绝伦；店面装潢也日臻考究。宋朝鼎盛时期的丰乐楼"三层相高，五楼相向，各有飞桥栏槛，明暗相通，珠帘绣额，灯烛晃耀"；杭州的酒楼则"插四时之花，挂名人画，装点门面"。

　　由于宋代的造纸术、印刷术的广泛应用，具有明显品牌指示并辅之以清晰消费导向的广告开始出现。

　　到了元代，由于印刷广告水平的提高和使用范围的扩大，品牌现象也有了进一步的发展。

　　7.明清的品牌发展。明清时期资本主义的生产关系开始萌芽，商品经济较以前更为发达。广告显著增多，具有一定知名度和影响力的品牌开始出现。明清时期的知识分子开始涉足广告领域，一批有内涵、有个性的品牌自此诞生。

　　明朝嘉靖九年，即1530年，京城酱菜铺的老板请当朝宰相严嵩为其品牌"六必居"题名，以此防止自家酱菜被他人假冒，自此六必居扬名天下，至今长盛不衰。这是品牌现象出现后，我国第一个有明显品牌保护意识的"注册"防伪行为。虽然此时的"注册"还不是严格意义上的具有法律效应的"注册"，但是无论是从品牌保护意识还是从市场竞争意识来看，"六必居"无疑开了一代风气之先。

　　此后，还涌现了都一处(创始于1752)、全聚德(创始于1844)、内联升(创始于1853)等百年老品牌。

　　明清时期的商人对品牌非常重视。他们将招牌和字号视为传家之宝，视为自己商业生涯的象征，对招牌的形式与制作都非常讲究。他们珍惜品牌的信誉，重视品牌的延伸和发展，对品牌危机的处理也有着丰富的经验。明清时期的品牌载体更加多样。书籍广告方兴未艾，木版年画、对联、雕刻等形式又开始流行。

1904年，即清光绪三十年，清政府出台了《商标注册试办章程》，这是我国历史上第一个商标品牌方面的法规。自此以后，品牌的注册管理纳入法制轨道，"品牌"开始成为具有严格法律效应并受到法律保护的商业行为。我国的品牌管理开始系统化、规范化、法制化。

（二）我国近代的品牌发展

我国近代的品牌发展，是与传播科技的广泛运用相联系的。报纸大量涌现，广播电台诞生和发展，都使品牌得以迅速地发展。

1.品牌发展的概况。1883年，德国传教士郭士立在广州创办商务性中文杂志《东西洋考每月统计传》，刊物的广告版或广告页上略有商业行情，但没有显著的品牌广告，直到1853年《遐迩贯珍》杂志在香港面世，品牌广告才正式登上"大雅之堂"。

鸦片战争后，中国门户洞开，开放了广州、厦门、福州、宁波、上海五个通商口岸，西方列强开始对中国进行大规模的经济入侵。近代的品牌首先在这几个口岸发展起来。当时的广告品牌以外商经营的"洋品牌"居多，如汇丰银行、贾立费洋行、华英大药房、大英火轮船公司等。

由于经济和技术的发展，当时品牌之间的竞争十分激烈，广告投放量最大的当数香烟和药品。与此同时，品牌的载体也扩展到橱窗、路牌、霓虹灯、交通工具、广播等媒介。广播在品牌的传播中发挥的功能得到了广泛认可，电台的广告业务量扶摇直上，由广播"捧红"的品牌也日益增多。

2.民族品牌的发展。鸦片战争后，民族品牌在政治与经济上受到双重压制，举步维艰。直到第一次世界大战的间隙，中国的民族品牌才得到了一次发展的机遇。当时的国产著名品牌有美丽牌香烟和三星牌牙膏。

抗战爆发后，为了挽救濒临灭绝的中国品牌，工厂联合会发起了一次"用国货最光荣"的保护中国品牌运动，在各种学生运动的浪潮中，常常会听到"爱用国货，抵制日货"的口号。品牌第一次和中国的政治命运结合在一起，并正式成为社会生活和国力象征的一部分。

3.品牌策划水平的发展。随着社会和经济的发展，品牌策划和创意的水平也日渐提高。

1902年，英美烟草公司为了宣传自己的烤烟品牌翠鸟牌，在当时发行量最大的《申报》上投放了整版广告，并策划使上海所有的人力车夫穿上绣有"烤"字的广告背心，此举引起轰动。

1918年，上海各报头版同时刊登一个红色的喜蛋，且没有任何文字说明。这则我国广告史上的首次套色印刷悬念广告引起了人们极大的兴趣。稍后谜底揭晓，才知道是福昌烟草公司为新生产的小囡牌香烟精心设计的品牌策划。小囡品牌因此一炮而红。

结合先进技术的品牌创意也得到发展。1928 年，安装在上海西藏路大世界对面的"红锡包"香烟广告无疑是技术与创意结合的精品。霓虹闪烁的广告主体上，除了"红锡包"三个大字以外，还有香烟一包，随着灯光闪烁，香烟由盒内一支支跳出，最后是一支燃着的，烟头青烟缭绕，生动逼真。上海鹤鸣鞋帽商店的"天下第一厚皮"的皮鞋品牌，梁新记牙刷的品牌配画说明"一毛不拔"的企业文化策划，都是可圈可点的品牌创意精品。

（三）新中国的品牌发展

新中国成立后，一大批品牌重获新生，但是在"文化大革命"期间，刚刚兴起的品牌发展又陷入停顿，我国真正意义上的品牌发展是在改革开放后才开始的。

1. 颁布商标管理法规。中国在 1904 年（清光绪三十年）颁布第一部商标法，后来北洋政府、国民政府又制定了若干商标法。1949 年中华人民共和国成立以后，于 1950 年颁布了《商标注册暂行条例》，于 1963 年公布了《商标管理条例》和实施细则，于 1982 年全国人大常委会通过了《中华人民共和国商标法》，1993 年又对商标法进行修改并重新公布，从而使商标制度在中国逐步建立并走上正轨，品牌的注册和管理也日臻完善。

2. 拓展品牌传播形式。广播这一宣传工具在品牌传播中得到了广泛的运用。一些实用、价廉、针对性强的载体也用来传播品牌，诸如：商品目录、商品说明书、案头印刷广告、橱窗广告、年画、门联、包装盒、包装袋、传单、书签、扇子以及日历月历等。

1979 年初，全国范围内逐步恢复广告业务。参杞补酒是第一个做电视广告的国产品牌，瑞士雷达表是"文化大革命"后第一个在大陆媒体上做广告的外国品牌。

3. 诞生一批有影响的国产品牌。北京饮食业著名的品牌全聚德、东来顺等，重新焕发了生机。海尔、康佳、联想等一批国产品牌已经发展成熟，它们走出国门，走向世界。

二、外国品牌发展史

（一）品牌发展的原始时期

从广告的产生到 1450 年德国人古登堡发明金属活字印刷术以前，品牌是在一种原始的、无意识的状态下发展的。

当时人们的品牌传播方式多是口耳相传，直到古埃及文字广告的出现，情况才有所改观。在已发现的古希腊和古罗马时期的陶器、金器以及灯具上都刻有文字或图案的标记，这是最早的商标品牌。

公元前 6 世纪罗马建立了奴隶制共和国，由于经济繁荣和商业活动增多，闹市和市区竖起大量的招牌和壁报广告来进行品牌宣传。

（二）品牌发展的萌生时期

古登堡的印刷术发明之后，传播的技术水平得到了显著的提高，品牌的发展也由此迈入一个新的领域。

1472 年，英国第一个出版人威廉·坎克斯印制了一份宗教书籍的广告，品牌传播开始与科学技术紧密地结合在一起。"倘任何人，不论教内或教外人士愿意取得适用于桑斯伯莱大教堂的仪式书籍，而其所用字体又与广告所使用者相同，请移驾至西敏斯特附近购买，价格低廉，出售处有盾形标记，从上至下有一红条纵贯以为辨识。"

此后的几百年间，品牌与广告一直都在次要的毫不引人注目的位置生存。直到 1666 年，《伦敦报》在报纸上正式开辟了广告专栏，品牌传播才在大众传媒上有了一席之地。

18 世纪中期，英国及欧洲其他国家出现了一批广告画家，在周刊上屡屡刊登插图广告，推动了品牌设计和广告水平的提高。其中最有名的是 75 行字的沃伦品牌（鞋油）的广告，广告画面上方一双用沃伦鞋油擦过的皮鞋锃亮无比，一只猫正吃惊地盯着鞋面上自己的影子。这则广告引起了人们极大的兴趣，沃伦品牌从此在英伦三岛畅销 20 余年。

广告代理职业的出现，说明随着社会经济的发展，品牌对广告的需求不断增加，品牌越来越需要专业水准的咨询和策划维护。

在这一历史时期，英国由于最早完成资产阶级革命和工业革命，因而理所当然地成为世界品牌和广告的活动中心。到了 19 世纪，美国经济崛起，广告业的中心地位逐渐转移到了美国。

（三）品牌发展的成长时期（1850—1920 年）

这个时期品牌发展的最大特点就是注册意识的觉醒和广告公司的大量涌现。真正意义上的品牌也是在此时出现的。

商标是商品的标志或标记，俗称"牌子"。它是市场经济发展到一定阶段的产物，是产权主体明晰化和市场竞争明朗化的产物。商品生产的最初阶段并没有商标，当商品生产发展到品牌竞争阶段后，同一种商品出现了众多的生产者和经营者。为了表明自己的商品质量和特色，许多生产者和经营者就在自己的商品上做出记号，刻印标志，以示区别。

商标是品牌的具体表现形式，它由文字、图形或者两者的组合所构成，用以区别不同的生产经营者所提供的不同商品或服务项目的显著标记。后来商标就演变成为一种约定俗成的品牌标识。现代的商标一般都要求进行注册，以取得法律认可和保护。

1. 诞生大量著名品牌。19 世纪是品牌的黄金时代。这个时期产生了大量的优秀品牌，很多经过百年洗礼至今仍具有勃勃生机。一些历史悠久的品牌都是诞生在 19 世纪，像大名鼎鼎的可口可乐（Coca-Cola）、亨氏食品（Heinz）和象牙肥皂（Ivory Soap），等等。这些品牌至今长盛不衰的原因就在于这些企业从一开始就意识到品牌将决定企业和产品的前途和命运。

可口可乐已有百年历史，却仍然备受青睐，如今已成为全世界最著名的商标之一。根据市场分析家的估价，它的品牌价值大约是 390 亿美元。全球数以万计的饮料企业均生产碳酸饮料，却没有一家公司能够代替可口可乐。

2. 涌现大量广告公司。这一时期在美国建立的广告代理公司有 1 200 余家，品牌得到专业推销。

3. 新技术运用于品牌传播

（1）交通广告。1850 年，美国纽约市一家名为洛德·泰勒的百货店，在马拉的车厢外挂出一幅广告宣传“洛德·泰勒”的品牌百货。

（2）摄影图片。1853 年，纽约《每日论坛报》首次采用照片为一家帽子店做广告。此时摄影技术的诞生只有几年。

（3）气球、宣传车及实物馈赠。美国第一家最大规模的服装商店的创始人约翰·瓦那曾将一面长约 100 英尺的大招牌悬挂于宾夕法尼亚至费城的铁路线上，并采用气球、宣传车、实物馈赠等方式宣传自己的品牌。

（4）广告明信片。1869 年 10 月，世界上第一张明信片在奥地利面世，几乎所有的商人都意识到这是宣传品牌的绝佳途径。此后不久，第一张印有旅馆外景的广告明信片面世。

（5）广告挂历。1891 年，刚刚创建 5 年的可口可乐公司开始采用挂历广告来宣传可口可乐的品牌。这是世界上最早用挂历进行品牌宣传的行为。时至今日，可口可乐还保持着印制挂历广告的传统。

（6）霓虹灯广告。1910 年夏末，在巴黎一次国际汽车展览会上，霓虹灯广告首次投付使用。1925 年，雪铁龙品牌将霓虹灯广告安装在著名的巴黎铁塔上，这个创意大获成功。

4.出现专业广告作家。随着广告业的繁荣,19世纪末专业的广告作家诞生了。阿特姆斯·瓦尔德是当时久负盛名的广告作家。他为一肥皂品牌撰写的广告文案轻松风趣、朗朗上口,受到人们的喜爱。"两个女仆住邻居/每天工作没法比/一个出汗又出力/疲于奔命忙不停/另个日子却好过/每天晚上会情哥/要问这是为什么/洗涤请用'萨波利奥'。"

近代品牌的迅速发展,催生了一大批享誉世界的著名品牌,这些品牌在策划管理维护方面都有很多独到之处,这为以后发展提供了卓有成效的借鉴。

（四）品牌发展的成熟时期（1920年以后）

20世纪以来,品牌开始逐步走向成熟。品牌传播的全球化趋势明显,大量具有独特内涵和先进理念的品牌诞生了,品牌理论的研究也日臻完善。

1.品牌传播手段技术化。20世纪20年代开始的品牌与广播的结合是品牌与新技术的约会,而如今品牌与电视、品牌与因特网的关系可以看作是二者的蜜月。

自从1920年美国开始电视试播,到1941年商业电视的正式开播,品牌出现在屏幕上整整用了21年的时间。而商业性的电视广告直到二战后才发展起来。电视是集语言、画面、音乐于一体的传播媒介,对品牌形象的传播具有天然的优势,以电视为媒体的品牌传播在众多传媒方式中独占鳌头。

因特网的诞生,使得品牌在面对传播媒介时,又多了一种选择。网络的交互性、及时性,以及多媒体性都使得品牌传播具有了更大的空间。此外,录像机、DVD与有线电视的普及和卫星转播的应用也使得品牌传播的方式得到延伸。

2.品牌传播形式多样化。在运用报刊、杂志、广播、电视等传统媒介做广告的同时,霓虹灯广告、路牌广告、购物点广告、邮递广告以及空中广告等在欧美各地都甚为流行。尤其是1896年美国联邦政府开始实行的免费邮递政策,直接带动了大批品牌的繁荣。

3.品牌策划创意广泛化。由于市场竞争的激烈,各大厂商开始在品牌塑造中注意创意策略的运用。许多聪明的厂商知道,必须及时对品牌形象做出调整,以使品牌永葆青春,这是一种品牌策略。

可口可乐的最初口号是"让您充满活力"。1929年将其更新为"让您活力重现!"过了一段时间,又改为"这是您真正的需要!"但是无论它的口号如何变化,消费者心中都十分清楚这种饮料让人兴奋,能够恢复活力,这就是可口可乐品牌的内在品质。1927年,美国福特公司一种新型的福特A型轿车问世。福特公司采取了悬念广告的形式，通过精心安排，做出一副犹抱琵琶半遮面的姿态，似乎不愿公开该车的资料。这一做法引起了人们极大的兴趣，谜底揭晓后效果非常理想。

4. 广告公司运作专业化。进入 20 世纪后，世界各国的广告公司都有了很大的变化：它们从创建伊始的广告版面经纪人，逐渐演变为提供全面服务的信息咨询公司。目前世界上的广告公司数以万计。这些大广告公司一般都承接了著名品牌的全方位包装策划，经营范围广，技术手段发达，管理理念先进。像日本的电通广告公司，美国的里奥贝纳、智威汤逊、盛世长城，英国的萨琪广告公司等，都是世界上颇有影响的大广告公司。

5. 品牌活动日益全球化。正像麦克鲁汉所说，如今的世界已成为一个"地球村"。各国之间的经济活动非常频繁，品牌交流也日益增多。全球化的趋势十分明显，跨国品牌的领袖作用使得这种国际化进程更加迅速，国际性的品牌日益增多，国际性的品牌组织也应运而生。

6. 品牌理论研究专业化。大卫·奥格威可以说是品牌研究的创始人之一。随着品牌现象的发展，品牌研究也成为一个热门的领域。欧美各国都建立起专业的品牌研究机构。

总之，随着社会经济的发展和科技水平的进步，品牌也必将朝着高度科学化和专业化的方向迈进。

案例分析

鳄鱼名将创鳄鱼名牌

在众多的运动服装中，将一只张嘴的鳄鱼绣在上衣右胸前的运动服装十分引人注目，虽然售价昂贵，但相当抢手。它行销世界 100 个国家与地区，每年销量约 3 000 万套。这种以鳄鱼为商标的运动服取名为 LACOSTE，这是它的创始人的名字。

在 20 世纪 30 年代初期，法国网球名将瑞勒·奈卡斯特（Rene Lacoste）以坚强的毅力和高超的球艺，在一次国际锦标赛中击败当时称雄世界的美国选手，为法国第一次取得这个项目的桂冠。Lacoste 的杰出表现和成功，得到富有民族感的法国民众疯狂崇拜。

Lacoste 在球场上以"如鳄鱼般咬住不放"的顽强精神战胜对手，崇拜者们便封以"鳄鱼"的绰号。Lacoste 在赛场上经常穿着"网眼织法"的运动衣，崇拜者们把他的服饰视为仿效目标。

1933 年，Lacoste 退出体坛。他将大众的崇拜视为创业的机遇，决定成立公司。Lacoste 以"鳄鱼"为商标，绣在"网眼织法"的运动衣上，投放市场。在产品上市前，他用击败美国网球王的照片大做广告。由于受"向往成功"、"羡慕名将"的心理影响，服装一上市，人们便争相购买。

鳄鱼牌运动服装风行全法国，并非只靠 Lacoste 本人"名气"。他知道，光靠"名气"是不能持久的。

凭着自己长期运动的经验，他知道运动员的服装吸汗力一定要强，还要有强韧的伸缩性，并且柔和舒适，使运动员在剧烈的运动中毫无束缚感。他请教了纺织专家，选用最好的棉纱，并以专利的"双线双眼特殊针织法"织成，整个制作和处理过程都十分科学。这种服装，无论手洗或机洗，均不会变形或褪色。

一种服装如果只有运动员穿着，那么销量是极为有限的。Lacoste运动服装从创始那天起，目光便盯着众多的消费者。在大规模投入生产前，他就主动出击，四面出兵。他把运动服装扩展到男性、女性和儿童都能穿着，形成"全家福系列"。在推销战术上，采取多种渠道，货畅其流，在国内外建立广阔的销售网络，形成全面经销策略。

随着销售量的增多，市场覆盖面的不断扩大，他集众家之长，融会贯通，形成自己的特色，这使得该品牌名声更响亮了，从而在强手如林中一枝独秀。Lacoste 的名字已闻名遐迩。

思考与练习

（一）思考题

1. 品牌与广告是何种关系？

2. 品牌与商场是何种关系？

3. 消费者对于品牌建设的意义是什么？

4. 品牌发展成熟时期的表现是什么？

（二）练习题

1. 某一推介公司拟注册为"全聚德"，是否可以？为什么？

2. 麦当劳的著名黄色字母"M"是它的品牌标志，这属于品牌定义中的哪一类观点？请分析说明。

3.《读者》是不是品牌？它属于哪一类型的品牌？为什么？

4. 你最心仪的品牌是什么？你是如何形成这一概念的？

第二章　品牌定位

学习目标

1. 了解品牌定位的概念和意义。

2. 掌握品牌定位的方法与策略。

基本概念

品牌定位　　目标消费者　　品牌利益

品牌故事

星巴克：第三生活空间

走在世界各大都市的街头，你会发现一个绿色的美人鱼标志。当你循着美人鱼的微笑进入店内的时候，沁人心脾的咖啡香味和舒适幽雅的店内环境，会让你放松下来，轻松地享受一段美好的午后时光——这就是星巴克（Starbucks）。

这个名字来源于美国著名作家梅尔维尔的著名小说《白鲸》。该书描述了船长埃哈伯指挥他的船"皮阔得"号追捕一条名叫莫比·迪克的白鲸的故事。这条白鲸鱼曾经吃掉埃哈伯船长的一条腿。而"星巴克"正是"皮阔得"号上的处事冷静、好喝咖啡、极具性格魅力的大副的名字，这位大副还是一个性情温和、热爱大自然的人，因而"星巴克"这个名字还传达了品牌对环境的重视和对自然的尊重。

星巴克的美人鱼店标是西雅图著名的设计师泰瑞·赫克乐设计的。他阅读了大量古老的海事书籍，最后找到了一幅16世纪的双尾美人鱼木雕图案，这个美人鱼的形象巧妙地反映出咖啡诱人的特性，充满了和"星巴克"咖啡同样的浪漫文化气息。

星巴克于1971年创办于西雅图，创始人是查理·巴尔迪尼。而使星巴克脱胎换骨的人物是霍华德·舒尔茨。1983年，星巴克董事长霍华德·舒尔茨被派到米兰考察。在米兰，他被意式咖啡馆的浪漫气息所打动。回国以后，他说服老板，开始在星巴克咖啡店中尝试销售咖啡饮料，从而诞生了美国咖啡饮料的第一家零售店。意式咖啡馆的模式，加上杰出的营销手段，逐渐塑造出"星巴克"这个世界闻名的品牌。

星巴克这个名字也暗示了它的咖啡定位较高，不是像麦当劳那样的大众水平消费产品，而是为有一定社会地位、有生活情趣的人提供的服务。舒尔茨曾说："当你进入一家星巴克咖啡店时，你获得的不仅是最优质的咖啡饮品，你还有机会结识各类人才精英，享受动人的音乐和温馨的会客环境，以及有关在家调制咖啡的实用性建议。"

在舒尔茨的设想中，星巴克咖啡店应该成为顾客的"第三生活空间"。人们生活有两大场所，一是家庭，二是公司，它们分别代表了休息和工作。但是人还有社会交往的需求，社会越发展，人们对交往的需求就越高，而星巴克就提供这样一个适宜的社交场所。

星巴克的所有摆设，从墙纸、灯光到桌椅、门窗、沙发的摆放都请专业设计师专门设计，一方面体现星巴克的总体风格，一方面也考虑各店的实际特点与周围的环境及文化相适应，顾客们对这种融入当地文化的做法相当有好感。在星巴克，顾客们心情放松，把咖啡店当成自家客厅的延伸，既可以会客，也可以独自享受，有些顾客甚至"躺"在星巴克的沙发里，悠闲地阅读店内提供的杂志。

近年在星巴克咖啡店内提供的无限高速上网服务，也使顾客能够一边品尝咖啡，一边体会上网冲浪的乐趣，扩展了"第三生活空间"的理念。这一做法甚至被某些IT企业借鉴过去，在自己的工作场所中辟出一块专门的"星巴克区域"，让员工能以在星巴克的轻松心态享受工作。"第三生活空间"的成功营造，为星巴克吸引到一些固定的客户群，尤其是一些成功的白领女性。

星巴克认为，它们销售的主要产品不是星巴克咖啡，而是"星巴克体验"。星巴克从产品、服务和顾客感受三方面来实现它的"星巴克体验"。与顾客建立"关系"是星巴克战略的核心部分，它特别强调顾客与站在咖啡店吧台后面、直接与每位顾客交流的店员的关系。星巴克规定，顾客进门，10秒钟内店员就要给予眼神接触。如果顾客不知道哪种口味的咖啡最适合自己，星巴克的员工会细致而耐心地为你介绍合适的品种。如果你想与人分享品味咖啡的心得，星巴克的员工还可以和你讨论各种咖啡的知识和咖啡文化。

星巴克要维持扩张性政策就必须进军海外市场。星巴克在美国和加拿大境内共有4 400多个店面，在其他的包括中国在内的30多个国家开的咖啡店数量达1 200多家，目前在日本已经有近400家星巴克的连锁店。日本的年轻白领女士对星巴克情有独钟。星巴克财务总监麦克尔在回答记者提问时表示，星巴克会在全球设立至少 20 000 家分店，其中 10 000 家设在北美，另外 10 000 家设在其他地区。与其他许多"全球最有价值的品牌"不同，星巴克的广告投入极少，年均广告费甚至不到 100 万美元。

为控制"星巴克体验"即"第三生活空间"的品质，最重要的是要加强员工培训和激励。星巴克体验多数建立在咖啡店内员工与顾客一对一的交流上，保持了员工的激情，就会留住星巴克品牌的品质。

第一节　品牌定位概述

在这个传播泛滥的社会，资讯"爆炸"、"传播过度"已经使人们的眼珠、大脑受尽骚扰，而市场营销的本质，归根结底是对消费者的关注和心智的争夺，这样就产生了在产品过剩时代、传播过渡时代的"品牌定位理论"。

品牌通过定位可以使产品品牌在消费者心中占领一个有利的位置，获取一个无可替代的地位。它是细分市场、选择目标市场活动的延续与发展，一方面是站在企业的角度通过品牌定位来选择消费者（目标市场），另一方面则要从消费者的角度让企业及产品有一个清晰的形象与特色，从而使消费者对品牌有一个深刻的记忆。

一、品牌定位的内涵

品牌定位是指在对市场进行调研和细分的基础上，发现或创造品牌的差异点，借助传播渠道建立与目标消费者的需求相一致的策略行为。实际上就是希望消费者感受该品牌不同于其他竞争者品牌的一种方式。

品牌定位可以通过以下六个元素分别从不同的方面进行界定：

1. 目标消费者。是指通过市场细分来筛选并确定的品牌所要满足的潜在的消费对象。

2. 消费者需求。是指通过识别或创造消费者需求，以明确品牌是要满足消费者的哪一种需求，是功能性需求还是情感性需求。

3. 品牌利益。是指品牌给消费者提供的竞争对手无法比拟的产品利益或情感利益，这种利益将能有效地吸引消费者。

4. 原因。是指为品牌的独特性定位提供的具有说服力的依据，是产品的独特配方还是新颖的设计、包装，等等。

5. 竞争性框架。是指对于品牌的产品所属的类别、特征以及品牌竞争者的相应情况。

6.品牌特征。是指品牌所具有的独特个性，是品牌给消费者提供的选择本品牌的理由。

二、品牌定位的意义

品牌定位可以在消费者的头脑中为品牌构筑一个有利的地位，给预期消费者留下深刻、独特、鲜明的印象。品牌是否具有定位的优势，关键在于品牌能否向预期消费者提供他们所需要的、所期望的，并据此做出购买决策的利益点。品牌定位对于企业的意义，就在于它具有不可低估的营销价值。

（一）促进企业脱颖而出

进入品牌竞争时代，品牌的独特形象，或者使消费者认定品牌具有与众不同的形象，才有可能在竞争中区别于竞争对手，在市场中获得一席之地。身处信息爆炸的世界，消费者被包围在数不清的、有用或无用的信息当中。但是由于作为个体的消费者的局限性和选择性，消费者对信息的吸收并没有因为信息的增加而增加，只能了解并记住少量感兴趣的信息，他们仍然只是选择对他们有用的和感兴趣的信息。这样就迫使企业不仅要简化自己品牌的信息，而且要努力使自己的品牌与众不同，只有这样才能引起消费者的注意和兴趣。

（二）帮助企业打造品牌

现代市场营销学告诉人们的一个基本理念是：每个品牌都不可能满足所有消费者的需求，每家公司只有以市场上的部分特定顾客为其服务对象，才能发挥其优势，才能提供更有效的服务。这也是市场细分的直接依据，因而明智的企业根据消费者需求的差别将市场细分，从中选出有一定规模和发展前景的符合企业目标和能力的细分市场作为企业的目标市场。然而仅仅选定目标市场是不够的，关键在于要针对目标市场进行产品或品牌定位，要以这个定位为出发点，制定营销组合策略来服务于目标市场。

企业服务目标市场的成败包括了很多的因素，但是作为起点的品牌定位如果没有一个有竞争性的、独特的定位将极有可能导致企业的失败。品牌定位是企业打造一个品牌的起点，有了一个好的品牌定位，并且还要围绕这个定位来组织企业的营销资源为这个定位服务，用以加强这个定位。这样一个过程也就是品牌定位引导营销活动，反过来营销活动加强品牌定位的过程。

（三）提供差异化利益

品牌定位是为了在目标消费者心中形成一个对该品牌的独特的印象，也就是体现该品牌的与众不同。通过定位向消费者传达品牌与众不同的信息，要提炼出品牌的差别化利益,这种利益可能是价值上的,也可能是功能上的、情感上的,使品牌的差异性清楚地展现于顾客面前,从而引起消费者对品牌的关注,并使其产生某种认同。

品牌如果没有清晰的定位,势必导致各产品资源浪费,这种浪费不仅体现在广告支出、宣传开支上,更是一种产品形象的重叠与交错,不但不能给消费者留下深刻的印象,而且还影响消费者的忠诚度。因此,企业要想塑造一个强势品牌,必须给品牌一个明确的市场定位。合理的品牌定位可以为企业的品牌在市场上树立一个明确的、有别于竞争对手的、符合消费者需要的形象,并在消费者心目中占领有利的位置。

三、品牌定位的要求

(一)了解目标消费者

品牌在定位过程中,只有认识并适应消费者的需求,才能有效进行市场细分,确认品牌的目标消费群。实施品牌定位就是要突破以往营销"从内向外"的模式,采用"由外向内"的途径。产生这一转变的原因在于以往的模式不能很好地和消费者产生共鸣、获得消费者的认同。如果品牌不能符合他们的需要甚至偏爱,那就不能占据消费者的心,也就达不到定位的目的。

星巴克咖啡(Starbucks)在美国咖啡业中获得的巨大成功,提供了最好的佐证。星巴克的创建者通过市场调研了解到,消费者对咖啡有功能性和情感性两方面的需求,并且识别出功能性需求是:"我想喝一种味道更醇厚、更浓郁的咖啡。我在找能和咖啡混喝的更多的方法。我要喝纯正的咖啡。"其情感性需求是:"我把喝咖啡看成是一种社交的机会……我希望它不仅仅是一种经历,我在追求的是喝咖啡的娱乐心情。"星巴克咖啡就是把握住了人们的这两种需求以及情感性需求的多层次,为自己找到了极好的定位点,使其与传统的罐装咖啡相比更有竞争力,更能获得消费者的青睐。

(二)符合产品特点

品牌定位的根本是为消费者提供竞争对手无法提供的"舍我其谁"的独特利益,这种独特利益是基于品牌所依托的产品本身的属性所决定的,因此,品牌定位必须体现产品的特点,只有产品本身的特征才能作为品牌定位的基础。如一汽的宝来定位为"驾驶者之车":

奔跑，奔跑者之间的语言

他，他们

天生的运动者

以奔跑为生，以奔跑为乐

以奔跑为表情，以奔跑为语言

以奔跑为态度，以奔跑为价值

不以物喜，不以己悲

平凡态度，超越平凡

宝来，超越平凡

这种"超越平凡"的定位正是源于产品本身的特性：宽敞的座位空间、良好的操纵性能、超群的性价比等，使汽车爱好者真切地感受到驾驶的快乐。

（三）凸现企业特征

品牌定位在企业营销中界定了品牌运营的方向、手段及所需要的企业资源。理想的品牌定位只是为品牌营销奠定了成功的基础，能否有效地实施品牌定位取决于对品牌定位的管理能力即品牌管理的执行力。

品牌应注重对领导性市场的控制和引导，带动其他层次市场的追随和拥戴，以技术研发和整合营销为导向，确定产能结构。如果是定位于国际化的品牌，不仅需要有雄厚的技术、资金实力，更需要具备进行全球市场营销的能力。耐克在确定了全球化经营的战略之后，购买了空气垫这一专利技术就是其营销策略的实例。

（四）关注竞争者定位

定位理论的精髓就是要突破陈规、创新定位，将自己与竞争对手彻底区分开来，在目标消费者心目中形成独特的位置。墨守成规、人云亦云的定位不可能在纷繁复杂的市场竞争环境中别具一格、脱颖而出。

七喜称自己是"非可乐饮料"，把自己定位为可乐之外的另一种选择。既避免了与可口可乐和百事可乐的直接交锋，又以"非可乐"的定位使自己在所有饮料中独树一帜，代表了所有可乐之外的饮料。

（四）体现简单化思想

品牌要从无数的创意构想中提取最具代表性的要点，高度概括品牌的本质特征，同时还要突出简单的定位理念，力求使消费者由一个简单的定位联想到本品牌与其他品牌更多的差异。品牌定位简单化的意义在于，可以直接地进入目标消费者的心里，消除由于信息繁复而产生的歧义，一个简单的定位、一条简单的信息更便于长久地占据目标消费者的大脑。品牌定位中要避免将品牌的所有特点罗列开来，这样会使消费者产生含混模糊、无所适从的印象。

德国大众的甲壳虫品牌就定位于"小"这一个简单的利益点，正是这个"往小里想"（think small）的定位给甲壳虫带来了巨大的成功。如果大众当初当初因循守旧地将甲壳虫定位于质量良好、品质优越、易于驾驶等这些一般化的特点，就反映不出甲壳虫与众不同的地方，也不能让消费者记住它，因为几乎所有的汽车都具备这样的基本功能。

（五）保持始终如一

品牌经过定位，在消费者心中形成一个特殊的品牌形象，这样一个品牌的定位要始终坚持，不宜轻易改变。一方面，一旦品牌的定位在消费者的心中形成，要去改变这样的定位就有可能招致消费者的反感。另一方面，企业投入大量的营销资源而形成的品牌定位是一项艰巨的工作，随意改变会导致资源的浪费。但是，实际上很多的企业并没有坚持它们品牌的定位，在获得一定的成功后常常是"忘记了使它们成功的根本"。有一个例子：20 世纪 50 年代，可口可乐频繁地在"美味的标志"、"冰凉有劲的滋味"、"真正提神"等定位之间变幻，以至于在百事可乐和七喜的夹攻下竟然要改变自己的配方！这背离了可口可乐在人们心中已经形成的既定形象，招致了消费者的强烈反对，也给百事可乐和其他竞争者以可乘之机。

品牌定位并非一成不变，在某些情况下，企业可以根据具体情况尝试去改变品牌的定位。但是归根结底，在消费者头脑中已经成型的定位，如果试图改变，往往得不偿失。所以，品牌定位的任务是既要形成一个独特的定位，又要长期坚持这个定位。

第二节 品牌定位决策过程

在品牌定位的过程中，需要明确了解和掌握如下的基本情况：本品牌在消费者心目中已经形成何种定位；本品牌定位的基本构想；为建立本品牌定位必须瞄准哪些竞争品牌，其状况如何；企业是否有坚持定位策略的气魄；企业是否有实力支持品牌定位；品牌定位的创意方案是否与它的定位策略相匹配。

一、品牌定位决策的原则

品牌定位是消费者对品牌的评价和印象，这些评价既可以通过购买该品牌产品或服务而产生，也可通过各种新闻媒介的传播来形成。因此，品牌定位决策应把着眼点放在使消费者了解该品牌产品和服务上来。在进行品牌形象塑造时应遵循以下几条准则：

（一）民族化原则

"只有民族的，才是世界的。"随着互联网的广泛运用和通讯工具的发展，世界日益成为一个大市场。民族之间的联系也日益紧密，但无论怎样联系，怎样沟通，各民族文化中总有一些特别的东西会保留下来并且为世界所接受和欣赏，抓住这些具有民族特色的东西赋予品牌一定的形象，往往能获得意想不到的结果。美国在20世纪50年代和日本在20世纪70年代掀起企业形象热时，均为美日企业大肆向外扩张之际。品牌形象策划的民族化对创造世界名牌有着重要意义。

其实任何一个品牌无论怎样突出它的国际化特点，都无法完全摆脱其民族文化的影响。一提起奔驰车，人们总会想到德国民族的严谨认真和对完美主义的不懈追求，这样的民族制造的产品其品质保证自然令人信服。而美国文化的功效性、实用性、开放性和个人主义也处处体现在美国品牌形象上：麦当劳干净舒适方便的用餐环境；可口可乐一直强调的欢乐享受每一天的品牌定位……民族性深深植根于每个人心中，具有民族特色的品牌形象常常更容易叩开消费者的心门。

（二）特色性原则

特色性原则是指品牌定位决策上的差异化或个性化。品牌定位决策的目的就是要使该品牌具有独特的个性，以在众多同类品牌中脱颖而出，迅速抓住消费者的心智。因此，特色性原则是品牌定位决策的重要原则，否则，策划便失去了意义。例如我国的椰树集团就是以资源特色为形象而取得成功的。它利用海南岛所特有的椰子、芒果、菠萝、杨桃等热带水果优势以及海南火山口地下优质的矿泉水资源优势，生产各种天然饮料，从而饮誉大江南北。

鲜明的形象来自于准确的定位，定位千篇一律，随大流，品牌形象就不可能突出。比如摩托车，大多数企业都将之定位安全、快速、轻便等实用性功能上，如何从众多品牌中突出其个性是能否取得成功的关键。上海易初摩托车股份有限公司跳出了实用的圈子，将其定位为"创造幸福"，取名为幸福牌摩托车，在宣传中，强调幸福牌摩托车是在为员工和消费者创造幸福。这种个性化、人情化的品牌形象吸引了众多消费的目光。这是一种定位特色形象。

　　其他可供选择的特色形象还有经营策略特色形象、文化特色形象、技术特色形象等。

　　（三）整体性和兼容性原则

　　品牌定位决策是企业塑造形象的一个重要部分，企业形象是一个整体，包括各个子系统，品牌形象和企业形象塑造的目的都是为了结合企业实力，营造竞争优势，最终创出知名品牌，实现企业长远发展战略。因此品牌定位决策必须与其他各子系统协调一致，相互配合，共同发展。

　　（四）社会化原则

　　企业是社会大系统中的一个单位，其生产、经营活动都必须和社会协调一致，服从和满足社会的需求。品牌定位决策只有得到社会公众的认可和赞同才具有意义，因此，品牌形象的塑造要遵循社会化原则，顺应时代潮流。日本色彩、心理学家小林重顺认为：品牌定位决策的意义就在于公司职员对企业政策的同化和熟悉，以及消费者对企业文化的接受与实现。

　　（五）标准化原则

　　品牌形象的标准化和差异化原则并不矛盾，前者是指形象设计时应遵循的技术性原则，即企业所采用的品牌名称、标志、标准色、包装等视觉系统必须统一标准，不能随意采用和变动；而后者则是指品牌形象作为一个整体和其他品牌形象间的差异，突出本品牌的个性。具体而言，品牌形象的标准化表现为以下几个方面：

　　1. 简化。即简洁生动，既在视觉上给人以美感，又便于认知和传播，关键是充分体现企业的经营理念和所要表现的形象主题。如可口可乐的品牌形象设计："Coca-Cola"流线型字体、朗朗上口的发音和红白相间冲击力极强的包装设计，充分体现了简洁流畅的美感原则。

　　2. 统一化。即把同类事物两种以上的表现形式合并为一种或限定在一定范围内。例如同一产品的名称在不同国家和地区要统一，尤其是音译或意译的名称不能随意采用，如日本的松下、索尼，等等。

　　3. 系列化。即对同类对象的设计中的组合参数、尺寸、大小等做出合理的安排和规划。尤其是对实行多品牌策略的企业而言，各品牌之间的协调统一非常重要。

　　4. 通用化。即形象设计可以在各场合使用，彼此互换。如麦当劳的标志黄色大写字母"M"既可以制作得很大，高悬于空中百米之上，又可缩小置于门把之上。

　　5. 组合化。即设计出若干通用的单元，以便在不同场合自由组合使用。

如具体规定标准字、标准色、标志性符号及其之间的合理搭配，具体使用时再根据情况进行选择，这对于连锁经营企业的品牌形象统一尤为重要。

二、品牌定位决策的程序

（一）品牌定位调研

调研是品牌定位的基础性工作，这项工作的效果直接决定品牌定位的成败。主要包括三个方面：

1. 了解消费者的需求。对目标市场消费者的深入研究，是品牌定位的第一步。要深入了解消费者的所思所想，了解他们的价值观念和生活方式，分析他们的喜好甚至偏好。运用市场细分变量诸如生活方式、购买动机、人口特征等，分解细分市场，依据不同消费属性确定其中的差异，完成消费趋势排序。

可以设想一个完美的品牌模式，它应具有消费者所有偏好的所有目标。设想这个理想品牌的目的，是为了帮助企业了解细分市场的理想化偏好，或者是找到这些偏好和理想的倾向。

要掌握消费者认为哪些属性对于品牌最为重要。对于其他大多数品牌，消费者主要考虑产品的各种用途和属性。为了明确这个问题，企业应组织专门的营销调研活动，如邀请消费者试用产品、参加专题讨论会、参与调查过程，以了解消费者在选购品牌时看重产品的哪些属性。

2. 掌握竞争者的定位。竞争者定位也叫比附定位，这种定位策略是指企业为本品牌定位时，借鉴竞争者品牌，进行比照联系，以界定本品牌定位的独到之处，与此同时也等于为竞争者品牌作了重新定位。要充分评估消费者对竞争品牌的看法，确认对手优势，挖掘对手不足，从而确立本品牌的定位点。

品牌的定位应该是针对特定竞争者的，这个竞争者最好是市场上的领导者，这样会使本品牌的起步抬高。使用这一定位策略的例子是丝宝集团的风影。20世纪80年代宝洁集团的海飞丝洗发水进入中国市场，经过多年的市场培育，形成了高度的品牌认知：去屑就是海飞丝。而丝宝集团的风影洗发水的品牌定位是"去屑不伤发"。正是"不伤发"的诉求为自己做了定位，又等于对海飞丝进行了重新定位。风影借力打力，获得消费者的认同。

确认品牌竞争者是一个全面衡量的过程，品牌竞争者不仅包括同类产品的品牌，还包括其他种类产品的品牌（直接和间接的替代产品品牌）。例如一个白酒品牌要和其他各种定位的白酒竞争，还要考虑和葡萄酒、啤酒的竞争，因此企业必须考虑到所有可能的竞争者及其对消费者产生的各种影响。

3. 分析本品牌的属性。品牌及其产品是经营理念和价值观念的体现，品牌在定位时要反映出这种理念，也受制于这种理念。在品牌定位时，必须把握好企业的总体定位和经营理念，要分析品牌产品的自身特性和企业的经营理念及文化传统，这个分析过程将为品牌定位打下基础。在确认了产品的相关属性及其对消费者的承诺之后，企业必须明确本品牌如何在这些属性上定位。以娃哈哈非常可乐为例，该品牌定位于"非常（注：平常之可乐指可口可乐、百事可乐）可乐，中国人自己的可乐（注：对非常两字的进一步解释——不是外国人的可乐，而是中国人自己的可乐）"。这确实抓住了非常可乐与可口可乐和百事可乐的根本区别。

（二）品牌定位设计

1. 提出备选方案。根据品牌定位的开发途径、成长方向，集思广益，博采众长，在各种可能的开发点上列出各种定位点，再对各种定位点进行组合。若每一种定位途径均有两个定位点，则14种定位途径总共可形成2的14次方等于16 384个备选方案。放弃那些明显不合理的方案，保留可行的方案。

2. 检测备选方案。对于初步确认可行的方案进行再筛选。检测的具体项目：一是是否发挥了品牌产品的优势和特色？二是是否击中了竞争品牌的弱点和缺陷？三是是否体现了企业文化和经营理念？

3. 撰写测试分析报告。把经过前面步骤而保留下来的定位方案交由市场营销的研究部门或委托第三方进行实际测试，了解消费者评价意向。测试完毕后，应撰写出测试分析报告，指出不同定位方案的优势及存在的问题，提出建议性意见。

4. 选定品牌定位方案。最终要形成品牌定位方案的文件。暂不采用的方案也应保留，以作备用方案之需。有一种说法：科学的决策过程并不一定完全带来科学的决策结果。营销是一门80%的科学加上20%的艺术的科学，品牌定位是品牌管理中的重要决策环节，品牌定位设计是一个重要的决策过程。

（三）形成品牌定位

品牌定位的目的是要在目标消费者心中占据独特的品牌位置。传播是实现这一目的的手段，但究竟是否实现了品牌定位的目标？消费者心目中形成的品牌定位与企业期望的是否一致？这是品牌定位过程必须研究的。

影响品牌定位的因素有三个方面：一是信息的可信度。信息来源越权威，其信息的可信度越高，因而越易于被接受。这也是众多公司花大把金钱在央视一套做广告而造成广告"标王"现象的根本原因。二是信息表达的清晰性。信息表达方式的清晰性和创造性也会影响消费者对定位信息的注意和理解。三是信息的解码和理解。在这里更应该关注目标受众的解码过程，它是经由感觉(视、听、阅)获得刺激，由大脑处理信息即加以解释的过程。

心理学和传播学的研究表明，受众解码(理解信息)的过程中受到假设、文化背景、心理期待、传播动机、定位有效性、选择性注意的制约。总之，品牌定位能否被感知和正确理解有许多不确定因素。要形成品牌定位，信息必须被目标消费者所注意、理解、记忆。任何一个环节出错，都会导致定位的无效。理解和把握品牌定位的形成过程和形成机理，对于实现有效定位具有重要意义。

(四)品牌定位的检测

通过对品牌定位的测定，将品牌目标与设计的品牌定位进行比较，及时发现两者之间存在的差异。对于存在的差异要分析原因：是属于表达问题，还是属于理解问题；是需要强化，还是应该重新定位等。这些信息应及时反馈到决策部门，以便对品牌定位策略做出调整，或者重建。

品牌再定位应以微调为主。除非经过一定改善和相当努力仍无成效，一般不要放弃原来定位，应保持定位的连续性和稳定性，因为品牌定位是一项长期的任务。

第三节   品牌定位的导向因素

在品牌定位的起始阶段，要确立它的目标市场和竞争优势；而在品牌定位的后续阶段，要确定以何种方式向目标市场传达这种竞争优势。要运用各种渠道传播可以被目标消费者接收和接受的信息，表达什么内容，用什么方式发布，集中地反映着品牌定位的不同的思考，体现出品牌定位的导向因素。

一、产品特点为导向

就是把品牌定位集中在产品鲜明特点上的导向策略。这种品牌定位方式是借助产品的特征或利益，将本品牌与竞争品牌相区别。借用产品属性和定位要求企业不断地改进产品质量，赋予产品独特属性，这是一个长期的过程。这种方法适用于那些长久以来追求卓越产品质量的品牌，并且在消费者中间享有良好的口碑的产品。

以产品特点定位要求具备两个条件：一是产品的属性或利益能带给消费者具体的益处；二是产品的属性或利益是竞争品牌所不具备的，并且是竞争品牌无法复制的。如劳斯莱斯汽车具有独特的属性，即坚固、耐用、无故障、无噪音、汽车中的艺术品，是财富与地位的象征，可以给消费者带来与众不同的情感上的感受。并且，这些属性或利益是其他品牌所不能复制的。因为在所有人的心中，劳斯莱斯是精益求精的杰作，是了不起的汽车艺术品，是任何其他的汽车都不能代替的。劳斯莱斯就借用了它的这些属性和利益定位成为汽车中的佼佼者。

有些新创的产品特点很容易被其他品牌模仿。作为这种产品特点的首创者，或一贯的大力实践者，有可能在消费者心目中成为这种产品特点的代表，把特色长期地保持下去。

二、因果关系为导向

就是把品牌定位于使用必然产生效果的承诺之上。这是一把钥匙开一把锁的导向策略，表明本产品就是为了解决生活中的某一问题而设计的。当同类产品中充满了各种各样的品牌时，可用这种策略显示自己"术业有专攻"的独到之处。以宝洁公司的洗衣粉为例，相继推出了汰渍（Tide）、快乐（Cheer）、波尔德（Bold）、德莱夫特（Dreft）、象牙雪（Ivory Snow）、伊拉（Era）等品牌，但它们各自侧重解决不同的问题而互不重复：汰渍去污彻底，快乐保护颜色，波尔德用于柔化布料，德莱夫特适合婴儿衣物，象牙雪去污快，伊拉能去除油漆等顽固污渍等。这种"一对一"式的以因果关系为导向的定位策略，可以突出地体现品牌的专有价值。

三、品牌竞争为导向

就是以竞争者为基点来界定品牌定位的导向策略。这种定位常用两种方式：一种方式是着重宣传品牌具有一流的质量，却只有二流的价格。另一种方式是强调具有竞争性价格的产品的质量或价值。这种定位策略要求品牌要说明确实具有一流的质量并且让消费者信服，同时品牌的价格能使消费者体会到实惠。采用这种定位策略的都是高价品牌，例如丰田公司雷克萨斯（凌志）的设计是以奔驰标准来要求，有着与奔驰相同的高档品质、相同的豪华装饰。但与奔驰相比，雷克萨斯的价格却要低三分之一左右。雷克萨斯定位于豪华汽车，但是与奔驰比较起来却有着相对低得多的价格，以此来吸引那些向往豪华汽车而又不想花费太多的消费者。

采用这种定位策略要求企业要能够制造出质量优异的产品，并且还要能忍受赚取少量利润的压力。这种策略在有一个高质高价的品牌作为竞争对手时成功率最高。

四、目标市场为导向

这种品牌定位并非简单地针对某一部分目标消费者，而是要从深层次把品牌与特定消费者的生活形态、生活方式联系起来。这要求品牌在各个方面都做到与之相称，追求细节完美，避免前后矛盾。这种定位策略是把品牌与一群特殊的使用者联系起来，如太太口服液定位于 35～50 岁的女性。统一鲜橙多定位于白领女性人群，"统一鲜橙多，多喝多漂亮"一语中的。可口可乐的酷儿直接定位于儿童市场，避开与汇源和统一的直接争斗。精准的定位使得企业获得市场上的领先地位，获得极好的市场战绩。这种定位策略要求使用者要便于区别，这样才能突出品牌的形象。

与一般的高档轿车不同，劳斯莱斯公司出品的劳斯莱斯和本特利豪华轿车，体现了一种英国式的富豪生活方式；不是有钱就行，还带着一股英国特有的"贵族"血统的傲慢。这两款轿车不仅限量生产、价格昂贵，宣扬自己是全手工制作，还限定深色轿车只能卖给王室成员和政府首脑，足以彰显品位，表现特权等级。这是十分鲜明的以目标市场为导向的定位思路。定位在普通民众阶层的产品一般不能包装豪华，价格昂贵。而像劳斯莱斯这样的公司如果推出中低档车型，必然失去现在定位的目标市场。

五、利益为导向

这种品牌定位通过突出为消费者带来优势的特点，使消费者按自身偏好和对某一利益点的重视程度，将不同品牌排序，在有相关需求时更迅速地选择某一品牌。这是在同类产品品牌太多、竞争激烈的情况下可以采取的一种定位导向策略。这些需求不仅仅是为了解决某一实际问题，而是几乎能满足人们在马斯洛需要理论中从低到高各种层次的需求。比如在汽车市场，沃尔沃强调"耐久安全"，丰田自称"可靠"，奔驰则用"世界元首使用最多的车"显示自己的高贵、显赫，以满足人们自我实现的需要。这些不同角度的品牌定位，各具特色地表明了品牌将给消费者带来的利益和价值。

六、情感为导向

现代市场营销理论认为，人们的消费行为发展变化可分为三个阶段。一是量的消费阶段，二是质的消费阶段，三是情感消费阶段。在第三阶段，消费者最看重的是品牌与自身的关联程度，会选择那些能满足自己某种情感渴求，或正好与理想的自我概念相吻合的品牌。顺应消费者的心理变化，实施恰当的情感定位可以引起消费者的共鸣。

"孔府家酒，叫人想家"，传神地表达出人们对家庭团聚的期盼，弥漫着一种温馨的情感。

第四节　　品牌定位运作

在已经明确设定品牌将要施行的定位后，将这一设想变为现实，要付出极大的努力。当品牌的理想定位与现实定位比较接近时，只要维持现状就可以了。而当理想定位与现实定位距离较远时，就要对现状做出较大改变，甚至需要从新开始。

一、巩固定位

如果已有的品牌定位接近目标市场的需要，并且与竞争者截然不同，是一个有利的定位时，只需巩固该定位，实施正常的整合营销传播即可。人们通常容易记住位居第一的事物，因此品牌定位时最好能和"第一说法，第一事件、第一位置"等方面挂上钩，以便在消费者心中占据独一无二、不易混淆的优势地位。这种"第一"式的品牌定位如果运用成功，将被消费者认定为某类产品的等价物，一旦提到这类产品马上就会联想到这一品牌。比如提到汉堡包，人们首先想到麦当劳。

如果品牌不能成为市场的领导者，是否必须改变现有的定位呢？事实上，市场的领导者凤毛麟角，如果只做第一，细分市场便失去了价值。即使在单项指标上没法确定是不是第一，只要在这方面做得比市场领导者好，就有可能发展到一个有利的定位。这是一种比附定位方法，通过和市场领导者等强力品牌发生关联，显示自己在一些方面比它们做得更好，来引起消费者的另眼看待。这样做能借力，将品牌提升到一个高起点，而且这种方式的可操作性强。因为总成绩第一的不一定每个单科都拿第一，集中在一两项上多下工夫是有可能取得成绩的。只要选准对消费者确实有吸引力的单项指标，这种"小第一"的定位在攻心方面同样无往不利，是一种有价值有地位的定位。

二、改进定位

品牌已有定位具备一定效用，但作用还不够充分时，就需要找到阻碍效用充分发挥的症结所在，对已有定位进行调整修正。其原因：一是出现在对目标市场的确认上，由于纳入了部分外围市场而使核心的细分市场不够突出；二是发生在对竞争优势的选择上，品牌没有亮出自己真正的"杀手锏"；三是在与目标消费者进行沟通时，所传达的信息不够准确清晰……总而言之，是在进行定位设计或执行过程中出现了偏差。

这个问题的根源在于，没有人能够说得清楚什么样的定位才能被称作完美的准确定位，定位所依据的市场调查难以确保收集的全部数据都能准确无误地表现市场的真实情况。再有，定位虽然尽可能立足于客观数据，却无法全部摆脱主观设想。因此说定位是一个长期过程，不能在起步时就表现得太满，要留下可供修改的余地。

定位的性质决定了即使在面对比较稳定的市场时，品牌定位也难以一锤定音。而另一方面，消费市场和竞争者也在调整和改变之中，品牌定位如果不能跟上新的变化，将会使自己陷入不利的被动之中。当消费者的愿望发生或将要发生变化，能够满足消费者的需求的技术正在发展时，品牌定位就应义无反顾地跟上这一趋势，不断调整产品或者调整与消费者沟通的策略与渠道。

三、重新定位

当品牌定位策略与目标市场出现明显背离，或者不能在竞争者中获取胜绩时，就应该果断地重新定位。原有的定位失误可能源于失真的调查数据或偏颇的分析思路。因此，与其由点及面地逐步排查，不如干脆重新开始，实施根本性的重新定位，这将意味着进入一个全新的细分市场。

品牌实施再定位策略可能是由于出现了以下情况：一是品牌所作的定位有偏差，是错误的，得不到顾客的认可。二是品牌原有定位无误，但竞争者的新产品与本品牌的定位相似，侵占了本品牌的部分市场，导致市场占有率下降。三是消费者需求发生变化，本品牌定位不能获得消费者的完全认可。四是企业的营销目标改变，要求品牌定位策略随之变化。

改变品牌原有的定位要比为一种新品牌定位困难得多，因为要进行新的品牌定位首先要清除品牌在消费者头脑中原有的定位，然而消费者并不会轻易改变对原有品牌定位的印象。因此，品牌再定位的关键是要把品牌改变后的新定位不断传递给消费者，努力强化新的市场形象，使新的品牌定位获得消费者认同。

本田的喜美(CIVIC)三门车，最初在台湾推出时，定位为"满足潜意识自我，是浪漫前卫的新个人主义实现"，目标消费者是 25～35 岁、个人年收入在 30 万台币以上的男女青年。据此拍摄的一系列电视广告效果良好，媒体接触率、品牌认知度都很高，但车的销量却在不断下降。经过调查发现，消费者并不认同它的跑车定位。不购买的原因是"进出后座不方便"以及"车身小，不太适合全家人使用"，因而转向购买四门车。调查结果使本田认识到原有的定位不当，必须重新进行定位。经过概念测试，"喜美三门车是孩子最安全的乘坐空间"这一概念得到最广泛认同，因此公司将产品重新定位为家庭用车，目标消费者调整为有 13 岁以下儿童的家庭。广告从原来"前卫、浪漫、个性化"的诉求改变为"安全性"诉求，重点改变消费者对三门车后座的看法，将原来的缺点(后座没有门)变成优点(保证孩子安全)。重新定位扭转了销售滑坡局面，使销量不断上升。

案例分析

哥伦比亚广播公司的 Fender 吉他：两种文化的故事

对于吉他爱好者来说，Fender 品牌是个令人崇拜的偶像，约翰·列侬和乔治·哈里森都拥有 Fender，而杰米·亨德里克斯还将那款特殊的电吉他变成了传奇。

在 20 世纪 60 年代初，利奥·分德做出了近乎致命的决定：将公司卖掉。1965 年，他发现买家哥伦比亚广播公司播送的广播节目极受欢迎，非常成功。这一交易双方都认为很合理，毕竟，哥伦比亚广播公司身处音乐商业界而 Fender 制作的是乐器，二者的协作空间很大。

1975 年，公司开始失去市场份额。Fender 乐器公司现任公关总监摩根·林沃尔德说："问题是哥伦比亚广播公司对真正的生产并不了解。质量控制放松，专利技术流失，研发投资无法保证。很快，亚洲生产商模仿 Fender 的设计生产出更便宜、质量更好的吉他。"

公司的主要卖点吉他被忽视了。Fender 爱好者创办的网站认为这是个大错误："这家综合公司最后做了一件别人都不会做的事情：让 Strar 不再那么强大。随着时间流逝，吉他新手买 Fender 吉他，而有经验的吉他手选择旧式的 Strar，一是因为它设计上的出众，二是因为它轻描淡写的却非常出色的多功能性……到1985年，Strar 被复制，被掠夺，被伪造，或者遭到其他形式的滥用。"

1981年，哥伦比亚广播公司招聘新的管理团队来重塑 Fender 品牌，它们依据改善 Fender 产品质量的想法设计了一个5年商业计划。但是，直到1985年才出现真正的好转。当时哥伦比亚广播公司决定放弃所有的非广播业务时，Fender 被以威廉·舒尔茨为首的一群雇员和投资者买走。

这次"重生"之后产生的 Fender 公司当然在规模上要小于 CBS - Fender。哥伦比亚广播公司出售的仅仅是 Fender 名称专利权和仓库里的零部件，交易并不包括建筑和机器设备。不过，新 Fender 公司拥有的是一群真正理解 Fender 品牌的员工，许多人在20世纪40年代当利奥·分德开始制作吉他时就在公司工作。很快，Fender 品牌又在世界范围的吉他爱好者心目中恢复了它的地位。

20世纪90年代，Fender 的销售大幅度增长，公司根据电吉他弹奏者日益增长的需求，将产品种类进行延伸，Fender 延伸成功的秘密在于它理解让这一品牌受到欢迎的价值是什么，即制作工艺和对吉他手的深入理解。在哥伦比亚广播公司1965年至1985年掌管该公司期间，这些价值被忘却，品牌也就遇到了麻烦。

现在，Fender 重回正轨，而它的消费者也比以往更欣赏它，Fender 在各地吉他手的心目中、脑海里、手指间保持着它的地位，这不仅仅因为它出色的质量，还在于它热忱地致力于本行业的研究与发展。Fender 公司塑造着全世界人们弹奏、收听音乐的方式。

通过这个案例可以看到，哥伦比亚广播公司遇到的一个主要问题是它并不真正了解是什么使 Fender 如此特殊。它们并不真正理解自己产品的活力所在，没有真正理解将要经营的品牌之所以受欢迎的原因。同时，哥伦比亚广播公司没有关注质量和工艺，而这是让 Fender 品牌能否立足的关键因素。

思考与练习

(一)思考题

1. 如何理解品牌定位？

2. 品牌定位的途径有哪些？举例说明某一品牌的定位过程。

3. 品牌定位的重要性是什么？

（二）练习题

1. 分析鳄鱼服装的定位思路。

2. 请为"老边饺子"制定品牌定位方案。

3."兴隆大家庭"自我定位为"沈阳首家摩尔"，请分析这一定位的策略及效果。

第三章　品牌设计

品牌故事

北大方正品牌标志的创意设计

北大方正集团公司创建于1988年，现已成为具有较大产业规模、较强经济实力的大型高科技企业集团。中文电子出版系统是方正集团的拳头产品，曾两次荣获国家科技进步一等奖，两次荣获中国十大科技成就奖。北大方正现已成为在国内外享有崇高声誉的著名品牌。

方正集团的品牌设计体现了北京大学"勤奋、严谨、求实、创新"的优良传统，反映了"崇尚敬业精神、追求卓越境界"的企业文化内涵，揭示了高新技术企业"顶天立地"的发展模式。方正品牌由文字、图形、英文三部分组成。

方正品牌文字内涵包括：①"方正"，即一方之正、一方之宗、一方之主，指北大方正电子出版系统为全球中文电子排版技术的主体和正宗，在中文电子排版领域居于世界领先地位。②"方正"，指人的行为品性正直无邪，是公司全体员工恪守的行为规范和道德准则。③"方正"，即方方正正，规规矩矩，既体现了公司依法经营、诚实经商的经营之道，又反映了公司从领导到员工朴实无华、诚恳待人的处世态度和严谨求实的科学精神。④"方正"，指八方之正，有包容各方优势的含义，体现了公司广采世界最新技术的开阔视野和吸纳一流人才的博大胸怀。⑤"方正"，有基础雄厚、功底扎实、稳步发展民族工业之意，表明公司巨大的发展潜力，塑造了公司为发展和壮大民族工业而拼搏奋斗，领袖群伦，不断进取的企业形象。⑥"方正"，寓巧于拙，富有稳定感，蕴涵了公司以质量求生存、以信誉求发展和用户至上、服务第一的经营理念。⑦"方正"，体现了汉字方块字的特点。以方正为品牌，能与公司的核心技术即汉字信息压缩和复原技术、中文电子排版系统产生有机的联系。⑧"方正"，词性居于中性，不激不励，雅俗共赏，能为各个层次的人群所接受；同时，"方正"一词简繁相同，便于拓展国内和海外市场，有时间、空间的发展余地。⑨"方"和"正"二字形声俱佳。从字形上看，形态匀称；从声调上听，节奏鲜明，容易达到深入人心的效果。⑩"方正"与"北大"相连，从形式上看十分和谐；从内容上看，表现了北大的精神意蕴。

　　方正品牌图形包括两方面含义：①图形从立体角度上看，中间方框的白色部分为方形，右上角和左下角的黑白部分为正方形的阴影，这样就构成了一个正方体，与公司文字标志的含义相一致。②图形从平面角度上看，右上角和左下角的黑色部分像两个箭头，向上的箭头表示科技顶天，向下的箭头表示市场立地。这意味着北大方正高科技产业是顶天立地的事业。两个阴影部分似接非接，给人一种冲击感，体现了北大方正锐意进取、不断开拓、永远创新的企业精神。

　　方正品牌标志的英文"FOUNDER"有两点含义：①"FOUNDER"有奠基者、创立者、缔造者的含义。表明北大方正集团公司是中文电子排版系统的开拓者。北大方正电子排版系统的推出，使印刷业"告别了铅与火，迎来了光与电"，揭开了印刷业"第二次革命"的序幕。②"FOUNDER"音译为"方的"，与汉字"方正"的含义完全一致。

　　可见，方正的文字、图形、英文均具有简洁、明快的特点。方正品牌既反映了公司的产品特点，又体现了公司的企业精神，达到了形神兼备的境界。

第一节　品牌设计的要素

一、品牌要素的内涵

　　品牌要素是品牌资产建设的重要基础，设计品牌要素应从品牌战略的高度，着眼后期的品牌传播推广与管理，致力于品牌资产的不断增值。为此，要强化品牌意识，促成强力而又独特的品牌联想的构成。品牌要素的创建能力表现在花费较少而又能有效利用传播资源，并且建立起良好的品牌知名度、良好的品牌形象和有效的品牌联想。

前面提到，品牌要素是由显性要素和隐性要素两个方面构成。显性要素指的是那些用以标记和区别品牌的商标设计，它是品牌外在的、具象的，是在品牌资产建立之初，通过人为设计和在与消费者互动的过程中形成的。主要包括品牌名称、标志与图标、标记、标准字、标准色、标准包装、广告曲。其中品牌名称是品牌要素的核心；标志与图标、标记、标准字、标准色、标准包装可统称为视觉形象系统，是品牌要素中的主体部分；广告曲则是品牌要素中可变动的非必要部分。

品牌要素作为企业形象识别系统的基本视觉要素之一，有其自身的特点，具体表现在以下几个方面：

1. 识别性。识别性是企业品牌要素的基本功能，是最具有企业视觉认知和信息传达功能的设计要素。因为企业标志设计的题材丰富，造型的要素活泼多样，表现形式宽广，构成的原理也较多，因此通过整体规划和设计的视觉符号，必须具有独特的个性和强烈的冲击力。

2. 领导性。品牌要素是企业视觉传达要素的核心，也是企业开展信息传达的主导力量，其领导地位是企业经营理念和经营活动的集中表现，它贯穿和应用于企业的所有相关的活动中，不仅具有权威性，而且还体现在视觉要素的一体化和多样性上，其他视觉要素都以整体标志构成为中心而展开。

3. 同一性。品牌要素不仅仅是单纯的符号，而且还是企业精神的具体象征，品牌要素标志来源于企业理念，并表现着企业理念，社会大众对于标志的认同就等于对企业的认同。只有当企业的经营内容与企业的外部象征——企业标志相一致时，才能获得消费大众的认同。

4. 造型性。品牌要素设计和形式要丰富多彩，图文并茂，必须精心设计，以符合审美规律。如中外文字字体、具象图案、抽象符号、几何图形等，标志造型富于变化就显得格外活泼生动。

5. 延伸性。品牌要素是应用最为广泛、出现频率最高的视觉传达要素，必须适应各种传播媒体、广告宣传活动。要针对印刷方式、制作工艺技术、材料质地和应用项目的不同，采用多种对应性和延伸性的本体设计，以产生契合、适宜的效果与表现。有些标志设计很美，但制作复杂、成本昂贵，必然限制品牌标志在应用上的广泛延伸。

6. 系统性。品牌要素一旦确定，还应对品牌标志的应用进行规划，实行系统化、规范化、标准化的科学管理，此外，当视觉结构走向多样化的时候，可以用强力的标志来统一各关系企业，采用同一标志不同色彩、同一外形不同图案或同一标志不同图案的结构方式，来强化关系企业的系统化。

7. 时代性。面对发展迅速的科学技术，日新月异的社会生活，激烈的市场竞争，品牌要素也面临着完善和更新的现实，其形态应该具有鲜明的时代特征。特别是一些老企业，有必要对现有的标志形象进行检讨和改进，在保留传统理念的基础上，采取清新简洁、明晰生动的设计样式，使企业的标志增添鲜明的时代特征。联想、华为品牌标志的更新就体现了这一特点。通常，标志形象的更新以 10 年为一周期，这代表着企业求新求变、勇于创造、追求卓越的精神。

二、品牌要素的设计标准

设计品牌要素，是为了保证品牌作用的最大化，在具体的品牌要素设计过程中，要遵循客观规律和一定的标准。常规情况下，需要考虑的问题如表 3 - 1 所示。

表 3 - 1　品牌要素设计标准

1. 可记忆性	容易识别 容易回忆
2. 有含义性	描述性 说服性 趣味性 联想性
3. 可保护性	法律角度 竞争角度
4. 可适应性	灵活 可更新
5. 可转换性	产品门类 地域和文化界限

从建立品牌资产的角度来理解，品牌要素的设计标准的五个条件中，前两个标准——可记忆性和有含义性可称为品牌建立；后三者——可保护性、可适应性和可转换性则是为了适应品牌长期维护管理的需要，在品牌延伸、品牌扩张甚至是在品牌保护时发挥作用。

1. 可记忆性。设计品牌要素的出发点就是为了使品牌在消费者记忆中形成深刻的烙印，不能达到这一功效的要素设计就不能成为成功的设计。为此，应选择那些具有可记忆特征的品牌要素，以使消费者在见到时会产生鲜明的记忆，在购买和消费时很容易记起和辨认。由于某些名字、符号、标志及类似因素的固有特征，以及它们的文字内涵、视觉形象等要素的潜在特点，可以增进消费者对它们的记忆，进而促进品牌资产的积累。例如，麦当劳的黄色"M"是"McDonal d's"的首字母，黄色的标牌极其醒目，优雅的造型富有趣味，消费者即使在琳琅满目的闹市区也能很容易地一眼认出它来。

2. 有含义性。品牌要素所具有的内在含义可以加强品牌联想的形成，有利于品牌意识的建立。建立品牌要素可以运用各种方式，包括描述性、说服性、趣味性和联想性等等。一个品牌要素的内在含义中尤其重要的是：传递该产品的一般信息、品牌属性的专门信息，以及品牌的益处。例如宝洁的飘柔、海飞丝的品名中，就将该洗发水的飘逸、柔顺、飞舞、丝光等功能属性直接而又有效地传递给消费者。

3. 可转换性。品牌要素的可转换性是指品牌在种类和地域两个层面的延伸和转换的特性。品牌要素应该能够适应新产品的增加，品牌要素应该能够对产品线和产品种类的延伸能到促进作用，应该能够在相同或不同的种类中利用品牌扩展新的产品。同时，品牌要素要能够增加地域间和细分市场间的品牌资产，当品牌进入一个不同地域文化内涵的市场，品牌要素能够实现顺利转换并被为当地消费者所接受。例如派克作为高档金笔的品牌形象已经深入人心，它在20世纪80年代的向下延伸的策略曾被作为延伸失败的典型，而派克不但坚守了自己的判断，而且继续延伸到了针织服装等领域，其转换可以说是坚实的。

4. 可适应性。品牌要素越是具有可塑性，就越是便于它的更新。消费者的消费习惯、消费方式、消费取向和价值观念随着社会发展在发生着变化，市场的潮流也在发生变化，品牌要素也需要及时进行更新。据此，品牌的标志和内涵可以做一次重新设计，使之更具现代感和时尚感。例如，2003年，可口可乐在中国市场更换中文标志——传统的中文字体被曲线流畅的斯宾塞中文字体所取代，使可口可乐的标志增加了现代与时尚的元素。

5. 可保护性。有人曾做过这样的判断：市场竞争的实质是品牌的竞争。在竞争的环境里，善于保护自己也是竞争取胜的重要方面。品牌要素的可保护程度可以从法律和竞争两个角度去理解。

从法律角度看，①要选择在国际范围内可以被妥善保护的品牌要素；②及时向法律认证工商机构正式注册；③预防商标可能遭受到的未授权的竞争者的侵害。2003年4月28日，联想放弃了已经使用了具有15年历史的英文标志"Legend"，更换后的英文标志为"Lenovo"。联想当时的品牌价值大约在 400 亿左右，之所以"忍痛割爱"，就是出于保护联想品牌，否则，联想品牌的国际化进程势必遭遇障碍。

从竞争角度看，品牌要素要能够便于竞争中的自我保护。一个品牌要素即使已经受到了法律保护，但市场竞争行为仍然可能侵占品牌要素所表达的品牌资产。如果品牌要素中的名称或包装很容易被模仿，该品牌就失去了独特性和独享性。竞争对手常常会利用品牌要素中显著的文字的前缀、后缀或包装与色彩进行模仿。因此，要竭力去除易于被竞争者模仿的可能性。例如"果冻我要喜之郎"早已家喻户晓，市场上便出现了"喜三郎"果冻的恶意竞争者。品牌要素的保护任重而道远。

三、品牌设计的战略思考

我国企业由于历史原因，对于品牌设计在市场营销中的作用缺乏认识。如有的在品牌名的选择中，往往未加深思熟虑就草率选定，给品牌标志的设计者留下的空间不足，也给品牌的运作和管理带来不少潜在的问题。有的品牌名过于注重产品的性能，时过境迁之后，不得不更改名称。有的专门针对某一产品以致妨碍了品牌延伸。有的品牌名很容易被竞争者模仿或超越。因此，在品牌设计时，应思考下面几个问题。

1. 突出新产品的创意。产品如果有新意，就应该为产品开发出有别于竞争者的品牌名称。产品如果没有特别的创新，也可以借助有吸引力和独特性的品牌名称，确立竞争优势。

2. 塑造潜在的国际性品牌。强有力的国际性品牌大多有以下重要特征：一是在各国都有相同的品牌名；二是有共同的包装设计；三是在各国拥有广泛相似的目标市场；四是具有相似的产品配方或结构。如 Coca-Cola、Kodak、Sony，以及我国的 Haier 等均具备这些特征。

3. 预备品牌的延伸。品牌是否延伸是企业品牌战略的重要组成部分，各个企业由于传统和历史的原因，早已确定了某种战略。但就有效性和成本节约而言，品牌延伸优于独立开发新品牌。不同产品使用共同的品牌名，在包装设计制作、品牌发展、广告战略实施、营销分销等方面的成本都可降低。如宝洁实施的就是多品牌战略，需要对不同产品实施不同的品牌传播。而海尔则选择了统一品牌策略，就不存在新品牌的开发方面的投入。

4. 易于品牌保护。品牌的独创性、显著性越强，受到的保护就越大。竞争对手或潜在的竞争对手越多，这个问题就越突出。如果产品具有独特优势，企业享有垄断权，竞争者就无法模仿，品牌的保护就不会成为问题。

第二节　品牌名称设计

品牌的名称应该体现记忆方便、具有趣味、富有创意的特点，同时，还要有对产品类别及特质、优点等具有定位性的提示，含义持久，并且易于向更广泛的产品种类和地域转换，在法律和竞争上都能获得强有力的保护。

一、品牌名称的内涵

（一）品牌命名的意义

品牌名称是产品最为直接的标志，它体现着品牌的个性和特色，是品牌的灵魂。

品牌是经济发展的产物，它在市场经济中孕育而成。在自给自足的自然经济时期，单一的商品交换以满足自我需求为目的，但分散的手工作坊式的生产规模还无力打造自己的品牌。

真正的品牌出现在19世纪中期，当时的先进资本主义国家正向垄断市场过渡，市场经济逐步趋向发达和成熟，需要通过品牌来区分不同企业生产的产品。随着经济活动的发展，频繁的商品交换刺激了商品经济的发展，促使了名优产品的出现。

好的品牌名称可以准确反映产品的特点，还可以引起消费者的独特联想，刺激消费者的消费心理。拥有名牌商标，就有了企业发展的依托和保证。在现代社会，品牌的用途已远远超出了"识别范畴"，它已逐渐成为商家与消费者沟通情感的纽带，成为增强产品竞争能力的手段，成为企业生存和发展的保障。可口可乐的掌门人曾说，即使可口可乐的工厂在一夜之间化为灰烬，仅凭"可口可乐"这块商标，它就可以东山再起。

（二）品牌命名的程序

品牌命名不是以前随意性的名称选择，而是一个科学、系统的过程。它甚至成为企业科学管理、质量管理的重要环节。专业化的品牌命名应遵循以下步骤：提出方案、评价选择、检测分析、调整决策。

1. 提出方案。根据品牌名称命名的原则，品牌设计者需要广泛收集可以描述和表现产品的单词或词组。在收集备选名称时，要集思广益，多多益善，争取获得尽量多的品牌候选名称。足够数量的备选方案是选定理想的品牌名的前提，同时还要遵循既定的命名原则。如丝宝集团在为洗发水命名时，明确要求营销策划人员尽量多地列出与头发相关的字，然后进行创意组合。并且提出品牌名称不是语言文字的常规习惯组合，但应很好地体现产品的寓意，其中"舒蕾"、"风影"便是这种组合方式的直接结果。

2. 评价选择。集中了若干符合条件的候选品牌名称，后续的工作就是从中选择最佳方案。具体做法是：组成评价机构，该机构由包括语言学、心理学、美学、社会学、市场营销学等各方面的有识之士组成，由这些专家完成初次评选。评选的基本条件是：品牌名称应该揭示出企业良好的经营理念；不应带有负面形象或含义；要避免品牌名称高度狭窄的定位；要有利于企业将来的长远发展和品牌延伸。

3. 检测分析。把专家对候选品牌名称的评价意见和筛选结果投入一定范围的市场环境，用问卷的形式进行消费者调查，了解消费者对品牌名称的反应。调查问卷应包括以下内容：名称理解度调查，即选定的品牌名称是否能够使消费者易于产生既定的品牌联想；名称记忆性调查，即了解并检测品牌名称是否方便记忆；名称属性调查，即调查品牌名称是否与该产品的属性、档次以及标准市场的特征相符；名称偏好度调查，即调查消费者对该名称的喜爱程度。

4. 调整决策。如果测试分析显示的结果不理想，消费者不能认同被测试的品牌名称，就必须考虑重新命名，不可轻率决定。

二、品牌名称选择标准

品牌名称是品牌最重要的组成部分之一。品牌名称在品牌管理中非常重要，它在信息沟通、产品促销、顾客推荐过程中起着无可替代的作用。品牌中80%是文字商标，其余的20%是文字与图案的组合。只有标志、没有名称的品牌，很难发挥品牌完整的价值。历史上一些品牌名称的选择非常随意，大多用经营者的姓氏或名字，如李维斯、夏奈尔、皮尔·卡丹、张小泉等。如今品牌命名的方法更加形式多样了，新涌现出来的品牌名称都经过精雕细琢，大凡取得成功的品牌无不拥有自己独特的品牌名称。那么，什么样的品牌名才是优秀的品牌名呢？

著名营销专家麦卡锡曾经提出了品牌名应具有的12大特征。如表3−2所示：

表 3 - 2　　麦卡锡提出的品牌名称特征

1. 简短	7. 暗示产品利益
2. 易于拼写	8. 适应包装/标志需要
3. 易识易记	9. 没有负面联想
4. 容易发音	10. 符合时尚
5. 发音唯一	11. 适用于各种媒体
6. 各种语言发音接近	12. 可以合法运用

在 J. M. 默菲(John M. Murphy)主编的 *Branding：A Key Marketing Tool* 一书中，作者认为好的品牌名应尽可能满足消费者在以下几个方面的要求：①易记；②易发音；③标示原产地；④能受到法律的保护。

这些专家的见解非常具有价值。对于正在广泛实行品牌国际化策略的我国企业来说，品牌名的选择必须充分考虑这些建议。在我国，结合中国企业和品牌特色，一个好的品牌名应具有以下特征：

1. 简洁但不过短。品牌名称太长显得烦琐，不便记忆，也不易被识别。如老正宗山西刀削面大王、21 世纪不动产等。太短则显得突兀，不符合现代汉语双音词居多的拼读习惯。如派、雄、帝、柒等。国内较有名气的品牌名大多由 2~3 个汉字组成，如全聚德、恒源祥、海尔、敖东等。

还有一些较长的品牌名，这些品牌名称各有特点，有的有一个叠字，有的是一个词语，读起来比较顺口，如可口可乐、鄂尔多斯、阿尔卑斯等等。尽管如此，可口可乐还是被简化成了可乐，百事可乐被简化成了百事。2002 年，MOTOROLA 也觉得自己的品牌名太长，改成了 MOTO。

2. 读音朗朗上口。品牌名称的读音应该响亮、顺畅、易于发音。不易发音，或读起来不顺，或听起来感觉不好，这样的品牌名称是不理想的。单音字的品牌最大的问题是无法朗朗上口，读一个音就完结，没有效果。而讲究发音和字数的品牌会给人留下深刻印象，如娃哈哈、谭火锅、格兰仕、999 等品牌。可见，朗朗上口的品牌名称体现了"叫得响"的良好效果。

3. 产生美好联想。品牌名称可以蕴涵丰富的思想和情感内容，这是在品牌命名环节就被精心设计并赋予的潜在寓意。它们大多喻示着产品给人们带来的利益和祝愿，隐含着美好吉祥的含义，如永久自行车、红豆衬衫、联想计算机、长丰猎豹汽车、美加净日化等。

4. 发音译音相同。有一个现象，受到本地消费者欢迎的品牌名，到了异国他乡却可能由于品牌名的理解存在障碍而不得不重新抉择，因为这是品牌国际化所必需的途径。如中国的恒源祥在走出国门、进军国际市场时,就遇到了无法传达寓意的难题。美国香皂第一品牌 Ivory,始终未在中国市场露面,就是找不到与之发音相似的合适的中文名称。拥有这个品牌的宝洁公司,在中国推出的"Safeguard"(舒肤佳)这个发音相似、又有美好联想的品牌名,很快被中国消费者接受。又如日本的 Sony(索尼)、美国的 Kodak(柯达)、中国的 Haier(海尔)、德国的 Benz(奔驰)等,在各国语言的发音都十分相似,在开拓市场方面则没有语音障碍。

5. 便于法律保护。品牌名称获得注册,就会受到法律保护,同时也会在品牌延伸和实施加盟、代理与特许经营的过程中获得巨大的利益。如果没有取得注册,就会作为公共资产而被随意使用,最终将在品牌价值上一文不值。这方面的教训不胜枚举。因此,品牌名称应及时在销售地和潜在销售地申请注册,以便获得法律保护。

三、品牌命名的来源

细数已然成功的品牌,其名称可谓是"八仙过海,各显神通"。它们在为品牌命名时,有的绞尽脑汁,有的信手拈来;有的只是随意地把名称当作一个代号,有的却一厢情愿地认为名称会有某种预兆。要想给产品选定一个令拥有者满意、让消费者乐于接受的品牌名称,可以考虑如下一些方法:

(一)人名作品牌名

把人名作为产品的品牌名,古已有之,中外有之。中国的剪刀大王张小泉品牌已有 340 年的历史;国外有西门子电器、福特汽车等。以人名作品牌名,大致有以下几种类型:一是以产品的发明者和生产者的名字来命名,如周林频谱仪等。二是以生产经营者的名字命名,如李宁牌运动服装等。三是用已故人名命名,如曹雪芹家酒等。四是用虚构人物来命名,如孔乙己茴香豆等。

(二)地名作品牌名

把地名作为产品的品牌名,在我国较为普遍,如上海牌手表、石林牌香烟等。以地名作为品牌名,大致有以下几种类型:一是以产品的原产地作为品牌名,以示正宗、老牌、享有盛誉,如金华火腿、龙泉宝剑、景德镇瓷器、茅台酒等。二是以生产者所在地来命名,如青岛啤酒、徐州工程机械。三是以名胜古迹作为品牌名,如黄山香烟、长城电扇(苏州产)、黄河电视(西安产)等。

我国新的《商标法》规定,地名品牌不再受理注册申请,以前已经注册的继续有效。因此，使用地名作为品牌名称的方式已经成为过去。

（三）动物名作品牌名

动物是人类最可亲近的朋友，商家纷纷从动物世界捕捉灵感，给产品寻找一个让人难忘的品牌名。在动物世界中挖掘品牌名，是品牌名称发展的热点。在使用动物名作为品牌名时，一要注意找准该动物与产品的内在联系；二要注意该动物的象征意义和能够产生的美好联想；三要注意由于文化背景不同，动物在不同的国度有着不同的象征意义，要入乡随俗，避免出现歧义。如鹤在我国有超凡脱俗、松鹤延年之意，但在英国则暗示男人对妻子的不忠。因此，以鹤作为品牌名的产品到英国推广定有阻碍。

（四）花草树木名作品牌名

花香草绿，树木成林，都有其生命活力和象征意义，也皆有其美名传扬。以花草树木名作为品牌名称是为品牌命名的一条捷径；尤其是"花"名，更是被人心仪。如：

花名品牌名：春兰、红梅、水仙、海棠、牡丹、菊花、莲花等。

树名品牌名：椰树、皂角、银杏等。

草药品牌名：田七、人参、两面针、藏红花等。

果实品牌名：红豆、西瓜、苹果、金橘等。

（五）数字或数字与文字组合作品牌名

1.纯数字品牌名。纯粹数字组成的品牌不多，一旦运用成功品牌的知名度也很高。数字品牌名易记、易识，比较上口，这是确保数字品牌名称取得成功的主要因素。数字式品牌名大多有以下特点：

（1）数字组合有特色，一是某个数字重复出现，二是数字有对称性。例如555香烟、999医药、101生发精、505元气袋等。

（2）入选数字大多集中于"0、1、5、9"这几个数字上，其他数字偶尔被选用，但是概率较低。

（3）数字组合一般为3个，长短适宜，节奏清晰。

2.数字文字组合品牌名。数字作为品牌名的一部分，与有关的文字结合，是构成品牌名的又一种选择。如三一、三枪、三株、三利、三洋、三勒、三菱、四通、五菱、五征、六神、七喜、八仙、九鼎等。

在数字组合品牌名中，以"三"字为首的居多，这可能是受中国古代哲学的"一生二，二生三，三生万物"的思想影响所致。"三"还表示多的意思。还有例外形式，如21金维他、798艺术中心、活力28等。

（六）"宝"字作品牌名

在汉语中，"宝"字代表着"珍贵"、"有价值"。人们对自己的心爱之物，经常用宝字来称呼，如"宝贝"、"宝物"、"宝刀"等。众多商家都利用了人们的这种心理，纷纷用"宝"字作为品牌名。

这样的品牌名取法有两种：一是根据产品的功能来取，如青春宝、健力宝、护舒宝等。二是根据该产品的成分来取，如宫宝、三金宝、中华多宝等。三是根据语言习惯来取，如大宝等。

（七）产品组分作品牌名

组分是指混合物中的各个成分，如水中的氢、氧就是水的组分。用产品的组分作为品牌名，难以得到法律的保护，但仍有一些品牌脱颖而出。如世界第一品牌 Coca-Cola 就是由此得名。据 *Branding：A Key Marketing Tool* 介绍，Coca-Cola 名称源于其提取原汁的两种原料：coca 的叶子和 cola 的核仁。

（八）美好的的词语作品牌名

人类的各种语言中，都有为数众多的优美词语，这些优美的词语代表着人们的良好愿望，可以引发人们的美好联想。这类品牌名在我国占有很大的比重，而且遍布各行各业，其中有许多十分著名，如食品饮料行业的绿盛、桂发祥，家电行业的康佳、美的，化妆品行业的永芳、美加净，医疗保健行业的百服宁、神奇，饲料行业的希望、展望，电子行业的联想、研祥等。

未来品牌命名中，中国品牌名大多寻求能引起美好联想的、象征平安吉祥的品牌名。依照这条路径寻找品牌名称将是有效的方法。

（九）产品功能作品牌名

以产品的功能和特性来命名也为一些企业所采用，并且取得了一定的成功。这种方式直观、易懂，便于被消费者所接受。如泻痢停止泻药、龙牡壮骨补钙粉、汰渍洗衣粉、保龄参保健品等。但有一种现象还难以简单下结论，例如"护彤"、"朴雪"，消费者知道该类产品对于儿童和妇女的滋养作用，却又不理解为什么偏偏使用这几个字。

（十）象征地位词语作品牌名

象征地位的词语都是历史沿革的产物，其中鱼龙混杂，有的甚至带有明显的封建糟粕意味。有的品牌热衷于用"帝、王、霸、皇"等带有封建色彩的文字命名，受到公众贬抑。随着大浪淘沙，这种样式的品牌有的生存着，更多的是消失了。目前较有名气的有太太口服液、老板电器、金霸王电池、豪门内衣等。国外也有这类命名方式，如日本的皇冠汽车、英国的公爵自行车等。

（十一）无意义词语作品牌名

每个品牌名称都有特定的含义，但有一种情况无法避免，甲企业将某品牌名用于这个产品，乙企业也可以将该品牌名用在其他产品上。如熊猫，可以有熊猫彩电，也可以有熊猫洗衣粉，还可以有熊猫手纸等。这会影响品牌的识别性和独特性。从这个角度讲，品牌名最好是独创性的没有专指意义的字或词。

无意义的著名品牌名有 Kodak（柯达）和 Exxon（埃克森）。这两个词在西文中没有明确含义，为其公司所独有。计算机核心处理器制造商 Intel（英特尔）也属此列。

西安杨森公司也深谙此道。该公司的"吗叮啉"、"采乐"等品牌名，没有具体的中文含义，但产品性能优异，为消费者所接受，而其无意义的品牌成了优质产品的代名词。海信、海尔、澳柯玛也可归入此类，并且取得好的成效。

企业可赋予无意义的品牌名称以内涵，并且使之成为消费者所期待的品牌。

（十二）其他品牌名

1. 字母组合作品牌名。许多著名公司采用公司名称字母缩写的形式代替全称，久而久之成了公司的代名词，将其注册为公司商标，可用作产品的品牌。这种字母式品牌，在美国有 GE、3M、IBM 等。我国的 TCL 原是广东惠州一家电话制造公司的英文缩写，现已成为国内电器行业的知名品牌。字母式品牌一般均用大写。

2. 成语或诗意作品牌名。"荣昌"是从"繁荣昌盛"精简而成的，山东一制药企业叫做荣昌，浙江一冰柜生产厂亦用"荣昌"作为品牌名，还有辽宁一长途客运公司也将"荣昌"作为公司名。江苏红豆制衣公司从唐诗中选择"红豆"二字作为品牌名，以隐喻其"相思"之意。

3. 西文灵感作品牌名。江苏的雅戈尔服饰，系 Youngor 的音译，而 Youngor 由 Younger 微调而来，意示更加年轻、更有活力。

4. 自然现象作品牌名。如阳光灯具、彩虹显像管、星星冷柜、旭日升冰茶等。

总之，品牌名称的选择途径多种多样，这里所做分类仅是选取了其中的一部分。在品牌命名的过程中，可以从中受到启示，借鉴其中的有效做法，使品牌的命名既独特又有效。

第三节　　品牌标志设计

标志是通过造型简洁、寓意明确、表达形象、标准统一的视觉符号,将营销理念、企业文化、经营对象、产品特性等要素传递给社会公众,使之识别和认同企业精神内涵的图案和文字。

品牌标志是运用特定的造型、图案、色彩等视觉语言来表达或象征某一产品的形象符号。品牌标志包括标志物、标准色、标准字和标准包装,它们同品牌名称等同是构成品牌标志的基本要素。

一、品牌标志的作用

心理学研究表明:人们凭感觉接受的外界信息中,83%的印象来自眼睛,剩下的有11%来自听觉,3.5%来自嗅觉,1.5%来自触觉,另有1%来自味觉。品牌标志设计对品牌的发育、生长、繁衍有着重要的影响。其作用有如下几个方面:

(一)形象生动容易识别

品牌标志是品牌形象的集中表现,是留在消费者视觉上的印象,它更容易让消费者识别。生动的品牌标志形象会使人在众多的事物中一眼便认出某一品牌,比如:不识字的幼童看到麦当劳金色的"M"便想到要吃汉堡包,喜欢汽车的幼童看到四个相连的圆圈就知道是奥迪。

(二)引发消费者的联想

风格独特的标志能使消费者产生美好的联想,从而产生和加深对于该企业产品的印象。例如:迪士尼的米老鼠、康师傅的胖厨师、旺仔牛奶的胖仔、骆驼牌香烟上的骆驼等,这些标志都是形象的、易记的,能够引起消费者的兴趣,产生好感。而消费者往往会爱屋及乌,把对品牌标志的好感转化为积极的品牌联想,这将有利于企业围绕品牌开展营销活动。

(三)便于企业展开宣传

品牌标志是最直接、最有效的广告工具和手段。品牌宣传可以丰富多彩,各种艺术化、拟人化、形象化的方式均可以采用,但核心内容应该是标志。企业应通过多种宣传手法让消费者认识标志、区别标志、熟悉标志、喜爱标志,不断提高品牌标志及其所代表的品牌知名度和美誉度,启发消费者的购买欲望,促成购买行为。

二、品牌标志的设计原则

品牌标志是"视觉语言"。在其设计中，除了最基本的平面设计和创意要求外，还必须考虑营销因素和消费者的认知、情感心理。这些构成了品牌标志设计的五大原则，即营销原则、创意原则、设计原则、认知原则和情感原则。

（一）营销原则

从营销的角度看，品牌标志作为品牌内涵的外在展现，其设计要以产品特质为基础，准确传递品牌形象和企业形象，传递产品信息，彰显品牌价值和理念，体现品牌的利益，成为消费者识别品牌的标志。航空公司多以飞翔类动物图案作为标志，以体现其服务的特质。如中国国际航空公司采用红色凤凰的造型，用传说中的神鸟和喜庆的红色代表奋飞和吉祥，标志图形简洁典雅；红色凤凰生机勃发，既体现出了航空服务的特色，又代表了中国国航的精神。

（二）创意原则

品牌标志设计要力求给消费者以强烈的视觉冲击，在设计上必须别出心裁，使标志富有特色、个性显著、令人耳目一新。因此，除了标新立异的标志创意和匠心独运的构思，还须做到简洁、新颖、独特、一目了然，让消费者易于识别其独特的品质、风格和经营理念。BMW（宝马）的设计高雅、出众，它的标志是在一个圆形中，蓝白两色将其分成四个部分，象征着在蓝天白云之中风驰电掣的速度；福特汽车以品牌名称"Ford"的动感字体直接作为品牌标志；三菱汽车的标志是由三个菱形组成。这些标志都因清晰醒目、富有创意而给消费者留下深刻的印象。

（三）设计原则

标志由线条、图形及色彩构成，应遵循布局合理、对比鲜明、平衡对称、清晰简约、象征恰当的原则。

1.图形与线条的运用。图形和图案作为标志设计的元素，都是采用象征寓意的手法，进行高度艺术化的概括提炼，形成具有象征性的形象。图形象征寓意有具象和抽象两种，具象的标志设计是对自然形态进行概括、提炼、取舍、变化，最后构成所需的图案。人物、动植物、风景等自然元素皆是具象标志设计的原型，采用何种原型取决于产品的特征和品牌内涵。抽象设计则是运用抽象的几何图形组合传达事物的本质和规律特征。不同的线条形状隐含着不同的寓意，如表3-3所示：

表 3 – 3　线 条 与 寓 意

线 条	寓 意
直线	果断、坚定、刚毅、力量、有男性感
曲线或弧线	柔和、灵活、丰满、美好、优雅、纤弱、有女性感
水平线	安定、寂静、宽阔、理智、大地、天空、有内在感
垂直线	崇高、肃穆、宁静、激情、永恒、权力
斜线	危险、崩溃、行动、冲动、无法控制的情感与运动
参差的斜线	闪电、意外、事故、毁灭
螺旋线	升腾、超然、脱俗、理想
圆形	圆满、简单、结局、平衡感和控制力
圆球体	完满、周全、自主、持续的运动
椭圆形	妥协、冲动、压抑、不安定
等边三角形	稳定、牢固、永恒、坚持

2. 色彩的运用。色彩在标志设计中起着强化传达感觉和寓意的作用，色彩通过刺激人的视觉传递不同的寓意。色彩运用于品牌标志的基础是它给人带来丰富的联想，不同色彩带来不同的联想意义。可口可乐的红底白字给人以喜庆、快乐的感觉；雪碧的绿色则带给人们清爽、清凉及回归自然的遐想；百事可乐的蓝色则带有时尚、朝气的印象。

（四）认知原则

从消费者对品牌标志的识别和认识视角来看，品牌标志在图形及色彩的运用上要做到简洁明了、通俗易懂、鲜明醒目、容易记忆并符合消费者的风俗习惯和审美价值观。如奔驰的"三叉星徽"标志代表发动机在海陆空的强劲动力和速度，在车主和车迷的大脑中会形成这样的认知，喜爱汽车的人对这个商标产生的反应是信赖、崇敬、自豪和满足。

（五）情感原则

品牌标志的设计还要重视对于情感的激发。一个能刺激消费者情感的品牌标志应有以下特点：浓郁的现代气息、极强的感染力、给人以美的享受；标志符号让人产生丰富的、美好的联想；消费者看到它有一种亲近感。NIKE标志的激情一钩，使人想到运动场上的运动健将的速度，由运动联想到生命的意义，人生的乐趣在于不断的追求，竞争、奋斗、挑战极限构成了现代生活的主旋律。

三、品牌设计要素

（一）标准字设计

1.标准字的特征。标准字(logo type)本来是印刷术语，意指两个以上的文字铸成一体的字体。标准字是企业形象识别系统中的基本要素之一，是专门设计用以表现企业或品牌名称的字体。标准字将企业的规模、性质、理念、精神，通过具有可读性、说明性、鲜明性、独特性的组合字体，以达到识别的目的，并据此塑造企业形象，增进社会大众对企业的认知和美誉。它应用广泛，常与标志联系在一起，具有明确的说明性，可直接将企业或品牌传达给公众，与视觉、听觉同步传递信息，强化企业形象与品牌的诉求力，与标志具有同等重要性。

经过精心设计的标准字体与普通印刷字体的差异在于，除了外观造型不同外，更重要的是，它是根据企业或品牌的个性而设计的，对其形态、粗细、字间的连接与配置、统一的造型等，都作了细致严谨的规划，与普通的字体相比更美观，更具有特色。

2.标准字的种类。

(1)企业名称标准字。经过专门设计的企业名称标准字，主要用于传达企业的经营理念和品格，以树立企业的良好形象，建立信誉。企业名称标准字是标准字中最主要的，也是其他各种标准字的基础。

(2)品牌名称标准字。企业为了突出品牌的个性特点，依据产品特性和目标市场，设立多种品牌，并竭力提高品牌的知名度，达到促销的目的。因此，设计品牌标准字就成为业务发展的迫切需要。

(3)字体标志。将企业和品牌名称设计成具有独特性格、完整意义的标志，达到容易阅读、认知、记忆的目的，具有视觉、听觉同步表达的优点，是当今企业标志设计的主要趋势。如 SONY、IBM、FUJI 和 NEC 等所用的就是字体标志。

(4)活动标准字。指专为新产品推出、庆典活动、展示活动、竞赛活动、社会活动、纪念活动等企业特定活动所设计的标准字。这类标准字因为使用时间短，设计风格大多自由、活泼，给人印象强烈。

(5)标题标准字。运用于各种广告文案、专题报道、电影电视广告、海报标题的字体设计。

3.标准字的设计原则。

(1)易辨性原则。标准字要易于辨认，不能造成信息传达障碍。易于辨识的标准字体现在三个方面：一是要选用公众看得懂的字体；二是要避免与其他企业、其他品牌似曾相识；三是字体的结构要清楚、线条要明晰，放大缩小都清楚。

（2）艺术性原则。标准字，应具有一种创新感、亲切感和美感，只有比例适当、结构合理、线条美观的文字，才能够让人看起来比较舒服。在标准字上加以具有象征、暗示、呼应的因素，可使标准字显出不同的意境。法国阿尔卡特的标准字"ALCATEL"将标准字中的第二个"A"用"▲"代替，形成了独特的视觉效果。

（3）传达性原则。标准字是企业理念的载体，也是企业理念的外化，因此标准字的设计要能够在一定程度上传达企业的理念，而不能把设计作为孤立的事件，单纯追求形式上的东西。欧米茄手表一般都把"Ω"和"OMEGA"放在一起。单独一个"Ω"已经足够醒目，单独一个"OMEGA"也十分不错，将两个标志经常放在一起宣传，消费者常常将"Ω"这个图形标志和"OMEGA"联系在一起，其效果明显好于单独宣传"OMEGA"。

4. 标准字设计。

（1）书法标准字体。中国书法具有 3 000 多年历史，是汉字表现艺术的主要形式，它既有实用性，又有艺术性。以书法字体作为品牌名称，活泼、新颖、富于变化，具有特定的视觉效果。

书法字体设计是相对于印刷字体而言的，在设计书法标准字时，要根据企业的经营理念以及消费者对各种字体所产生的印象与联想，选择最有表现力、最适当的字体形式。其设计形式可分为两种。一种是运用名人题字进行调整编排，如中国银行、中国农业银行的标准字体。另一种是设计书法体，也就是装饰性的、特意描绘的书法体，这种字体是为了突出视觉个性，以书法技巧为基础而设计的，介于书法和描绘之间。

汉字书法可分为传统书法和现代美术书法两种形式。传统书法分篆体、隶体、行体、楷体四种。篆体历史悠久，能唤起怀古之情；隶书洒脱飘逸，有古朴之感；楷体端庄清晰，稳重大方；行体则流畅活泼。现代美术字运用最为广泛，可分为宋体、仿宋体、黑体等。其中宋体显得庄重，仿宋体较为秀丽，黑体粗壮有力。在设计中可依据企业的形象定位，结合字体的表现力来选择。

（2）装饰字体。装饰字体是在基本字形的基础上进行加工变化而成，富有装饰性。

装饰字体的特点是美观大方，便于阅读和识别，应用范围广。它摆脱了印刷字体的字形和笔画的约束，能根据品牌或企业经营性质的需要进行设计，可以加强文字的含义并富于感染力。

装饰字体的设计离不开产品属性和企业的经营性质，所有的设计手段都必须为企业形象的核心——标志服务。它运用夸张、明暗、增减笔画形象、装饰等手法，以丰富的想象力，重新构成字形，既加强文字的特征，又丰富了标准字体的内涵，不仅字形美观，而且整体风格和谐统一，便于信息传播。

(3)英文标准字体。为便于同国际接轨，参与国际市场竞争，企业名称和品牌标准字一般具有中英两种文字。

英文字体(包括汉语拼音)的设计，可分为两种基本字体，即书法体和装饰体。书法体的设计虽然很有个性、很美观，但识别性差，用于标准字体的不常见，常见的情况用于人名，或非常简短的商品名称。而装饰体的设计应用范围非常广泛。

英文字体根据其形态特征和设计表现手法，大致可以分为四类：一是等线体，由相等的线条构成，如 Microsoft；二是书法体，字形活泼自由、显示风格个性，如 Ford；三是装饰体，对各种字体进行装饰设计，变化加工，达到引人注目、富于感染力的艺术效果，如 IBM；四是光学体，由摄影特技和印刷用网纹技术原理构成。

(二)标准色设计

标准色是指经设计被选定的代表企业形象的特定色彩。标准色常与企业标志、标准字等配合使用，被广泛应用于企业广告、包装、建筑、服饰及其他公共关系用品中，是企业视觉识别系统中重要的基本设计要素。

1.色彩的特性。

(1)色彩的表现要素。色彩大体可分为无色彩(如黑、白、灰色)与有色彩(如红、黄、蓝等色)两大类。要认识和区别不同色彩，需了解色彩的三个基本表现要素，即色相、明度和彩度。

色相就是指色彩的相貌。它是一种色彩区别于其他色彩的名称，既有红、黄、蓝等原色，又有橙、绿、紫等混合色。

明度是指色彩的明度。表示色彩受光度的强弱，光度强的明度高，光度弱的明度低。在无色彩上由白至灰到黑都是由明度形成的，低明度色彩是阴暗的颜色，高明度色彩是明亮的颜色。在所有色彩中，黄色明度最高，蓝色明度最低。

彩度是指色彩纯度，又称浓度或饱和度。色彩越强则纯度越高。三棱镜分解阳光得到的光谱中呈现的红、橙、黄、绿、蓝、靛、紫等各种色相就是彩度最高的纯色。或称饱和色。

（2）色彩的感觉。色彩具有冷暖、轻重、进退等不同感觉。

冷暖感：即色彩带给人冷热的感受。令人感到温暖的色彩为暖色，如红、橙、黄等色彩；使人感到寒冷的色彩为冷色，如绿青、青绿、青色；介于冷色和暖色之间的为中性色，如绿色、紫色、黄绿色等。

轻重感：即彩色给人以或轻或重的感觉。同样大小的面积或体积的东西，明度高的看起来比较轻，明度低的看起来比较重。

进退感：即色彩带给人前进或后退的感觉。暖色和明度高的色彩有前进的感觉，冷色和暗色则有后退的感觉。

（3）色彩的心理效应。色彩能给人不同的感觉，它不但能传达不同的感情，而且能影响人们的精神、情绪及行为。

①红色。红色富有刺激性，给人一种活泼、生动和不安的感觉。它包含着热情、向上和冲动，许多企业都以红色为标准色，就是取其视觉上的巨大冲击力。红色在改变了对比条件时，会使其自身特性发生相应变化。譬如：在深红底色上的红色能起到平静和熄灭热度的作用；在黄绿底色上，红色又幻化出一种冒失与鲁莽，激烈而不寻常；在橙色底色上红色显得黯淡而无生气；在黑色底色上，红色能迸发出它最大的、不可征服的、超人的热情来。广州太阳神口服液的商标色彩就采用了这种红与黑的强烈对比，给人以强烈的震撼。

②橙色。橙色能使人血液循环加快。橙色是活泼、富有光辉的颜色。橙色是色彩中最温暖的颜色，能够引起人的食欲，给人以香蕉般的香甜之感。它象征着充足、饱满、有活力、明亮、健康、向上、兴奋等。当它被淡化时，即失去其生动的特征。白色与其对比，就会使它苍白、无力；而黑色与其混合时，它又衰退成模糊的、干瘪的褐色。

③黄色。黄色给人以光明、醒目、庄重、高贵、忠诚、轻快、纯洁和充满希望的印象。黄色使人愉快，给人们以幸福的感觉，让人觉得年轻、活泼、充满阳光和活力。

④绿色。绿色能使人稳定而平静，并有助于消除视觉的疲劳，给人一种如同自然界那样的清晰感，显出一种青春的力量，给人以活泼、平静、希望以及充实的感觉。同时，它又象征着和平、安全。日本的富士胶卷，就是明亮的绿色，给人以娇艳欲滴的生命感。

⑤蓝色。蓝色具有消极性，易使人想到蓝天、海洋、严寒，使人有深远、透明、沉静、凉爽的感觉，它也象征着幸福、希望，是现代科学的象征颜色，

给人以力量和智慧。蓝色也是后退色彩,有模糊感,在西方是忧郁的同义语,有时是不吉利的象征。在色彩对比中,蓝色具有多种变化。黑底色上的蓝色,鲜明却略显神秘;淡紫红底色上的蓝色,显得退缩、空虚。

⑥ 紫色。紫色是高贵、庄重的色彩,给人以神秘、高贵、奢华和优越感。在古代中国和日本,紫色是作为高官显宦阶层的服饰颜色。在古希腊,紫色用于国王的服饰。紫色多用于化妆品,近年来家电用品也常使用紫色调。

⑦ 黑色。黑色是消极的色彩,它象征着悲哀、沉默、神秘、肃穆、绝望和死亡,另一方面,它又具有稳定、深沉、庄重、严肃、大方、坚毅的特点。黑色和其他颜色一起使用,往往可以使设计收到生动而有分量的效果。

⑧ 光泽色(金、银色)。这种颜色有光泽,如金色显得质地坚实、表层光滑,具有反光能力,给人以辉煌、珍贵、华丽、高雅、活跃的感觉,具有现代化的气息,但多用会产生浮华之感。

(4)色彩的民族特性。世界上不同的国家和地区由于受民族文化的影响,对色彩的象征意义的理解及喜好、禁忌各有所不同。了解、研究色彩的这种民族特性,选择有利于本企业的色彩,对于树立良好的企业形象,参与国际竞争会大有益处。

表3-4 色 彩 与 联 想

色彩	正面联想意义	负面联想意义
白色	纯真、清洁、明快、喜欢、洁白、贞洁	志哀、示弱、投降
黑色	静寂、权贵、高档、沉思、坚持、勇敢	恐怖、悲哀、沉默
灰色	中庸、平凡、温和、谦让、知识、成熟	廉价、含糊、退却
红色	喜悦、活力、幸福、快乐、爱情、热烈	危险、不安、妒忌
橙色	积极、乐观、明亮、华丽、兴奋、欢乐	欺诈、妒忌、浮躁
黄色	希望、快活、智慧、权威、爱慕、财富	卑鄙、色情、病态
蓝色	幸福、深邃、宁静、希望、力量、智慧	孤独、伤感、忧愁
绿色	自然、轻松、和平、成长、安静、安全	稚嫩、妒忌、内疚
青色	诚实、沉着、海洋、广大、悠久、智慧	沉闷、消极、颓废
紫色	优雅、高贵、壮丽、神秘、永远、气魄	焦虑、忧愁、哀悼
金色	名誉、富贵、忠诚	浮华、炫耀、世俗
银色	信仰、富有、纯洁	浮华、固执、轻浮

2. 标准色设计的步骤。

（1）确定企业理念。企业理念是整个 CIS 的核心，CIS 要素中，理念系统是行为系统和识别系统的体现。作为 VI 系统的一个基本要素，标准色的设计，必须以确定的企业理念为指导。

（2）设计企业形象。企业形象既是 CIS 战略的终点，也是 CIS 战略的起点。经营者首先要确定自己的企业应具备什么样的形象，才能选择设计出最能表现这种形象的标准色。

（3）进行色彩选择。选择能够体现企业形象的特质的颜色。如红色系适用于食品业、交通业、饮食业、金融业；橙色系适用于食品业、蔬菜业、百货业；黄色系适用于电器业、化工业、照明业、食品业；绿色适用于林业、种植业、金融业、建筑业、百货业；蓝色系适用于交通业、休闲用品业、药品业、电子业；紫色系适用于化妆品、装饰品、服装业、出版业等。

（4）做好色彩搭配。选用两种或两种以上的颜色，通过搭配追求色彩组合的对比效果，以增强色彩的韵律感和美感，借此充分表明企业的性质和理念。

颜色的搭配并非各种颜色的平均分配，应有主次之分。如以什么颜色为基础色或主调色，以什么颜色作为配色等等。为了突出色彩的诱惑力，标志色彩的诱惑性和明视性必须高，这样才能取得较好的设计效果。同时，还要注意配色调和的美感，根据色相、色调的合理组合，设计出正式、安定、高级的感觉。

表 3-5 商 品 与 色 彩

商 品	常 用 色 彩
建筑材料	黄色、橙色
宝石	蓝色、紫色
早餐食品	黄色、橙色
香水	黄色、绿色
咖啡	褐色、橙色
学生用品	黄色、橙色
肥皂	黄色、粉色
夏季露营用品	黄色、绿色
药品	蓝色、银色
保健品	浅红、金红
旅游、航空服务	蓝色、绿色
夏季饮料	黄色、绿色

四、品牌标志设计要求

品牌标志设计在符合一定的法律要求的前提下,应给人以强烈的标记感、艺术感和象征感,具体有下面几点要求:

(一)单纯明快

品牌标志设计首要的要求是单纯、明快,以突出品牌显著性的特征。要求具有鲜明的特色,使人们一望而知它是标明某种商品或服务的标记,且必须做到单纯、明快、易于辨别而不致混淆。只有用简洁、明了、新颖、独特的文字和图形作为商标,才能给消费者以单纯、明快的感觉,并留下深刻的印象。例如,麦当劳(McDonald's)用一个金黄色拱门形状的"M"作为其商标,是单纯、明快的杰作,给人以强烈的标记感,视觉印象特别醒目,有很好的冲击效果。

(二)便于传播

品牌标志设计的目的是为了让广大消费者对品牌有更多的认知,并熟悉了解品牌,这就要求品牌设计在单纯、明快的基础上,便于进行广告宣传。广告宣传在现代的市场竞争中非常重要,品牌的宣传更需要借助广告。在品牌设计时应充分考虑到广告宣传的要求。我国一些著名企业在商标设计时突出显示了个性,并便于广告宣传,取得了很好的宣传效果。比如,海尔、康佳、长虹、联想等等著名品牌。

(三)突出特点

品牌标志设计应尽可能与商品的特点和形状相吻合,可明示,也可暗喻。根据商品的特点,巧妙地建立起商标与商品的内在联系,可以使消费者一看到标志就联想到它所代表的商品性能和特征。例如,饮料的娃哈哈商标、可口可乐商标;汽车的奔驰商标、宝马商标。总之,商标设计适合商品特点应顺其自然,不能牵强附会,弄巧成拙。

(四)符合消费心理

品牌标志应有利于激发消费者的购买欲,因此设计品牌标志时要求其符合目标消费群的心理要求和风俗习惯,并能表达和反映消费者的向往、志趣和其他心理。品牌标志设计时应尽量符合消费者心理,不能含有消费者忌讳、反感或引起不快的各种文字、图形、数字、谐音等。例如"美加净"适合人们对化妆的消费心理;"黑又亮"符合人们对鞋油的消费心理;菊花被拉丁美洲人视为"妖花",不适合此地区销售的商品或服务的商标要求。

五、品牌标志设计禁忌

设计应符合法律、宗教、社会公德、文化、风俗习惯等的要求，因此，品牌标志设计时有一些"禁区"，了解"禁区"，才能避免误入"禁区"而给企业、产品带来不良影响。

（一）法律法规的禁忌

法律、法规的"禁区"，是指品牌标志的设计要掌握本国及相关的国际相关法律、法规，以避免违反法律、法规的规定，而受到不良影响。这些法律、法规对品牌标志设计的规定和限制主要有以下几方面：

1. 不得与国家名称、国旗、国徽、军旗、勋章等相同或相近，也不得与国际组织的旗帜、徽记、名称相同或近似，不得与奥林匹克的"五连环"会徽相同或相似等。

2. 禁止使用与"红十字"、"红新月"相同或相似的名称或图形作为品牌标志。

3. 不得使用商品的通用名称和图形，也不得直接表示商品的质量，主要原料、功能、用途、重量、数量及其他特点。

4. 禁止用一些科学技术中专用名词。

5. 禁止使用地理名称。

6. 禁用带有夸大或带有欺骗性的内容。

（二）宗教的禁忌

有的品牌标志名称或图形的设计，若恰巧冒犯了某种宗教的禁忌和宗教的教义，就会引起信仰该宗教的国家、民族、个人的不满，不仅不能获得注册和使用，严重时还会引发争端。例如，伊斯兰教的教义规定禁止喝酒，对猪有忌讳；印度教奉牛为神明，等等。若在伊斯兰国家使用猪形的商标，必会引起麻烦。

（三）社会公德的禁区

社会公德即社会公共道德，是社会成员共同自觉遵守的社会道德标准和共同的行为规范。成功的品牌标志应是获得承认的，因此在设计品牌标志时，既要考虑经济效益，也要注重社会影响和社会效益，不能违背了社会公德而对企业、产品产生不良后果。

由于社会制度、文化背景等的不同，世界各国对"道德"和"公共秩序"规定的规范和标准有一定差异。如我国出口商品的红五星图形商标，在一些国家会被认为是"宣传赤化"、"扰乱公共秩序"而被禁止使用。而在一些国家，把"性感"、"激情之夜"等词汇用在香水商标上，并不被认为违反了社会道德，而在我国则是不予注册的。

（四）社会风俗习惯的禁区

人类生活的环境及其各民族社会历史、文化传统不同，形成了不同地区和不同民族人民迥然不同的风俗习惯。品牌标志的设计必须注重商品生产国和销售国的社会风俗习惯，以使消费者对商标产生良好的印象，否则，品牌标志的文字或图形触犯禁忌，与风俗习惯相冲突，就会被禁止注册或使用后产生不良影响。如白兔在我国被视为一种温驯可爱的动物，但澳大利亚的人们却没有这种好感；菊花在我国是高贵典雅的象征，日本视之为皇室象征，意大利把它作为国花，而法国却把它看作是不吉祥的征兆，拉丁美洲人甚至视它为"妖花"。

案例分析

"企鹅"怎样走向世界

在泰国，"企鹅牌"塑胶制品家喻户晓。这个品牌属于泰国的华泰塑胶有限公司。这家公司从1970年开始经营塑胶制品，经过多年的苦心经营，企鹅产品声名远播，业绩节节上升。华泰的塑胶制品占泰国市场的3/4，其品质标准得到国际公认。如今产品已达1万多种，出口量占了五成。产品中有大到飞机、汽车的零部件和家具，小到儿童玩具、女孩子的发夹；复杂的有电脑组件、微波炉，简单的有产品周转箱、鸡笼、鸟巢等，几乎包罗万象。

创始人陈卓豪先生出生于1933年，早年在曼谷的唐人街区摆地摊，经营小杂货。1970年，他注意到市场有一种新产品，他凭着多年经验，断定这种新产品会有发展前途。他用全部积蓄购买了三部手工机器，开始生产发夹、肥皂盒等小塑胶制品。事实验证了陈卓豪的胆识，塑胶制品生意兴旺发达，三十几平方米的家庭作坊，几年便发展成为拥有几百名工人的大工厂了。

随着企业的发展，华泰公司的名字也崭露头角，陈卓豪将产品命名为企鹅牌。企鹅行走虽然笨拙，但它是热带人很难看到的宠物，形象罕见而又可爱，可以使人产生好奇心。华泰的"企鹅"一点也不笨，到1987年销售额已达30亿泰铢（折合1.2亿美元），出口到世界50多个国家的销售额占总产量的一半左右。

华泰的"企鹅"走遍泰国，走向世界。这是与陈卓豪注重人才分不开的。华泰公司现有员工8 000多人，工程师以上的人才有50多位。陈卓豪把这些工程师视为本厂的精英，给他们以充分信任和优厚的经济待遇。他不惜花重金建立设计和实验室，创造良好的工作环境，经常派这些技术人员到国外考察学习，使他们视野开阔，知识丰富，不断吸取新事物和新技术，从而不断创新品牌。公司开始的几年，产品多为日用小东西，自从有了一支强力的技术队伍后，开发了大批塑胶产品，既有汽车、飞机等的零部件，又有家具、餐具和工艺品。1987年研制的仿景泰蓝餐具，做工之精细，设计之优美，几乎可以乱真。泰国王大寿时，陈卓豪以这一产品作为礼物送进王宫，皇室十分喜爱。华泰公司的塑胶餐具，每天都提供给世界的15条国际航线使用。

陈卓豪在企业管理中十分注意调动员工的积极性，为实现企业经营目标共同努力。在企业开设员工餐厅，每天为员工提供午餐，他也经常到餐厅用餐，借此联络感情，了解情况。企业设有医疗室，员工免费享受医疗。凡在公司做满5年的员工，可获得一块金牌。此后，每5年都要得到比先前更大的一块金牌。公司对员工具有很强的吸引力和凝聚力。

"企鹅"走向世界也得益于畅通的销售渠道。华泰公司在各地建立了广阔的销售网络。同时，它拥有遍布全国的7 000多个业余推销员。这些推销员按推销额领取报酬，他们不辞劳苦地带着"企鹅"跑遍千家万户，走遍各地大街小巷。

思考与练习

(一)思考题

1.品牌名称设计的方法和步骤是什么？

2.品牌标志的作用有哪些？

3.标志设计的要素是什么？

(二)练习题

1.举例说明你认为成功的品牌名称设计，分析其原因。

2.从5个以上的行业中，各找出一个你印象最深的品牌标志，说明其特点。

3.选择某一品牌，为其重新设计标志、标准字、标准色。

4.在不远的未来，你会拥有自己的公司，请你现在就着手为自己的公司确定名称，设计品牌，进行品牌标志设计，包括标准字、标准色、标志等。

第四章　品牌个性

学习目标
1. 了解品牌个性的价值和特点。
2. 理解品牌个性与品牌形象、品牌定位之间的联系和区别。
3. 了解品牌个性的塑造原则。
基本概念
品牌个性　品牌—消费者关系　品牌性格　品牌形象

品牌故事

Levis 牛仔：不同的裤，相同的酷

Levis（李维斯）牛仔是世界上最早的牛仔裤品牌，代表着独立、正直和创新的 Levis 品牌经过一个多世纪的努力奋斗，已经在全球 160 多个国家注册登记。

Levis 常年进行大量的调查，研究潜在的全球性细分市场中是否存在共同点或不同点，研究是否要因地制宜做出调整。公司仅在欧洲就有 80 个调研小组，从事品牌调研和广告开发工作。

Levis 在世界各地的品牌建设思路都是一样的。从一个国家流行到全球，品牌个性始终如一，成为世界的第一大纺织品牌之一，并成为 Levis 品牌创造的一个世纪神话。

一、Levis 的品牌个性

Levis 的品牌个性由下列八项富有情感效应的特征或价值组成：

款式新颖——Levis 开辟了牛仔裤市场，被认为是最正宗的牛仔裤品牌。每当 Levis 向消费者作宣传时，一定要让消费者感到它与众不同，创意独特，自成一体。为了保持新颖性，也不惜打破自己的成规。

富有阳刚之气——Levis 的个性是充满阳刚之气。它最初是为进行强体力劳动的男士设计的。阳刚之气及"酷"是品牌个性的核心。

性感——穿上 Levis 的男男女女都显得魅力无穷。它散发出富有磁性的魅力和发自内心的自信。这种魅力不只源于外表所带来的洒脱和吸引，而且源于品牌所体现的机敏与智慧。

散发青春活力——1850 年 Levis 被美国年轻人所接受并流行于世，从此牛仔裤成为我行我素的青少年的统一服装。如今，不管谁穿上牛仔裤，牛仔服装总让人富有青春与朝气的精神面貌。

具有叛逆精神——Levis 从来不被看作是循规蹈矩的传统社会的一分子。规矩是上一代留下来的条条框框，而 Levis 随时都准备向传统挑战。

自由轻松——穿上 Levis，自由又轻松。它摆脱了日常生活的嘈杂和忙碌，摆脱了可能阻碍自由行动的责任和义务。

美国特色——最早穿着 Levis 的是那些开拓美国、实现美国梦的英雄。它具有美国特色，但它并不想将美国的意识形态和价值观强加于人。

二、Levis 的品牌联想

除了品牌个性，Levis 还有一系列理性联想，它们包括：

创新——在牛仔裤历史上，Levis 历来标新立异。Levis 产品一直领导牛仔裤的新潮流。

简洁明快——Levis 一贯崇尚删繁就简，力求去除冗余，突出重点。

牢固——一般的磕碰和摩擦不会影响 Levis 产品的性能。它们粗犷、牢固、有弹性。

可靠——Levis 产品不会令人失望。它们日复一日默默地、高效率地完成自己的任务。

经久耐用——Levis 产品经久耐用。它们是一生的伙伴，与主人同甘共苦，品味人生。

三、Levis 的品牌战略

1. 品牌定位。Levis 的品牌定位表述为：Levis 是一种有独创性的、可靠性的美国牛仔服装(理性方面)，它颂扬属于年轻人的一切美好事物(感性方面)。

2. 产品宗旨。Levis 通过三条途径提高品牌价值：一是保持牛仔裤及牛仔服装的正宗和优质；二是不断创新和重新定义产品；三是追求一流水平。

3. 品牌战略。Levis 的品牌战略可以用一则公司宣言来概括：寻求新颖的创新之路，向消费者宣传 Levis 在理性和情感方面的核心价值，从而提升品牌资产。

在进入亚洲时，Levis 采取的第一个步骤，就是确认和巩固品牌价值。和任何反应敏捷的全球品牌一样，Levis 针对本地市场情况作了相应的调整。例如，日本传统文化主张忠君思想，叛逆精神不受欢迎，因此，这一价值观念在日本就被淡化了。

第一节　品牌个性的内涵

品牌的个性特征是区分品牌之间差别的重要依据。奥格威曾在其品牌形象论中指出："最终决定品牌市场地位的是品牌总体上的性格，而不是产品间微不足道的差异。"

一、个性与品牌个性

(一)个性

个性(personality)也称人格，该词来源于拉丁语 persona，最初是指演员所戴的面具，后指演员和他所扮演的角色。心理学家引申其含义，把个人的外在行为和心理特质的综合反映称为个性。

个性的形成既受遗传等生理因素的影响，又与后天的社会环境密切相关。消费者的个性预示并决定是否倾向于采用创新性产品；是否更容易受他人的影响；是否对某些类型的信息更具有感受性等。

"个性"一词原本是用于人的概念，它是人的性格的突出表现。比如有的人活泼，有的人孤僻，有的人高傲，有的人谦卑——没有性格完全相同的人，100 个人就有 100 种不同的性格。性格特点鲜明的人令人难以忘怀，缺乏个性的人很难给人留下深刻印象。

性格的概念也被用于动物，例如老虎凶猛，兔子乖巧，狐狸狡猾，犬类忠诚。性格甚至被运用到形容某个城市，例如巴黎的浪漫、纽约的奢华、拉萨的神秘、耶路撒冷的伤感——一个短短的词语就把一个城市的特质概括出来。

(二)品牌个性

品牌个性是指产品或品牌特性的传播以及消费者对这些特性的感知与认可程度，是品牌与消费者之间沟通的结果。品牌个性不仅是品牌向外展示的品质，也是品牌和消费者之间联系互动的纽带。

品牌个性可从投入与产出两方面来理解。从品牌的角度看，品牌个性是品牌管理者期望通过沟通所要达到的目标，是其期望的品牌形象。这是把设计好的品牌个性输入消费者大脑的过程。而在消费者角度看，品牌个性是消费者对既定的品牌个性的感知、认可能力的实现，是消费者对品牌的感受、想法与行动，这是把品牌个性通过消费者的消费行为进行再现的过程。

每个人都有自己独特的性格，品牌就像人，也具有性格，具有个性，具有特殊的文化内涵和精神气质。品牌与人有很多相似之处，它有外形、有个性、有文化、有寿命，甚至也有隐私，这就是品牌个性。品牌之所以成为品牌，必须具有鲜明的"个性"，这种独特的"个性"，能够牢牢地吸引消费者，使人印象深刻，过目不忘。品牌个性如同人的个性一样，要让别人知道你是什么样的人，首先要让人知道你有什么样的个性。品牌的个性确定品牌的价值，品牌个性就是品牌给消费者的印象和总体感觉。

由于个性的差异，人们有各自的主张，有各自的选择，按照各自的喜好和个性选择自己喜欢的品牌。这就创造了一种需求：需要不同个性的品牌，来适应不同消费者的需要。越来越多的企业家认识到：品牌的灵魂是个性，品牌个性可以延长产品的生命周期。一个没有个性的品牌，就如同没有灵魂的躯壳在漫无目的地游荡，不可能有持久的生命力。

品牌个性是品牌生命力的深层刻画，品牌最高的境界就是品牌个性的建立。所以说品牌个性最能体现一个品牌与其他品牌的差异，个性让品牌脱颖而出。具有个性的品牌，解决了该品牌对消费者意味着什么、带来了什么益处、具有什么价值等问题。品牌个性具有强烈的情感感染力，可以抓住消费者的兴趣，使之保持对品牌的忠诚度。

二、品牌个性检验

(一)进行品牌调查

在以竞争为主要标志的市场中，单纯的品牌形象研究难以提供品牌管理所需要的有效信息。消费者如何看待一个品牌，取决于该品牌向消费者传达的信息。因此，通过及时有效的品牌形象调查，可以了解掌握消费者对于品牌个性的理解和认识。

在做消费者问卷调查时，通常会用五种方法来确定消费者对品牌的印象和意见。一是形容词举例法。列举某一品牌的有关个性，让消费者选择。二是词语连接法。请消费者解答：提到这一品牌时所想到的三个形容词是什么？为什么是这三个形容词？三是将品牌拟人化。如果这一品牌是一个人，他的年龄多大？他是什么性别？他有哪些特征？他如何表现喜怒哀乐？四是类比法。如果这个品牌是一种动物，是哪种动物？五是图片对应法。让消费者在杂志的各种图片中对应他们所想到的品牌。

品牌在这里被赋予人的特点，品牌就像人一样可以具有"现代的"、"时尚的"、"可爱的"或者"异国风情"等特点。比如，人有名字、长相、性格、想象力，而品牌也有；人经历着生命周期，他的人际关系建立在诚实、信任、信赖的基础上，签署的协议或合同表明了他的责任和信誉，而品牌的标志也具有同样的承诺。一个人的品质，可以由他所珍惜的价值表现出来，他对人们的态度，决定着人们对他的态度，这些价值指引并决定他的行为，品牌也是如此。

品牌传播中拟人手法的运用使其更具个性化和人格化。例如同创计算机广告在提出"她是谁"的问题之后说，"她是办公室里的新同事，相貌出众，仪表非凡，办事干练，效率极高，出身名门，品质高贵"，拟人化地表现了同创电脑的外表、效率和质量。金长城计算机广告也将产品比喻成人："不怕冷的家伙又来了。那家伙身体真棒。还记得那一次暴风雪，我险些丧生，但它却照常又说又笑。"二则广告都栩栩如生地表现了产品形象、品质卓越的优良性能。

（二）塑造品牌性格

独特的个性将使品牌卓尔不群，同时又深刻地影响着欣赏并渴望这种个性的消费者。万宝路的粗犷的牛仔个性影响并感染了多少男人，夏奈尔的明星风采又唤起了多少女子的潜在欲望，凡此种种，品牌个性所展示的风采寄托着现实生活中诸多平凡人无法实现的渴望。个性不同，就会产生各自不同的拥护群。个性出众、品质卓越的品牌，强调了某种精神理念或与众不同的个性，散发出独特的魅力，能够体现人们在现实生活中的企盼和需求，有着实际消费体验的消费者会在内心获得精神满足。这样的品牌自然就会赢得消费者的青睐。

品牌也是身份的象征。在若干年前有一块手表就是一种荣耀，那是产品力时代，而现在是品牌力时代，仅仅产品优秀是远远不够的。一块机械的手表的造价只有几十元、几百元，而一块标有英格纳、劳力士字样的手表则可以高达几千元、几万元，甚至几十万元。产品与产品之间的质量、材料、款式的确有差异，但这种物理差异不可能有10倍、100倍之多，英格纳、劳力士的价值主要在于品牌而不是产品。因为劳力士、雷达是体验自我价值、体现优越感的绝佳道具。这就是品牌的魅力。它不是呆板的，它会给人们一种值得骄傲的东西，帮助人们提高品位，享受生活。

品牌也可以带来情感上的收益，能使它的拥有者得到一种精神上的满足。品牌不仅仅意味着产品(质量、性能、款式)的优秀，心理感受的物有所值消费才是品牌个性的意义。品牌还能赋予你一种团体感，拥有者会下意识地把自己划到某一圈子里。

如何塑造品牌性格？有人认为只要贴上"个性"的标签，品牌就有"性格"了，这是错的。那么，究竟怎样的品牌才有性格？请比较两个品牌性格迥异的牛仔裤广告：

1972 年，苹果牌牛仔裤上市时的影视广告是：一匹无鞍的马背上，骑着赤膊的二女四男，一只红苹果由前至后，在他们手中依次传递。马背上的女人是著名影后，赤裸着上身，而苹果牌牛仔裤的"反叛"、"个性主义"的品牌性格显露无遗。该品牌轰动一时。

李维斯(Levis)与苹果大不相同。它的影视广告是：一位牵着爱犬的时髦女郎，在绿树掩映的草地上漫步，晨跑的男士禁不住向这位穿 Levis 牛仔裤的美丽女郎投去一瞥。广告标题只有一个词——Fit，即合身，也可译成量体而裁、舒适。Levis 塑造的品牌性格，不仅仅靠上述广告，还通过长期的系列广告才形成的。

三、品牌个性的价值

品牌个性具有价值，是企业最可宝贵的无形资产。品牌的价值存在于消费者的意识里。产品由厂商生产，而品牌的形成却依赖于消费者的感知与认同，是消费者造就了品牌。在消费者眼里品牌不仅仅代表了某种产品，它更是消费者心理需求的微妙折射。由此可见，品牌个性乃是品牌价值的核心，提升品牌价值就必须塑造出鲜明的品牌个性。具体来说，品牌个性的价值体现在如下方面：

（一）增强企业竞争力

品牌个性是消费资讯的重要内容，它反映了企业形象与市场动态，也决定了目标市场的特点。品牌个性优势是企业适应市场发展趋势的核心竞争力，尤其在注意力经济时代和营销力时代，品牌个性在纷繁的信息递变过程中，成为不随时间推移的丰碑式的识别标志。比如可口可乐独特的口味、字体、色彩及美国式的精神，跨越百年，个性犹存。核心竞争力是可以为企业带来持续竞争优势的、不易为竞争对手模仿的核心能力的体现，品牌个性作为核心竞争力不仅表现在独一无二的识别、具有极强的市场穿透力等方面，还可以通过改变商品的价值构成，使一种表现为物质价值的共性价值转变为物质与精神并存的个性价值，从而提升商品的整体价值。由于品牌个性价值是长期积累的结果，竞争对手无法在短期内获得，即便按照行业平均成本去生产产品，企业仍然可以通过品牌提高产品附加价值，从而在竞争过程中，占据成本优势与价值优势。因此，品牌个性有助于企业构筑核心竞争力。

（二）贡献品牌资产

品牌个性在建立企业竞争优势、维持品牌忠诚度和增加品牌资产方面已被证明起着重要作用。最近的一项研究通过运用社会识别理论，分析了品牌个性和品牌识别对品牌忠诚度的作用。研究结果表明，品牌个性的吸引力、识别力和自我表达之间存在着正相关关系；品牌识别对品牌的口碑效应具有直接作用，而对品牌的忠诚度具有间接作用。艾克（Acker）在1996年提出品牌可被消费者用来进行自我表达，反映出消费者的自我概念。如果消费者自我表达得很好，品牌个性将会有利于消费者对品牌形成正面态度，反之亦然。这表明消费者对某个具体品牌的态度取决于其使用该品牌形成的自我概念与该品牌的个性是否相一致，若该品牌个性能够较好地反映消费者所需的自我表达能力越强，品牌个性则越明显，那么该品牌个性对消费者就越具吸引力。而品牌个性越具吸引力，就有越来越多的消费者能识别该品牌。随着能够进行品牌识别的消费者越多，品牌传播就越来越广，品牌的口碑效应作用就越明显，最终形成了消费者的品牌忠诚度。

如果消费者选择的品牌个性与其自我表达相符，此时该品牌对消费者极具吸引力，消费者便愿把该品牌作为自己的伙伴来看待。在消费者心里，他们往往期望能不断地提升并展示自己的独特个性，而这只有通过提高其品牌识别能力来达到，而品牌个性有助于提高消费者的品牌识别。因此，品牌个性实质上反映了品牌使用者的形象与性格。消费者与品牌这种良好的合作关系，是营销者所一直期望的，企业的品牌管理者们一直都在致力于建立这种长期、稳定的品牌—消费者关系。因为这直接关系到该品牌的消费者是否会重复购买此品牌产品，影响到品牌价值的实现。

（三）增强品牌吸引力

品牌个性不仅使其与其他品牌相区别，而且还会对消费者产生这一品牌"适合我"的印象，形成顾客的品牌归属感。产品或服务是提供给人使用的，品牌个性使企业所提供的产品或服务人性化，从而使消费者消除戒备心理，较易接受企业的产品或服务。鲜明的品牌个性能够吸引消费者，在消费者购买某个品牌的产品之前，这个品牌的个性已经把那些潜在的消费者征服了。

如百事可乐在品牌创建活动中所展示出来的个性——年轻有活力、特立独行和自我张扬，迷倒了"新新人类"，新一代年轻人饮用百事可乐不仅仅是喝饮料，而是认可、接受百事可乐的品牌个性，把百事可乐看作他们的朋友。他们通过百事可乐来展示他们与上一辈（他们喝可口可乐）不一样的个性。正因为百事可乐有意塑造出的非凡的品牌个性，使百事可乐变得人性化，从而获得了青少年一代的高度认同，所以才能在激烈的饮料大战中与可口可乐相抗衡。可以说，百事可乐的品牌个性促发了青少年与百事可乐的情感联系，使百事可乐变得人性化，从而促使青少年喜爱百事可乐，强化了他们的购买决策，进而成就了百事可乐的品牌价值。

（四）激发购买动机

品牌个性可以解释人们购买某个品牌产品的原因，也可以解释人们购买另外品牌产品的原因。品牌个性赋予消费者一些逼真的东西，这些东西会超越品牌定位；品牌个性也使品牌在消费者眼里活起来，这些元素能够超越产品的物理性能。品牌个性规定了人们生活的大致要求，正是品牌个性所传递的人性化的内容，使得消费者尝试接受一种产品，下意识地把自己与某个品牌联系起来，不去选择其他品牌。在许许多多可以选择的品牌中，消费者开始考虑某个品牌时，品牌的"种子"已经种下了。不过，此时在情感上，品牌并不一定就已经与潜在消费者建立了联系。只有品牌个性才能使品牌变成有生命的东西，才能赋予品牌人性化的特征，让人们想接近它，想得到它。品牌个性切合了消费者内心最深层次的感受，以人性化的表达触发了消费者的潜在动机，从而使消费者选择那些独具个性的品牌。可以说，品牌个性是消费者购买动机的促进剂。

（五）体现品牌差异化

品牌个性最能代表一个品牌与其他品牌的差异，而品牌个性的差异化有助于提高品牌认知度。差异性是现今品牌繁杂的市场上最重要的优势来源。没有差异性，一个品牌很难在市场上脱颖而出。国内许多厂商都乐于用产品属性来展示其差异性，但这种建立在产品上的差异性很难保持。因为产品的差异性是基于技术的，比较容易仿效。而由品牌个性建立起来的差异则深入到消费者的意识里，它提供了最重要、最牢固的差异化优势。个性给品牌一个脱颖而出的机会，并在消费者脑子里保留自己的位置。如步步高无绳电话用一个"有点丑"的男子来代言，通过幽默、戏剧化的表现方式来传达步步高无绳电话的独特性，其幽默、风趣的品牌个性被鲜活地呈现在人们的面前。步步高无绳电话的功能容易被仿制，但其独特的品牌个性却无法仿制，因为这种个性化的表达已经进入到消费者的心智，从而促使消费者把步步高与其他品牌区别开来。

四、品牌个性的相关概念

(一)品牌个性与品牌定位

品牌定位是对企业的品牌形象进行整体设计，从而在目标消费者的心目中占据一个独特的有价值的地位的过程或行动。品牌定位的着眼点是目标消费者的心理感受，在科学技术和信息传播高度发展、市场竞争异常激烈的情况下，产品功能方面的趋同性日渐突出，企业和品牌所有者更倾向于把对品牌的情感诉求作为竞争的焦点。而品牌个性是品牌情感诉求的集中体现，它是确保消费者在资讯爆炸的市场环境中有效识别品牌的一种方法。

1. 品牌定位是确立品牌个性的先决条件，品牌个性必须依据品牌定位来表现。如果说品牌定位是品牌管理者向消费者传播的品牌认同，是由内而外的，那么，品牌个性就是消费者对品牌人格化的评价，它是由外而内的。两者截然不同，但是又有着密切联系。品牌个性作为企业核心竞争力，表现为能为企业进入市场提供潜在机会，并能借助产品为消费者提供利益且不易为竞争对手所模仿的能力。而在品牌消费时代，品牌定位必须依据品牌的个性来确立产品、企业在消费者心目中的位置。品牌定位不明，品牌个性则显得模糊不清，产品也就无法被消费者所接受。

2. 品牌个性就是要诠释人格化、个性化的品牌定位。品牌个性代表特定的价值观念、生活方式与消费理念，为的是与消费者建立有效的情感联系。品牌个性所倡导的生活方式既要符合产品特色，又要符合消费者个性需求和情感联想，以激发购买欲望。由此，品牌个性成了产品与消费者的媒介，即品牌通过个性获得消费者的认同，而消费者通过品牌的个性来表现自己。

3. 品牌个性并不完全决定于品牌定位。即使是相同定位的品牌在消费者的眼里也会呈现出不同的个性特征。例如：当年的孔府家酒和孔府宴酒，两个品牌的产品都以孔府文化为背景，都有大投入、高频率的广告支持，产品价格、目标消费者的定位也比较接近，但这两个品牌带给消费者的个性感觉却不同：孔府家酒被看成具有淳朴、诚恳、顾家的个性，而孔府宴酒则被认为是具有世故、外向、文人气质的个性。

总之，品牌个性不同于品牌定位。因为品牌定位是在消费者心目中对品牌所形成的一种独特的印记，而品牌个性是品牌人格化特征的体现。

（二）品牌个性与品牌形象

品牌形象的含义极其广泛，在产品同质化程度越来越高的情况下，品牌外在形象的"无差别现象"愈加明显，产品的性能、质量和服务的差异越来越小。有人说，遮盖了商标，人们很难分辨可口可乐与百事可乐的差别。因此，只有个性化的、人性化的品牌表现才能赢得消费者的首肯。它与品牌个性的区别和联系是：

1. 品牌形象包含了品牌个性。品牌形象是消费者关于品牌知识、品牌印象和品牌情感的总和，它包括品牌个性、产品属性、消费者与品牌的关系等。品牌形象是消费者对于品牌产品由外而内的感受和评价，品牌个性则是品牌自然流露的独特气质，它是品牌性格化的表现。比如：海尔的品牌形象是强势的家电企业、卓越的产品品质、完善的售后服务、真诚与创新等，"海尔真诚到永远"的广告语充分体现了它的品牌个性。

2. 品牌个性是品牌形象的关键所在。只有品牌个性才能塑造品牌形象的差异。外在的形象可以模仿，但内在的个性却无法模仿。消费者对品牌的认知过程是从品牌标志到品牌形象，再认识到品牌定位和品牌个性。品牌形象只是形成认同，而品牌个性则会造成崇拜。品牌个性成为沟通的最高层面，品牌宣传若能达到品牌个性的层面，它所形成的品牌形象将极为深刻，它的沟通也是成功的。

3. 品牌个性比品牌形象更具心理渗透力。品牌形象是品牌个性的载体，两者是所谓"皮之不存，毛将焉附"的关系；品牌个性是品牌形象的灵魂。没有性格的形象，是干瘪而又空洞的；具有性格的形象，才是独特而令人难忘的。李奥贝纳的万宝路香烟广告和奥格威的哈撒韦衬衫广告，同为品牌形象策划和品牌性格策略的经典案例，这是因为其品牌不仅有形象，而且异常特别，非常个性化。从品牌形象前进一步，就是品牌定位；从品牌定位再向前一步，就到达了品牌个性的界面。定位还只是品牌的区别，而性格则是独一无二的。鲜明的品牌个性与目标消费者一旦产生共鸣，距离形成品牌的忠诚度就没有悬念了。

第二节　品牌个性的描述

人们不会接受所有的人，因为人的心理空间是有限的。因此，在人群中，各种个性的人都有自己的生存空间，而个性鲜明的人更容易脱颖而出，成为佼佼者。如果此人再具有为众人所欣赏的个性诸如诚信、乐观，就会被更多的人接受并喜欢。同样，消费者不会接受全部品牌，因为他把品牌个性作为自己亲近与否的尺度，他只接受具有他所认可的个性的品牌。可见，品牌呈现出什么样的个性形象，才能为消费者所接纳并认可，关键在于品牌给消费者留下了什么样的个性形象，从而体现其品牌价值。

一、品牌个性要素

品牌战略专家、斯坦福大学的詹尼尔·艾克教授经过多年研究，建立了"品牌个性量表"，这是一项架构品牌个性、测量品牌效果的特征组合。这个"品牌个性量表"通过对于品牌个性构成因素进行说明性的分析结果表明，消费者感受并且认为品牌具有五个独特的个性要素：纯真、刺激、称职、成熟、和粗犷。这五大个性要素有三个与人格的五大维度相关。如"纯真"和"同一性"都具有温暖和接受性的意思；"刺激"和"外向性"都蕴涵有社会性、能量和活动；"称职"和"良知"都包含有责任心、依赖性和安全性，而另外两个要素"成熟"和"粗犷"则与人格的五大维度中的任一维度均有不同。

詹尼尔·艾克设计的"品牌个性量表"，是基于个体的代表性样本、广泛的特性列表和在不同的产品类别中系统地选择系列品牌。它可以用来比较众多产品类别中品牌个性，由此使得研究者可以确定品牌个性的基准。这五大个性要素的可靠性通过"测试—再测试"相关性分析得到证实。五大个性要素下面都可以细分为具体的拟人化面相，一共有15个面相特征。每个面相都有一组形容词描述该面相的特征。这个体系与典型成熟的品牌广告的制作思路是一致的，在这些广告中强调对高级、富有和性感的联想。詹尼尔·艾克认为这五大个性要素可以用来解释几乎所有品牌(达93%)之间的差异。例如粗犷的品牌(如万宝路)着眼强化"美国式的理想"即西部的、有力量的和雄性的。

（一）纯真（例如：柯达、大众甲壳虫）

1. 淳朴面相：家庭为重的、小镇的、循规蹈矩的、蓝领的、美国的。

2. 诚实面相：诚心的、真实的、道德的、有思想的、沉稳的。

3. 有益面相：新颖的、诚恳的、永葆青春的、传统的。

4. 愉悦面相：感情的、友善的、温暖的、快乐的。

（二）刺激（例如：保时捷、法拉利、夏奈尔）

1. 大胆面相：极时髦的、刺激的、不规律的、俗丽的、煽情的。

2. 有朝气面相：酷酷的、年轻的、精力充沛的、外向的、冒险的。

3. 富想象面相：独特的、风趣的、令人诧异的、有鉴赏力的、好玩的。

4. 最新面相：独立的、现代的、创新的、积极的。

（三）称职（例如：海尔、麦当劳、IBM）

1. 可信赖面相：勤奋的、安全的、有效的、可靠的、小心的。

2. 聪明面相：技术的、团体的、严肃的。

3. 成功面相：领导者的、有信心的、有影响力的。

（四）成熟（例如：奔驰、雷克萨斯、宝洁）

1. 上层社会面相：有魅力的、漂亮的、自负的、世故的。

2. 迷人面相：女性的、流畅的、性感的、高尚的。

（五）粗犷（例如：万宝路、李维斯、耐克）

1. 户外面相：男子气概的、西部的、活跃的、运动的。

2. 强韧面相：粗野的、强壮的、不愚蠢的。

　　五大个性要素和15个面相，对于特定品牌而言，因其中个性要素的构成比例不同而使品牌呈现出不同的个性特征。就好比同一个个性要素，对一些品牌来说是正面的，对另一些品牌来讲就可能是负面的了。如强韧面相，对于李维斯牛仔来说，是正面的驱动力；但对于麦当劳而言，则是负面因素了。

　　从理论上，"品牌个性量表"模型的贡献在于帮助人们深化对品牌个性的象征性的总体理解；从实践上看，"品牌个性量表"模型提供了认识和规划品牌个性的变量的方法，以及被品牌个性所影响的变量。在对品牌个性的已有研究中，大多数研究人员都为营销变量（如使用者形象、广告、包装）塑造了品牌个性，然而，这些变量独立地和共同地影响品牌个性的程度仍没有得到定论。借助于"品牌个性量表"，这些变量可以系统地控制和测度它们对品牌个性的影响。

二、品牌个性的形象

　　品牌个性在消费者中的形象，实质上反映的是品牌与消费者之间的关系。影响二者关系的因素有：一是品牌与消费者之间关系几乎等同于两个人之间的关系，其密切程度明显地表现出亲密、容纳、疏远、排斥的形态；二是品牌个性呈现出来的某种形态被赋予影响双方关系深度的责任，其形态表现为品位、嗜好、姿态和自我感觉；三是品牌与消费者关系也可以功利为基础，就如同二人之间可以存在一种纯粹的商业关系。

　　人们在评价个人与品牌之间关系时，往往容易把品牌看作是被动的因素，关注于消费者对品牌的想法、态度和行为，而把品牌自身态度与想法隐藏其后。其实品牌与消费者关系是由双方相互作用的，"品牌—消费者"关系应从两端同时分析。品牌对消费者的态度、方式包含有以下四种：

1. 势利的高级品牌。这种高级品牌有名望，有地位，显出势利眼的样子。虽然显示了其高档次，却往往由于市场范围狭窄而限制了它的发展。例如服装类的杰尼亚、汽车类的保时捷等。

2. 傲慢的表演品牌。看轻消费者的表演品牌往往显示出一种不可一世、傲慢无礼的样子。该品牌易为消费者所反感，具有风险性。例如服装类的皮尔·卡丹、酒类的轩尼斯 XO 等。

3. 炫耀的强势品牌。强势品牌具有市场实力，且兼具产业标准优势，但该品牌通常比较自大，抑制小型的、无抵抗力的竞争对手。例如，20 世纪 90 年代的微软、英特尔和后来的 IBM。

4. 惊恐的劣势品牌。这类品牌一般实力不够，处于市场低端，虽经努力却无法晋升到更具名望的层次，显露出其处于劣势的危险。例如汽车类的金杯，IT 类的神舟、长城等。

在已有的品牌形象中，增加幽默成分或适当符号可改善并活跃品牌关系。例如消费者认为是势利的高级品牌，想在继续维持其既有形象的同时又想扩大市场份额，就可利用大众化的幽默感，嘲讽自己原有的地位和名声，柔化形象中的尖锐成分。

三、品牌的星座与性格

(一)白羊座的品牌性格

白羊座的品牌追求成为行业的第一品牌，因为成为领头羊，才能显示它的能力。此种品牌出击策略一旦确立，就坚持到底，有着"不到黄河心不死"的精神。它们开拓市场时易冲动，喜欢冒险，而且喜欢用礼品和财物讨好消费者，开展促销活动。从本身利益出发，不惜一切力量达到塑造自身形象，提高自身知名度的目的。在品牌宣传上，不善于运用感性诉求打动消费者的心，缺乏理性思考，忽视社会效益。

(二)金牛座的品牌性格

金牛座的品牌属于保守型，此种品牌适应市场变化的速度很慢，表现为一种固执性，第一印象便决定了其对市场的看法，能够忍受压力，喜欢平稳的、持续的品牌扩展策略。它们不喜欢品牌的多样化发展，钟情单一品牌的发展。在公共关系中品位很高，注重感官世界，注重培养情调与气氛，善于利用感情诉求来感染消费者，强调以消费者的需要为中心，满足消费者的需求。特别注重用高雅的公关活动来炒作，塑造本身的形象。

（三）双子座的品牌性格

双子座的品牌策略不够明确具体，有时根本就没有品牌策略，发展呈现出一种盲目性。确定的品牌策略，缺乏耐心，很容易发生变化。市场一出现风吹草动，便见异思迁，重新架构原有策略，具有不专一性。但此种品牌在消费者心目中有一定的知名度与好感，善于从消费者利益出发，来维护本身的声誉。在品牌传播中，反应快，主动性强，善用多种方式、手段进行宣传，容易占优势。往往导致投入很大，影响品牌推广的效率。

（四）巨蟹座的品牌性格

巨蟹座的品牌自我保护性很强，容易收敛自己，品牌策略持久性强，追求品牌的多样性，实行品牌多元化的建设，强调实践的重要性。当遇到品牌危机时，会妥善处理纠纷，适当做一些原则上的让步，利用危机来炒作本身，善于将坏事变成好事。但塑造品牌的过程中，方法单一，手段平凡，追求一定程度的炒作。它们重视消费者的心理感受，以质量和服务满足消费者的要求，取得形象上的好感。

（五）狮子座的品牌与性格

狮子座的品牌有天生的领导能力，喜欢控制其他品牌，喜欢争当行业品牌的霸主。对品牌的发展充满信心，在市场拓展中表现出一种活力与朝气，永不服输。这种争强好胜本性充满着竞争的气氛，容易树立竞争对手，展开市场竞争。市场发生了什么情况，它都会挺身而出，以维护正义之名，提高自身品牌的知名度和美誉度，这是它炒作的惯用手法。此种品牌善于投机与赌博，它是炒作上的高手。

（六）处女座的品牌与性格

处女座的品牌自身的管理很严格，喜欢挑剔，追求完美，注重产品的质量与服务，把质量视为品牌的第一生命，这种品牌具有很高的知名度，注重品牌投入与所得之间的关系，但品牌价值并不是很高。从消费者利益出发，很注重市场调查工作，相信实践经验，但忽略品牌自身的效益。具有传统的保守性，胆小怕事，固执己见，不易变通，不善于创新，品牌单一，缺乏品牌开拓能力，很难抓住市场机遇。

（七）天秤座的品牌与性格

天秤座的品牌文化底蕴很深，历史悠久，内容丰富，品牌的艺术性很强，使消费者对品牌产生一种享受。此种品牌注意自身的商业价值，注重运用自己的这种优势。喜欢与别的品牌合作，喜欢组织有影响的活动，喜欢与其他品牌共同捐助公益事业。在策略上，由于缺乏决断能力，没有创造性，喜欢跟随已成功的经验之路，追随他人的企业品牌。为此不惜牺牲社会价值或其他品牌价值。但又十分关注消费者对自身的态度。

（八）天蝎座的品牌与性格

天蝎座的品牌好像不处于重要的地位，其实它的领导欲极强，但它不热衷当品牌霸主，而主要在幕后操纵。这种品牌市场开拓信心坚定，具有韧性，有着不达目的不罢休的精神。品牌直觉性极为敏锐，市场判断能力准确，但是过于顽固，不会随着环境的变化而变通自己的品牌策略。在炒作中，常常利用富有戏剧性的活动吸引消费者，提高自身的知名度。品牌的投机性很强，善于抓住市场机会，营造品牌的优势。

（九）射手座的品牌与性格

射手座的品牌表现为乐观、热情，善于调动消费者的兴奋点，善于从消费者关心的事情入手，塑造本身形象，在消费者心目中印象较好。实行品牌多元化，种类变化多端，不放过所有炒作时机，喜欢利用品牌的新颖性来吸引消费者。但在市场开拓中意志薄弱，把希望寄托于机遇，无论是否有效，都踊跃参与。该品牌只注重本身知名度的提高，忽视宣传费用，并且在品牌宣传中不切实际，过分夸张，容易鲁莽行事。

（十）摩羯座的品牌与性格

摩羯座的品牌脚踏实地，有一定的忍耐力，重视自己的形象塑造，重视消费者的感受，能从质量和服务上取得消费者满意。在品牌宣传上独具魅力，量入为出，注重宣传费用与宣传效果之间的关系，喜欢用新颖的活动宣传自身形象，喜欢采用公众活动以及具有吸引力的活动来炒作品牌，提高品牌的知名度与美誉度。但它不会吸收成功者的经验，坚持自己的品牌策略，表现为一定的保守性。

（十一）水瓶座的品牌与性格

水瓶座的品牌的最大特点就是革新，喜欢提高品牌的科技含量，进行新产品的开发，因此品牌常常表现出旺盛的生命力，永远都充满着新观念。在炒作中，不感情用事、盲目跟进，长于冷静思考分析，把握时机，主动出击，取得最佳效果。但这种品牌过分依赖于消费者的喜爱，强调以消费者的利益为出发点，尽量满足消费者的要求，无论从价格上还是从质量与服务上，都要争取消费者的满意，忽略了品牌的真正市场价值。

（十二）双鱼座的品牌与性格

双鱼座的品牌的想象力特别丰富，喜欢站在消费者的角度来塑造品牌及其企业的形象，以此希望消费者能够肯定自身的价值。在品牌宣传中，喜欢用感情诉求来塑造形象,提高知名度,凭借品牌的寓意,消费者就会产生好感。它们在品牌建设中,容易感情用事,过分夸大品牌优势,缺乏主动性与自信心,因此很难在机遇面前做出选择,容易丧失许多良机。

第三节 品牌个性的塑造

一、品牌个性的确认

品牌要独特,离不开准确无误的定位,这个"位置"定不下来,品牌就会被市场淹没。品牌必须针对精确描绘的消费对象作清晰的定位。谁是最期待的购买者?他们是什么样的人?他们的收入如何?他们在人口统计资料中所占位置怎样?他们的生活方式与特征如何?通过这个定位过程,可以清楚地了解产品在市场上的位置,引导品牌做出什么样的主张或承诺。品牌定位与品牌个性的联系越紧密,消费者被品牌吸引的可能性就越大。

鲜明、独特的品牌个性已经成为品牌资产中极其重要的部分。如万宝路,其桀骜不驯的男子汉的品牌个性,已经成为万宝路的法宝;后来居上的诺基亚,它的"科技以人为本"的品牌特征,已经成为它的品牌之本;洋溢着小资情调的雀巢咖啡,其浪漫温馨的品牌格调,可谓味道最美的咖啡了。

一个品牌只有具有独特的个性,才可以使自己在细分市场中具有号召力,才可以得到目标消费者的较高认同,并因此而获得生存和发展的机会。海尔作为中国家电的强势品牌,以真诚、创新为个性,在消费者中拥有较强的号召力;农夫山泉饮出自然的个性,使之在饮用水市场独树一帜。可见,致力于对品牌个性的确认、定位与塑造,使之展示出自己独特的风采,才能在强手如云的品牌之林中体现出自我价值。

二、品牌个性的表现

品牌个性反映的是消费者对品牌的印象,或者说是品牌带给消费者的感觉。品牌个性作为品牌的核心价值,是构成品牌力的重要组成部分。因此塑造品牌个性就成为品牌管理者的重要任务。品牌个性是长期培育的结果,其形成部分来自于情感因素,部分来自于逻辑思维,均是与品牌相关的各个方面。

(一)产品自身

产品是品牌最基本的载体,企业产品本身随着市场的展开而逐渐广为人知，从而形成自身鲜明的个性。例如英特尔的主打产品 CPU 更新换代的频率极快，该公司的创新品质形成英特尔最重要的品牌个性，使得电脑用户趋之若鹜，造就了英特尔巨大的品牌价值。在市场竞争日益激烈的今天，产品概念已经延伸到了服务领域。如作为银行，提供的产品是服务，因为缺乏竞争，传统的国有银行总是让人想起慢腾腾的工作效率、冷若冰霜的面孔。而招商银行及时摆正自己的位置，以亲切的微笑、快捷有序的服务以及完善的客户休息设置，让人耳目一新，在方便客户的同时，也在客户的脑海中形成了关爱、领先的个性形象。

（二）产品名称

产品名称的表现形式是语言和文字。语言是流动的信息，它通过声音刺激消费者的听觉器官从而留下印象，它还能以口碑的形式在公众中传播从而提高知名度。文字也是承载信息的符号，它通过书面的形式刺激消费者的视觉器官，使消费者形成印象、产生联想。品牌名称创意的关键在于名称所承载的信息是否与消费者潜在的心理欲求相契合。一个品牌名能否叫响，往往取决于创作者的灵感与欣赏的者趣味是否合拍。如"野狼"和"木兰"同为摩托车品牌，给人的印象和感受却截然不同，这是因为在品牌名称中蕴涵着品牌的独特定位。女士用品常用"柔、洁、芳、雅"等字眼命名，以此突出温柔、典雅的女性特质；而男士用品则常用"帝、雄、威、猛"等字眼命名，以表现男子汉的阳刚之气。对于外国品牌名称的翻译，也是一项艺术再创作。"Sprite"原意为魔鬼或妖怪，如果按照意译，中国消费者恐怕会望而却步，但是按照音译则情况大变——"雪碧"，给人以清凉爽快的感觉，非常符合中国人的思维习惯和消费心理。

（三）设计与包装

产品的工业设计与外形包装被称为"无声的推销员"，它是在消费终端的最直接的广告。独具匠心的设计造型，健康优良的包装材料，标志、图形、字体、色彩等各种手段的综合运用，都有助于品牌个性的塑造与强化。例如柯达的包装，运用红、黄等暖色调，体现其温馨的个性。雀巢的鸟巢图案标志，使人联想到待哺的婴儿、慈爱的母亲，并让人联想到未来展翅翱翔的飞鸟，突出了雀巢的象征意义，能够唤起消费者慈爱、舒适和信任的个性感受。

（四）产品价格

产品的定价作为产品自身品质的直接反映，也体现了品牌个性。按照"一分钱，一分货"的传统认识，消费者对于产品品质的第一概念就来源于产品的价格。如果是一贯的高价位，可能会被认为是高档的、富有的、略带世故的；相反则会被认为是朴实的、节约的、略显落伍的；经常改变价格，会被认为是轻浮的、难以捉摸的；奉行永远不打折的原则，就会被认为是专一的、真实的，但也是有些强硬的姿态。

（五）品牌代言人

借助名人，也可以有效地塑造品牌个性。透过这种方式，品牌代言人的品质可以传递给品牌。在这一点上，耐克做得最为出色。耐克总是不断地寻找并更换代言人，层出不穷的著名运动员则成为品牌代言人取之不竭的资源，这些运动员所阐释的耐克"Just do it"的品牌个性，吸引了众多的青少年消费者。从波尔·杰克逊到迈克尔·乔丹、查理斯·巴克利、肯·格里菲，去 NBA 打篮球的中国运动员姚明，几乎被网罗一尽。

（六）品牌使用者

一个具有相似背景的消费者群体经常使用某一品牌，久而久之，这一群体共有的特点就被附着在该品牌上，从而形成该品牌稳定的个性。例如中国移动电话市场的开拓者摩托罗拉，刚进入中国时的消费者大多为成功的商务人士，渐渐地商务人士共同的行为特征就凝聚在摩托罗拉的品牌上，形成了摩托罗拉成功、自信、注重效率的品牌个性。而摩托罗拉也有意识地加强这种品牌个性，它的系列手机广告大都以成功的商务人士作为形象代言人，使其品牌个性得到了强化，形成了与其他手机有着显著区别的品牌个性。而作为后来者的诺基亚，因其时尚、年轻、前卫的品牌个性而被年轻的消费者广为接受。

（七）品牌创始人

企业不断发展，品牌深入人心，发展历程、规模成就令人景仰，其创始人的精力和特点渐渐引起人们的关注，创始人的品质也会成为该品牌的个性因素。如福特、比尔·盖茨，每个人都以自己的形象塑造了品牌，突出了个性。联想创始人柳传志儒雅深邃、独具魅力的品质被传递到联想品牌上，从而形成了联想的品牌个性。再有，张瑞敏的胸有成竹、史玉柱的百折不挠、马云的勇于争先……都为他们所在的企业和品牌注入了鲜明的个性元素。

（八）品牌历史

品牌的历史也会影响品牌的个性。通常人们认为，诞生较晚、上市时间较短的品牌占有年轻、时尚、创新的个性优势，但可能也有稚嫩、毛躁、草率等负面影响；而诞生较早的老字号品牌常常给人成熟、老练、稳重的感觉，但可能也有过时、守旧、暮气沉沉等负面影响。因此，对于老品牌，需要经常为其注入活力，防止其老化。但是，某些特殊产品品牌，有时需要年轻的个性，有时却需要厚重的历史感。比如酒类品牌，香格里拉·藏秘宣称其有152年的历史传承，道光廿五宣称其为窖藏400余年的陈年老酒，剑南春宣称"千年酒业剑南春"，国酒茅台更是宣称其历史可以追溯到2000多年前。

（九）品牌籍贯

由于历史、经济、文化、风俗的不同，各地都会形成自己的地方特色，俗话说，"一方水土养一方人"，每个地方的人也都会有个性上的差异。例如德国人的严谨，法国人的浪漫，英国人的保守。这些个性上的差异也会影响到生长在这个地方的品牌，因此，法国时装和香水显得时尚而浪漫，德国汽车和电器显得沉稳而优质。在中国，白酒的产地如果是在四川和贵州，就会值得信赖；香烟如果产自云南，会感觉非常地道。这是地域籍贯对品牌个性所产生的作用。

总之，品牌个性的这些因素不能孤立存在，它必须置于品牌与消费者的有效沟通的条件下，才有可能实现品牌个性的建立与深化。这种体现本质的品牌个性，将有利于促进营销沟通。品牌个性是品牌最有价值的东西，一旦形成了鲜明、独特的个性，就会造就一个强有力的品牌，它可以超越产品而不易被竞争者模仿。这是品牌经营的终极目标。

三、品牌个性的塑造

塑造品牌个性应"投其所好"，即要运用各种方法和手段满足目标消费者的需求。每个人对自己都有一定的判断，评价别人也有一定的标准。人们总是喜欢符合自己观念的品牌，喜欢那些与自身特点相似或与自己的崇拜者相似的个性。因此，对某一消费者群体而言，创建具有与其相似的个性品牌将是一种有效战略。其途径是：

（一）识别品牌的个性联系

把产品个性与品牌联系起来，有直接和间接的方法。一是让消费者用具有个性的形容词（如友好的、平凡的、实用的、现代的、可靠的、诚实的、耐心的、复杂的等）对一个品牌或该品牌的使用者进行评价。这种方法的不足在于限定的形容词或许不完整或者没有直接的相关性，或者消费者不喜欢用这种直接的方式来反映他们对产品的真实意见。二是使用照片筛选。交给消费者一些人物照片，请他们选择其中使用了某一特定品牌的人并描述他们。三是要求消费者把品牌与其他事物联系起来，如动物、汽车、人、杂志、树、电影或书。据调查表明，人们通常把肯德基炸鸡和穿着工作服的家庭主妇以及斑马（人们会想起KFC桶上的条纹）联系起来。通过多种方法识别品牌与目标消费者的个性联系,并与消费者自身个性的评价相比较,得出结论后通过广告来塑造或改变一种品牌个性的表现。

(二)确定品牌的个性目标

品牌个性目标必须与允诺的功能或心理上的利益相一致。在做出品牌个性目标的决策时,首先需要对目标细分市场进行消费者统计分析,发现目标细分市场存在的生活价值和个性特点的倾向。如稳妥、安全感随年龄的增大而增加,而娱乐、享受和刺激易被年轻消费者所看重,并常常可以用反叛性和反传统的价值观来识别。如耐克公司成功地将竞争、成功、有趣和获胜的情绪与品牌联系起来,因为耐克实际上拥有的和渴望去占有的目标消费者都认同上述的绝大多数词汇。在确定品牌个性目标时,还需要研究社会趋势的变化,分析品牌个性在细分市场上客观存在的"代沟"问题,这就是品牌个性对这一代是合适的,而对于下一代却是过时的原因。百事可乐迎合了年轻消费者的价值观,成功地吸引了绝大部分的年轻消费者。

(三)实施品牌个性战略

作为长期战略的品牌个性确定以后,就需要开发能够创造、加强这一个性目标的品牌识别系统。这取决于品牌传播组合中的众多因素,如企业的理念和形象、品牌名称、包装、定价、促销方式等,品牌个性的塑造有赖于这些方式所形成的合力,并需要持久的一致性。对于潜在的消费者的思想倾向、个性偏好了解得越详细、越多,就越能了解消费者的真正需求和偏好,能更准确地掌握消费者的个性特征,其品牌个性的塑造就会越加成功。

品牌个性若与消费者的个性越接近,或者是跟他们所崇尚的、所追求的个性越接近,他们就越容易接受该品牌,产生购买行为,品牌忠诚度就越高。因此,要尽可能地使品牌个性与目标消费者的个性相一致,或与他们所追求的个性相一致。

案例分析

百事:追求纯洁

可口可乐公司的宿敌百事可乐曾遭遇品牌经营危机。

1992 年,百事发现了它认为的市场缺口,它们认定市场正在期待一种清澈的可乐。市场上已有的节食可乐、樱桃可乐、无糖可乐、无咖啡因可乐、咖啡因增强型可乐,都取得了成功,为什么不能有清澈的可乐呢?

百事认为,"消费者对纯洁有着新要求",因为消费者开始像选择可口可乐和百事可乐一样频繁地选择瓶装的依云和巴黎矿泉水。经过几个月的试验，百事获得了新的清澈可乐的配方，决定命名为"水晶百事可乐"。它们还研制了节食型的"轻怡水晶百事可乐"。这两种产品都回应了消费者的新要求。唯一的问题是：带有"百事"名字的产品应该有"百事"的味道，但它却不是。人们无法确认它属于什么味道。

一年以后，百事停止了"水晶百事可乐"的生产，开始研制一种新的清澈配方。1994 年，改进产品出现在市场上，名字更简单，就叫"水晶"，只定期供应。但是负面的联想仍然存在，而"水晶二号"甚至还不如它那不受欢迎的前辈。百事公司最终宣布放弃了清澈可乐的整个构想。

除了"水晶"之外，百事还出现过其他营销问题，它没有很好地将品牌形象与可口可乐分清。它不是第一个销售可乐类产品，百事决不会成为一个通用的名字，即使当他们从冰箱里取出百事，也可能会说"我要喝可乐"。它决定在瓶装水市场上分得一杯羹，推出自己的瓶装水产品，命名为 Aquafina，尽管它在市场上比"水晶"取得的成功要大些，但相对百事的整体战略来讲，于事无补。

百事多年来树立品牌的努力一直没能赋予产品一个独立的身份。至关重要的是，百事破坏了"颜色法则"，人们评论道："选择与竞争对手相反的颜色有着强烈的原因……可乐是红色液体，所以可乐品牌合理的颜色是红色，这就是为什么一百多年来可口可乐一直使用红色的原因。""百事可乐做了糟糕的选择，它选择红和蓝作为品牌的颜色，红色象征着可乐，而用蓝色与可口可乐的品牌相区分。几年来，百事对可口可乐的颜色战略做出的反应差强人意。"

百事的教训：一是自认为是缺口就应当被填补。即使你发现了市场的缺口，也并不意味着你就应当填补它。清澈可乐不存在并不意味着就必须要创造出来。二是失败的产品不应重新推出。"水晶"已经失败了一次，但百事仍然相信世界迫切需要清澈的可乐，所以第二版的境遇比第一版还要糟糕。三是没有将自己与竞争对手区分开来。百事的品牌因为一直采用红色和蓝色而使得视觉形象模糊。百事应该果断放弃红色而采用蓝色以制造两大品牌的强烈区别。

思考与练习

（一）思考题

1. 品牌个性有哪些特点？

2. 品牌个性表现在哪些方面？

3. 塑造品牌个性都有哪些途径？

4. 品牌个性都有哪些价值?

(二)练习题

1. 向大家介绍一个你所喜欢的品牌的个性特点。

2. 为一个新产品设计出塑造品牌个性的途径。

3. 分析市场上常见的索尼的品牌个性。

4. 李宁牌运动服给人的个性印象是什么?

第五章　品牌传播

学习目的

1. 掌握品牌信息的传播模式。

2. 了解品牌整合营销传播的制定。

3. 了解品牌传播的各种手段。

4. 掌握品牌传播工具的制约因素。

基本概念

品牌传播　　品牌传播模式　　品牌传播范畴

品牌整合营销传播

―――――
品牌故事

广告传播打造"耐克神话"

　　NIKE 品牌创建于 1978 年，迄今已逾 30 年，它后来居上，超过了曾雄踞市场的领导品牌阿迪达斯、彪马、锐步，被誉为"近 30 年世界新创建的最成功的消费品公司"。

　　在美国约有七成的青少年梦想着有一双耐克鞋，"耐克"成为消费者追求的"梦"。香港《信报财经月刊》曾报道：早在 1990 年初，纽约市一些耐克专营店店主向当局提出申请，请求批准使用枪支以保护人身财产的安全。因为有的青少年因倾慕耐克，铤而走险，恶性事件时有发生，万般无奈中，店主只好如此来"寻求保护"……

　　在 1960 年耐克创建之初，两个创始人布沃曼和耐特都身兼数职，公司没有自己的办公楼和完整的经营机构。然而，这样一家简陋、举步维艰的新创公司，却以令人惊奇的速度成长壮大起来：NIKE 全球营业额达到近 90 亿美元。NIKE 公司每 10 年的利润增长大约是 30 倍！

　　耐克公司的飞速成长令精明自负的华尔街投资商和分析家们迷惑不解甚至感到难堪，许多人在 1980 年以前一直不看好耐克公司，还声称："耐克没有多少发展的基础和前景。"而他们现在只好对自己的失误解嘲道："上帝喜欢创造神话，所以他选择了我们意想不到的耐克。"对此，耐克公司的总裁耐特回答说："是的，是'消费者上帝'。我们拥有与'上帝'对话的神奇工具——耐克广告……"耐克公司总裁的评论道出了耐克成功神话的真谛：是耐克卓越的广告为其赢得人们的宠爱，从而拥有了今天的成就。

耐克的早期广告主要侧重宣传产品的技术优势，因为当时品牌的市场定位是正式的竞技体育选手。一些业余体育爱好者也购买耐克鞋，一方面是穿着舒适，另一方面是由于耐克的广告宣传："谁拥有耐克，谁就懂得体育！"这对以爱好体育为主要特征的青少年消费者产生了巨大的影响。

1980年，耐克产品开始从田径场和体育馆进入寻常百姓家。耐克公司必须在不失去传统体育市场情况下，赢得普通消费者的喜爱，成为青少年流行文化的组成部分和身份象征。耐克在两个完全不同的市场作战，它面临的难题是如何在适应流行意识和宣传体育上获得平衡与一致，为此它开始重新考虑其广告策略。

真正取得突破是1986年的一则宣传耐克充气鞋垫的广告，广告采用一个崭新的创意：背景是由象征嬉皮士的甲壳虫乐队演奏的著名歌曲《革命》，在反叛的节奏和旋律中，一群穿着耐克产品的美国人正如痴如醉地进行健身锻炼。这则广告准确地迎合了刚刚出现的健身运动的变革之风和时代新潮，给人以耳目一新的感觉。自此以后，电视广告成为耐克的主要"发言人"。耐克公司的新广告策划为其赢得了市场和消费者。耐克在变革中，逐渐掌握了广告沟通艺术，所形成的独特的广告思想和策略是必须致力于沟通，而不是销售诉求。正是这一独特的策略和做法，使得耐克公司在市场中不断取得成功，迅速成长。

耐克开拓市场的突破口是青少年市场，这一市场上的消费者有一些共同的特征：热爱运动、崇敬英雄人物，追星意识强烈，希望受人重视，思维活跃，想象力丰富并充满梦想。针对这一特征，耐克公司发起"明星攻势"，相继与一些大名鼎鼎、受人喜爱的体育明星签约，如乔丹、巴克利、阿加西、坎通纳等等，他们成为耐克广告片中光彩照人的沟通"主角"。在广告片"谁杀了兔子乔丹"中，几乎没有出现耐克产品，没有像其他广告那样宣扬产品、陈述"卖点"，只是用受人瞩目的飞人乔丹和兔子本尼演绎了一段故事。

广告的目的就是沟通，称耐克广告是真正的广告，就是因为它是真正的沟通。许多人认为耐克广告沟通术就是"明星攻势"加上与众不同的广告画面、情节。事实并非如此，起到根本作用的不是沟通的形式而是内容，是在广告中与消费者进行心与心的对话。耐克广告的沟通也因此获得能让消费者产生强烈共鸣的良好效果。耐克的沟通内容着意于传递这样的信息：耐克和你一样是体育世界的"行家"，因此在广告中展示的是一个真实客观的体育世界。

在以棒球明星宝·乔丹为广告主角的系列幽默广告"宝知道"中，滑稽可笑、逗人发笑的宝·乔丹臀部受伤，而不得不告别体坛，在一定意义上失去了广告价值。一般情况下，解除合约、一脚踢开是美国商业社会天经地义的做法。耐克公司没有这样，而是继续与他合作拍广告。这一举措使青少年消费者产生了强烈的共鸣：耐克和我们一样不会抛弃一个不幸的昔日英雄。

又如，耐克公司雇用"臭名远扬"的巴克利拍广告，巴克利在篮球界有"拳师"的绰号，逞凶斗狠、脾气火暴，常有出格之举。耐克没有隐瞒遮掩这些，它创作了一个电视广告片，主角就是孔武凶狠的巴克利，在球赛中击败对手，砸烂篮板……看到此片的体育迷们都会产生同感：是巴克利！他就是这样！耐克与消费者这种良好的沟通一次又一次地不断得到加强，最终耐克品牌成为人们忠实的"伙伴"和"知己"，甚至是互为一体、不分彼此了。

耐克在女性市场上的广告更是匠心独运、魅力无穷。当耐克在青少年市场和男性市场上牢牢站稳脚跟后，转而集中火力进攻女性市场。广告创意方案的策划者珍妮女士采用自我审视的方法来揭示女性的内心世界，以女人的"对话"作为主要沟通手段。广告作品采用对比强烈的黑白画面，背景凸现的是一个个交织在一起的"不"字，广告文字意味深长、语气柔和但充满一种令人感动的关怀与希望："在你的一生中，有人总认为你不能干这不能干那。在你的一生中，有人总说你不够优秀、不够强健、不够天赋。他们还说你身高不行、体重不行、体质不行，不会有所作为。他们总说你不行。在你的一生中，他们会成千上万次迅速、坚定地说你不行。除非你自己证明你行。"

广告登载在妇女喜爱的生活时尚杂志上。广告文字似乎不像是一个体育用品商的销售诉求，而更像一则呼之欲出的女性内心告白，这则广告体现出耐克广告的真实特征：沟通，而非刺激。广告刊出后，公司的电话铃声不断，许多女性顾客打电话来倾诉说："耐克广告改变了我的一生……""我今后只买耐克，它那么理解我。"这些结果也反映在销售业绩上：20 世纪 80 年代后期女性市场上耐克远逊于锐步的状况发生了根本改变，耐克品牌的提及率及美誉度已超过锐步。

耐克公司在短短的 30 年时间里，由一家简陋的鞋业公司成长为行业霸主，由鲜为人知到名满天下，耐克的广告居功甚伟，可以说，广告传播造就了耐克神话。

第一节　品牌传播的模式

品牌传播是向目标受众传达品牌信息，以获得他们对品牌的认同，并形成对品牌的偏好的推广行为。要实现品牌战略、将品牌要素转换为品牌资产，必须经过持久的传播推广。品牌形成的过程实际上就是品牌的传播过程，也是消费者对某个品牌逐渐认知的过程。

一、传播的过程与模式

品牌的传播推广具有极强的实践性，它是将品牌的相关信息按照品牌拥有者的意图编码并传播给品牌目标受众，也就是品牌利益相关者，从而构建起品牌资产的过程。品牌的传播推广实质上是特定信息的传播。要深究品牌传播的规律，必须先认识信息传播的一般规律。

传播学的鼻祖拉斯韦尔，早在 1948 年就首次提出了传播过程的七种要素，即传播者、信息、编码、媒介、受传者、解码、反应。经过许多学者的不断完善，后来又添加了反馈与噪音两个要素。

（一）传播者

传播者是指拥有并能与他人共享的信息的个人和团体。传播过程的发送方可以是个人如推销员、形象代言人等，也可以是非个人的团体如公司、组织等。在传播过程中，传播者必须知道把信息传递给哪些受众并且希望获得什么样的反应。还要通过能触及到目标受众的媒体传递信息，建立反馈渠道以便了解受众对信息的反应。

（二）信息

信息是指传播者向受传者传递的内容。信息可以是语言的、口头的，也可以是非语言的、书面的甚至是象征性的。比如对于品牌传播，所要传播的信息可能是功能性的信息，如品牌的功能、属性、价格以及购买地点，也可能是情感性的信息，如品牌的个性、形象等。

（三）编码

编码是指传播者选择词语、标志、画面等来代表它所要传递的信息内容的传播过程。这是将一个想法、观点寓于一个象征性的符号当中去的过程。由于经验的不同、表达方式的不同，传播者必须把信息以受传者能够理解的方式发送出去，即发送的信息应该是目标受众所熟悉的语言、符号、标志。

（四）媒介

媒介是指信息的载体、渠道，以及信息传播者向受传者进行传播的方式。媒介包括人与人之间的"口头传播"、印刷纸质媒介和电子传播媒介等。印刷纸质媒介包括报纸、杂志、书籍、直接邮件、广告页等。电子媒介包括广播、电视、互联网等。

（五）受传者

受传者是指接受传播者信息的个人或团体。受传者是一个广泛的概念，包括所有听到、看到、感觉到信息的个人和团体。这一部分人是传播者的目标受众。传播者对受传者了解越多，对其需求把握得越准确，双方的沟通就会越顺畅，传播就会越有效。

（六）解码

解码是指受传者把传播者运用编码传递的符号还原为传播者所表达的信息内容的过程。这个过程受到受传者的经验阈的影响，经验阈是指个人的生活阅历、价值观以及受教育程度等。如果受传者和传播者的经验阈越接近，解码后的信息就会越真实，传播的效果就会越好。影响目标受众有效解码的一个重要因素是目标受众和传播者的经验阈相差太大而引起的。经验阈相交部分越多，信息被还原和达到有效传播的可能性越大。

（七）反应

反应是指受传者在看到、听到传播者传递的信息后做出的行动。这种行动可能是一个无法观察到的心理过程，如把信息储存在记忆中或在收到信息后所产生的讨厌、厌烦的情绪；或者是明显的、直接的行为，如拨打提供的免费电话或订购产品等。

（八）反馈

反馈是指受传者收到传播者传递的信息后，将自己的反应返回给传播者的行为。这部分信息也是传播者最感兴趣的，因为对反馈信息的分析既可以使传播者评估传播的效果，还可以调整下一阶段的传播内容和传播方式，以达到有效沟通的目的。

（九）噪音

噪音是指影响或干涉传播过程的外来因素。这些外来的无关因素很容易影响信息的发送和接收，以至于信息受到扭曲。比如信息编码过程中出现的错误、通过媒介传播过程中的信号失真以及接收过程中的偏差都属于噪音。噪音是传播过程中不可避免的因素，如果传播者和受传者所具有的共同背景越多，传播过程受噪音的干扰就会越小。

二、品牌传播的理论基础

（一）符号学

符号就是可以用来指代另一种事物的中介。人们生活在符号之中，符号之于人如同水和空气一样不可缺少，能否使用符号是人与其他动物的区别之一，因此人也被称为符号动物。人们的生活理念、民族情感、传统文化积淀都可以抽象为某种特殊的符号。

当代符号学的一个重要发展趋势是研究领域的扩大，即不断向其他领域渗透。就品牌来说，其本身就是符号，当提到百事可乐、耐克、万宝路、海尔等品牌时，人们想到的不仅仅是产品实体，还会联想起一系列与该品牌有关的特性与意义。比如百事可乐充满活力的蓝色和朝气蓬勃的形象、万宝路的西部牛仔，以及耐克标志的疾风一钩和广告语"Just do it"所蕴涵的美国精神等，这些都是通过使用符号来创造品牌附加值的典型案例，而附加值正是品牌构成的核心部分。

品牌传播就是符号演示与意义传播的过程。语言符号与非语言符号都有助于产生附加价值。语言符号包括商标名称、广告语、声明等；非语言符号包括标志、包装、标准色等。品牌的意义是靠传播来实现转化的，它连接着品牌与受众，受众通过对符号的认识，来赋予其个人化的含义或唤起特定的情绪和情感等心理，并保持长期、双向、维系不散的效果，使得受众可以通过拥有品牌来获得品牌附加值，从而获得这些意义。

（二）传播学

传播就是人们借助媒介来传授信息的行为或过程。作为社会的成员，人们一刻也不能离开信息的传播。传播学是一门年轻的学科，它从20世纪40年代起在美国蓬勃发展起来，从一开始就表现出跨国跨学科的特点，政治学家、心理学家、语言学家、历史学家、新闻工作者纷纷从不同的角度切入，丰富了传播学的内涵。

品牌传播的目的是使品牌在受众心里占据一个独特的位置。品牌的意义是通过传播来实现的，这也是品牌传播所要解决的问题。成功的品牌传播就是把传播的事物当作载体，使其承载一种附加值，该附加值使传播的事物变得高大、新奇、有趣，使其从单纯的物化状态变成具有潜在的丰富内涵的存在。为了实现这一目标，就要在品牌传播中遵循如下法则：

1.简单法则。在信息爆炸、传播过度的社会里，受众对于信息表现出一种"最小努力"和"适度满足"的态度，也就是浅尝辄止地接受信息，并且把信息收集局限在必须知道的最小范围内。人们排斥复杂，追求简单。在品牌传播内容上也是越简单越有效。比如李宁"一切皆有可能"、农夫山泉"有点甜"等广告语，简单至极却又深入人心。

2. 个性法则。"与众不同"是受众作出选择的依据。在信息过于丰富的环境里，受众大脑处理和储存信息的能力相当有限，容易失去焦点。要让受众对某个品牌印象深刻，就必须使品牌传播的信息具有个性，做到新颖独特、与众不同。比如雪碧的"我就是我，晶晶亮"、金利来的"男人的世界"等广告语个性飞扬，魅力十足。

3. 熟悉法则。品牌传播的信息是在细分之后针对某一目标消费群体的，因此要适应目标受众乐于接受与自己的知识与经验相吻合的信息的特点，这就是所谓的"匹配法则"。新信息不能完全取代旧信息，只有和原来熟悉的印象相契合，才能实现相融合。如果传播者与接受者具有共同的经验阈，品牌传播就会成为可能。

4. 期待法则。受众会按个人的经验、喜好、兴趣甚至情绪来选择接受哪些信息，记忆哪些信息，人们偏爱接受与自己期望相一致的信息。舒尔茨认为，创意面临的最大挑战是：驱逐那些枯燥、夸大、卖弄却言之无物的言词，代之以符合受众期望的、真正有意义的、能够帮助受众解决问题，并且能改善他们生活的信息。

5. 一致法则。受众对于品牌传播的信息几乎都"适可而止"，他们不会花精力去思考和他们已知相冲突的信息。这就要求传播的品牌信息必须清晰一致，在各种媒体上的符号、象征、图片、声音等都要传播一致、同质的内容。这样才易于受众对信息的处理（辨认、分类、理解），从而获得"累积"的效果。

6. 人际法则。日本电通公司的调查发现，在 20 世纪五六十年代，十位消费者只有一种声音，到七八十年代，十位消费者有十种声音，而到九十年代至今，一位消费者就有十种声音。消费者行为正向着个性化和多样化发展，生活成为一个剧场，人们想要借助"演出"去体验另一种生活。企业应将注意力放在受众之间的差异上，进行人际传播，实行个别化营销，使个别受众完全而持续地满意。

7. 整合法则。20 世纪 90 年代以来，整合营销成为一种趋势。其基本主张是要将所有沟通工具，如商标、广告、直接推广活动（DM）、活动营销（EM）、企业形象（CI）等一一综合起来，使目标受众处在多元化的、目标一致的信息包围之中，即"多种工具，一个声音"，从而对品牌和公司形成统一而有效的识别和接受。这种整合营销的目标是达到四个层次：同一形象、一致声音、优秀听众、世界公民（最高境界）。

（三）市场营销学

市场营销学是研究市场营销活动及其规律性的应用科学。它于20世纪初诞生在美国，产生这门学科的关键因素是市场由卖方向买方的转变。由于产品供大于求，企业必须考虑如何把产品卖出去，同时还要抓住消费者潜在的需求，开发出适销对路的产品，这些都是市场营销学研究的问题。

市场环境的发展变化，市场营销学理论的纵深发展，促进了对消费者的极大关注，由此导致一个根本性、标志性的转变，就是从4Ps转向4Cs。

密歇根大学教授杰罗姆·麦卡锡1960年提出4Ps理论，也就是：产品（product）、价格（price）、渠道（place）、促销（promotion）。4Ps理论诞生将近半个世纪，得到广泛传播。进入20世纪90年代以来，消费者个性化日渐突出，加之媒体分化，信息过载，传统的4Ps渐被4Cs所取代，它们是：消费者（consumer）、成本（cost）、方便（convenience）、沟通（communications）。4Cs营销理论的确立奠定了"以消费者为导向"的品牌传播理论基础，也标志着"消费者导向"时代的到来。

品牌传播就是要以消费者为导向，通过一体化传播，引导他们经历对品牌毫无印象→开始注意→产生兴趣→唤起欲望→采取行动→重复购买六个依次推进的阶段，最后成为品牌忠诚消费者。品牌忠诚消费者不仅可以节省企业成本，实施持续购买，还可以为企业塑造良好口碑，影响更多消费者。所以，建立并强化品牌与消费者的关系，培养忠诚消费者是品牌传播的目的所在，也是提高品牌价值的关键所在。

三、品牌传播的范畴

1.品牌传播战略。品牌传播战略是执行品牌传播活动的依据，传播战略要有远见并切实可行，要对自身、受众、竞争品牌等有深入的了解。品牌传播战略所涉及的主要是品牌定位、品牌个性以及传播战略取向等。

2.品牌传播元素。认识一个品牌，往往是从品牌名称、品牌标志以及品牌包装等开始的，这些基本元素会形成对品牌的第一印象，因此也有人把它们称为"无声的推销员"。

3.品牌传播手段。"一传十，十传百"是原始人际传播的写照，现代社会为品牌传播提供的手段极为丰富，如广告、公关、营销传播等。通过研究这些传播手段，为执行具体的品牌传播战略提供参考。

4.品牌传播媒介。科学技术的发展，使得新媒介层出不穷，为品牌传播带来了众多的机遇。要通过对印刷媒介、电子媒介以及网络媒介等的研究，为制定品牌传播中的媒体策略提供参考。

5.受众心理。品牌传播就是针对受众的攻心战，通过提高其对品牌的认知度、忠诚度，达到积累品牌资产的目的。因此对于受众心理的把握是品牌传播成功必不可少的环节。

6.品牌成长周期。品牌的成长要经历一个长期而又艰苦的过程，才能树立起牢固的地位。处于不同的成长周期，品牌传播的目标也会随之改变，在品牌的初创、成长、成熟和后成熟等各个时期，品牌传播都应采取相应的对策。

7.网络时代的品牌传播。网络时代的品牌传播有了很大的变化，树立品牌所需要的时间缩短了，但困难也加大了，如何适应互联网带来的巨大变化，以最优化的方式与受众进行沟通，是品牌传播亟待解决的问题。

8.全球化、本土化及标准化。"地球村"的出现，使得品牌在扩张中必然要面对本土化和全球化这一课题。采取标准化的品牌传播战略，对树立一致性的国际品牌形象大有裨益。要研究品牌本土化和国际化的决定因素，制定相关的应对决策。

9.品牌传播效果评估。效果评估是品牌传播的重要一环。品牌传播的目的是为了累积品牌资产，其传播与积累的效果，需要通过对品牌传播效果的方方面面逐项评估来检验，旨在改进与完善传播战略与手段。

第二节　品牌传播中的受众

品牌传播中的受众就是消费者。在买方市场，消费者的中心地位是不可撼动的。谁适应了消费者的需求，谁就会得到市场的偏爱，谁就会在适者生存的竞争中立于不败之地。其关键因素就在于透过分析和了解消费者，掌握其愿望，符合其需求，赢得其青睐。

一、受众的选择

(一)品牌传播的受众

态度是人们对某个事物所持有的评价和行为倾向。品牌传播的目的就是要使消费者形成对品牌的正面积极的态度，从而在竞争中取得优势。

在品牌传播时，品牌信息刺激着受众的视觉、听觉等感官系统，并传达到大脑皮质，与储存在大脑记忆元区的其他信号(已有的经验、观点、感情和认知等)交互作用，对品牌信息形成一定的观念、知识和影像等。当品牌信息所引发的情感与受众心理需求趋于一致时，受众对品牌的态度就会导致行为倾向。如果受众对品牌信息所形成的认知与情感有所抵触，品牌传播即使能引人注意，效果也不会理想，甚至对企业的品牌或企业本身产生负面效应。

(二)品牌传播的选择

传播者的任务是把信息传递给受传者，然而受传者不会完全按传播者的期望进行解码。因为受传者在接受信息时会下意识地进行着选择，不自觉地寻求某些事物，避开某些事物，忽略某些事物。人们所知觉到的，只是所面临信息的一部分。对于信息的选择，依赖于信息本身的特性及受传者的主观因素，因而存在着选择性注意、选择性理解和选择性记忆的现象。

1.选择性注意，是指人们尽量接触与自己观点相吻合的信息，同时竭力避开相抵触的信息。人们平均每天受到1 600条商业信息的轰炸，但只有80条被意识到，对大约12条有反应。因此，信息传播者必须设计能赢得注意力的信息。

2.选择性理解，是指受传者总要依据自己的价值观念及思维方式来对接触到的信息做出独特的个人解释，使之同固有的认识相互协调，而不是相互冲突。受传者因为有自己的态度，从而导致只期待他们想听或想看的事。信息传播者的任务是力争使信息简明、清楚、有趣和多次反复，使信息的要点得以传递。

3.选择性记忆，是指人们根据各自的需求，在已被注意和理解的信息中，挑选出对自己有用、有利、有价值的信息储存于大脑之中。人们在得到的信息中只能维持少部分的长期记忆。信息是否通过受传者的短期记忆而进入长期记忆，取决于传播者信息传送的形式和受传者接受信息的次数。信息次数并非简单的信息重复，如果受传者对信息的态度原本是肯定的，该信息就可能被接受并形成记忆。如果受传者的态度原本是否定的，信息就可能被拒绝，但也保持在长期记忆中。

二、受众的认知

认知是人们通过感觉、知觉、联想、记忆和思维对事物进行综合反映的过程。

（一）感觉

感觉是人脑对直接作用于感觉器官的外界事物的反应。感觉可以分为两大类：内部感觉和外部感觉。在品牌传播中，不同的感觉途径使受众从不同方面了解品牌的属性和特点。比如用眼睛可以观看产品的外表、形状、颜色，用鼻子能够闻到产品的气味，用嘴能品尝产品的味道，用手可以触摸产品的质地等，通过这些感觉活动，受众可以获得对品牌的感性认识。其中重要的是视觉、听觉这两种认知形式。

1. 视觉刺激。人们接收的信息中，80% ~ 90% 是通过视觉获取的。品牌传播需要通过刺激视觉使受众产生兴奋感。其中颜色对于品牌传播有着特殊的意义，因为颜色对人的心理、情绪和行为有着十分直接的影响。在报刊广告中，每增加一种颜色，能比黑白广告增加50%的销售额，而全色广告则比黑白广告提高70%的效益。

在品牌传播中使用颜色的效果：一是吸引消费者的注意力。二是使人产生美感。三是可以强调特定部分，加深对关键内容的记忆。四是给人以良好印象，树立品牌威信。

2. 听觉刺激。人对声音的选择比较复杂。实验表明：男性高音与女性低音所产生的效果，比男低音和女高音的效果要差，给人的感觉也不舒服。使人厌烦的噪声自然会有反作用。声音的三个基本物理量——频率、强度和振动形式，分别表现为音高、响度和音色三种形式。音的高低、响度的大小和音色的优美，对使用音响的品牌宣传具有极为直接的影响。

品牌传播的气氛和环境对声音有着特殊的要求。因此，在进行品牌宣传时，应该注意选择伴音的音色、音高和响度，有效发挥听觉刺激的愉悦效应，避免造成令人厌烦的听觉刺激。

（二）知觉

知觉是把感觉到的各种信息加以整理，从而形成完整的印象。通过知觉，人们对客观事物的认知得以加深，从对个别的认识上升到对整体的认识。人们在选择品牌传播信息时，并没有将其离散，而是把它们组合为一个整体来识别。因此，应对主次关系、信息联想等问题进行艺术化的处理，引导受众在接受品牌信息刺激的同时，产生美好联想，从而激发其对品牌的偏好。

品牌传播对受众的刺激包括产品特性、包装设计、色彩、商标、广告等等。其中，"对比"是一种最能引起受众注意和最能激发其对品牌产生兴趣的手段。对比的手法多种多样，如在黑色报纸上刊登彩色广告，在广告版面保留明显的空白等。知觉会受到以往经验的制约，因而常把知觉对象与个人的想象、态度偏好等交错起来，使知觉的结果带有失真的成分。这也正是品牌传播可以利用之处。

（三）联想

联想是人们由当时感觉的事物过渡到相关的其他事物的一种精神联系。联想可以分为四种类型：①接近联想；②类比联想；③对比联想；④关系联想。各种联想都可以帮助人们从其他事物中得到启迪，促进思维活跃，引起感情活动，并加深对事物的认识。

在品牌传播中，有意识地运用这种心理活动特点，充分利用事物的联系形成各种联想，可以加强信息刺激的深度和广度。运用联想实际上就是对有关品牌信息的升华，用受众熟知的形象，创造深入浅出、耐人寻味的意境，暗示品牌给人带来的乐趣和荣耀等。这样往往可以获得引人入胜的魅力，增强品牌传播的说服力。

发挥联想的心理暗示功能，需要充分研究受众的心理需求，有针对性地利用易于激发联想的因素，适应受众的知识经验和审美欲求，使之产生对品牌的向往。

（四）记忆

记忆是人们对于所经历的事物在头脑中的反映或再现。人的记忆过程分为识记、保持、再认和回忆四个基本环节。识记是识别和记住信息，把不同的事物区分开来，使记忆在头脑中不断积累的过程；保持是巩固已得到信息的过程；回忆是把得到的信息进行回想的过程；再认是在过去的信息再度出现时能把它辨认出来的过程。

有意识记具有明确的识记目的，受众对品牌的识别主要依靠有意识记。它是运用一定的方法、经过意志努力的识记，是复杂的智力活动和意志活动，它具有品牌传播中的现实意义。品牌传播运用的元素如果便于记忆，其信息刺激功能就会得以体现，并产生相应效果。为了增强受众对于品牌的记忆，可以采取以下几方面的策略：

1.减少识记材料数量。在品牌传播中体现简单原则，减少识记材料的绝对量，或者是在识记材料不可压缩时进行分块整理，使消费者所需记忆的材料相对减少。

2.利用形象记忆优势。人的记忆特点是，语言信息量与图像信息量的记忆比例是1:1 000。因此，充分利用形象记忆是品牌宣传的有效策略。

3.设置特征促进记忆。鲜明特征就是为识记、再认、回忆或追忆提供线索，从而顺利完成记忆过程。品牌宣传中运用这一策略，与形象记忆规律密切相关。

4. 适时重复品牌信息。重复是记忆的必由之路。品牌信息的适度重复与变化重复，可以增强消费者对于品牌的识别和记忆。

5. 协助理解品牌信息。运用一定方式帮助消费者从品牌的意义上进入理解和记忆的层次，意义记忆是品牌信息记忆的最好方式，发挥意义记忆的前提，就是让消费者理解信息内容。

6. 排列品牌信息位置。记忆是大脑对信息进行编码、储存的过程。因此，在对品牌传播内容进行编排时，要尽量为记忆的编码和储存提供便利，使传播的信息条分缕析，便于梳理和记忆。

（五）思维

思维和感觉、知觉一样，都是对客观事物的反映，思维以感觉、知觉等提供的材料为基础，运用分析、综合、比较、判断、推理等形式揭示事物的本质。感觉和知觉是认识的初级阶段，而思维则是认识发展的高级阶段，它揭示事物的本质和内在的联系。

品牌传播的目的是要把品牌所要表达的概念在受众心目中建立起来。要实现这一目的，就必须遵循受众认识过程的规律，通过积累逐步完成。受众有了积累的品牌信息，会通过自己的思维进行分类、判断，从中理解到品牌所要传播的概念，从而树立起品牌的概念。

第三节　品牌传播的方法

在品牌发展的过程中，品牌是作为区分于其他产品的符号而存在的，品牌的意义也仅限于品牌传播者的主观所设定的传播目标。受众并非一开始就意识到品牌的内涵，这就需要企业围绕品牌理念，通过多种表现方法，向受众传播品牌的信息。常用的方法有：

一、广告

广告是品牌传播的主要手段。它是品牌所有者运用付费方式，委托广告经营部门经过策划和创意环节，运用各种传播媒介，对目标受众进行的以品牌名称、品牌标志、品牌定位、品牌个性等为主要内容的宣传活动。

（一）塑造品牌的条件

广告在迄今为止的塑造品牌形象、巩固品牌地位的活动中，仍然发挥着无可替代的作用。但是其作用的体现也需要以若干客观条件为前提。

1. 过硬的产品质量保证。产品是品牌的物质基础，过硬的产品才可能成为杰出的品牌。产品质量优异，可以印证并强化广告所宣传的产品形象。反之，广告也就成了空中楼阁，只能给消费者留下失望、上当的印象。

2. 准确的广告品牌定位。广告要准确表现、力求实现品牌的定位。定位就是要确定品牌的个性特点，而品牌的个性是唯一的、不可复制的。离开品牌定位的广告，是徒有创意而没有销售力的废品。

3. 敏感的广告公关意识。消费者反感商业味太浓的广告。若在广告中略显"公关意识"，既是对商业味的冲淡，也是消除企业与消费者隔阂的促进剂，是对市场竞争刚性特点的柔化。

4. 多样的广告整合措施。广告作为品牌传播手段之一，应与其他方式结合起来才能发挥最佳效果。在整合营销传播时代，各种品牌传播手段需要通过整合，传达一致的信息，塑造统一的形象。这种整合的、立体交叉式的品牌传播方式，会使消费者对品牌产生深刻印象。

（二）广告的正面作用

1. 提高品牌忠诚度。广告不但能产生使用欲望而且会强化品牌忠诚。对于成功的品牌来说，因广告带来增值的销售量中，只有30%来自于新的消费者，其余70%是来自于已有的消费者，这是由于广告使他们对品牌变得更忠诚。消费心理学认为，消费者的态度更多地是在使用之后形成的。因此有一种说法：旅游广告最热心的读者是刚从该旅游景点回来的游客。广告肯定并强化了消费者使用后的感觉，增加了其对品牌的忠诚。

2. 建立品牌知名度。知名度是建立品牌的第一步，人们对于熟悉的事物，自然会产生好感和特殊情结。当产品品质越来越相似时，消费者所熟悉和了解的品牌会使他们感到舒适和安心。知名的品牌即使不能成为首选，也会列入消费者购买时的备选品牌之中，高知名度会给人以大品牌的印象。

3. 强化品质认知度。品质认知度就是消费者对于品牌在品质上的整体印象。品质的认知来源于使用产品之后，这不仅仅指技术上、产品上的品质，更是营销过程中的品质含义的体现。广告在品牌品质认知过程中的作用是：一是使用者更加关心他们使用过的品牌的广告。并将他们已有的关于品质认识的经验和体会与广告中对品质的表现进行对比和联系。二是广告诉求点揭示品牌品质和提供的利益。这是消费者最关注、最喜爱的特点，是品牌竞争力的关键所在。三是广告创意定位俱佳能够增加新品牌的好感。广告的品质可以反映品牌的品质，因其充分体现出广告商的技艺和广告主的品位。四是引导消费者将品牌印象迁移到该品牌的新产品上。对于品牌延伸策略带来的益处是不言而喻的。

4. 为品牌联想提供空间。品牌联想是消费者针对于某个品牌所联系起来的所有内容。诸如"夏奈尔出售的不仅是香水，而且是某种文化、某种期待、某种联想和某种荣誉"。这些联想可以组合出一些新的意义，从而树立品牌形象，体现品牌定位传播的结果。

5. 树立品牌个性。个性即是特点。大卫·奥格威曾经指出："最终决定品牌市场地位的是品牌个性，而不是产品间微不足道的差异。"成功的品牌不仅是商品，还意味着一种与品牌联想相吻合的积极向上的文化理念。在广告中注入更多的文化意蕴，是树立品牌个性的有效途径。

（三）广告的负面作用

广告在品牌传播中如果使用不当对于塑造品牌也有负面作用。广告有时会良莠不齐，一些品牌大量过度和失实的广告宣传使人们对广告的信任度正在逐渐降低，对很多广告产生反感。

一方面，广告不是把产品变成品牌的万能良药。有的产品做了大量广告，依然只是某种产品，而不是具有特殊意义的品牌。产品和品牌既有区别又有联系。产品是具体的，消费者可以触摸、感觉、看见，其实用功能可以满足消费者的需求。这些是形成品牌的基本条件，还不足以构成品牌。品牌是抽象的，是消费者对产品一切感受的总和。它包括产品个性、地位、可信度、信心度、存在的意义。每个品牌一定有产品的支持，但不是所有产品都能成为品牌。

另一方面，广告会破坏品牌原有的形象。塑造品牌形象的广告最讲究持续性和连续性，这需要时间、耐心和匠心。如果改变了品牌或广告信息，就是有意地告诉消费者已经改变了他们所熟悉的那种产品，也即是丧失了品牌的原有个性。

二、公共关系

公关是以塑造组织形象为目标的品牌传播活动，它是用来保护或提升组织及品牌形象的积极行为。公关的效果一般是间接的，一时不易察觉；公关活动时间短的要几个月，长的要三五年或更长。

（一）公关的价值

1. 提高品牌的知名度。公关活动可以极大地提高品牌知名度，这已经被实践所证实。1984年，落成不久的北京长城饭店借助美国总统里根访华，争取到了其访华结束时在长城饭店举行答谢宴会的机会，使长城饭店成为全球瞩目的焦点，成了中国著名的五星级饭店之一。

2.树立品牌良好形象。公关活动通过积极参与广泛性的公益性的社会活动，树立品牌形象，增加品牌的可信度和亲和力。

3.保护出现问题的品牌。当品牌遭遇不利事件时，公关活动动用各种力量，协调与平衡品牌与公众之间的紧张关系，使品牌免受损害。公关可以使品牌起死回生。1970年，美国克莱斯勒汽车公司出现业务危机。1978年上任的总裁艾柯卡通过与公众对话、向国会演讲、出版自传等公关活动，力陈克莱斯勒品牌对美国的价值，使投资者恢复信心，品牌重整旗鼓。而有的曾经辉煌的品牌归于失败，其原因就是在出现危机时，没有发挥公关作用，任凭媒体炒作，导致品牌毁于一旦。

（二）公关的特征

1.可靠可信。人们的常规认识是，新闻、通讯和特写要比广告更可靠、更可信。因此，通过新闻媒介展示企业和品牌信息，就会在公众当中产生较高的可信度。

2.消除规避。一些潜在消费者能够接受宣传，但回避推销和广告。以社会活动的方式传递信息比单纯推销的信息传播易于接受。

3.戏剧效果。公共宣传有着使企业或品牌引人注目的收效。公共关系不但在应对品牌危机时显得价值连城，而且在日常营销活动中会发挥意想不到的作用。

（三）公关的手段

1.活动赞助。与广告的单向传输、被动接受的特性相比，赞助活动则增加了参与、互动和受益的成分。在作出赞助决策时，要明确品牌的实质、核心识别、延伸识别以及独有的价值取向；对被赞助对象的性质和环境进行深入了解和分析，找出品牌和被赞助对象的内在关联点；有针对性地设计赞助策略，巧妙暗示品牌与特定事物的某种联系，以取得事半功倍的赞助效果。

2.公益服务。品牌传播想要达到"润物细无声"的效果，就要把广告预算转变为公益服务活动的开支。许多企业主动支持社区活动，以换取社会的好感，营造良好的销售氛围。

3.紧跟宣传热点。社会关注的热点常常被品牌用来宣传、提升自身形象，尤其是那些涉及国家利益和荣誉的焦点事件更是被看成百年难遇的炒作机遇。

中国申奥成功后，2001年7月14日清晨，北京几乎所有超市的可口可乐包装全部穿上了"喜庆装"。可口可乐金光灿烂的申奥成功特别纪念罐，以金、红两色作为喜庆欢乐的主色调，巧妙地加入长城、天坛等中国标志性元素以及各种运动画面，将成功的喜庆、体育的动感、更快更高更强的奥运精神同中国的传统文化有机地结合起来。

节日也是品牌公关的热点。如今可过的节日越来越多，利用各种节日，展开品牌公关，也可获得事半功倍的成效。

(四)公关的误区

从品牌传播的角度看，公共关系实践中存在着误区：在企业公共活动中，一些企业未能将品牌作为公关活动的主角，很少考虑品牌创建，品牌不够突出。而企业尤其是企业家的风采往往盖过品牌的形象，这既是一种短期效应，又是一种短视行为。因此，公关活动应把注意力集中到品牌身上。如海尔推出动画片《海尔兄弟》，将海尔这一品牌灌输给儿童。这样的公关活动才是具有远见卓识的。

三、人际传播

人际传播又称人际交流，是指人与人之间的一种直接的信息传受与沟通活动。这种交流主要是通过语言来完成，但也可以通过非语言的方式来进行，如动作、手势、表情、信号等。

(一)人际传播的价值

在品牌的多级传播中，人际传播是必不可少的。人际传播是形成品牌美誉度的重要途径，由于意见领袖的存在，使得人际传播能逐级扩散出去，这样可以建立并积累品牌美誉度和知名度。

在品牌传播的手段中，人际传播最容易为消费者所接受。研究表明，消费者对其他使用者所介绍的品牌信息的相信程度，是普通广告宣传的18倍。

在人际传播中品牌忠诚者的影响作用极大。消费者的忠诚不仅体现在消费指向性上，也体现在重复购买、扩大购买上，更体现在消费时的积极"展示"以及购买后积极的人际传播上。消费者的积极展示，主观上满足了消费者个体的"偏好心理"、"自我表现心理"，客观上对其他消费者起到了示范作用，极易引起模仿、攀比、从众等行为。由"满意"而生"忠诚"的消费者，在购买后的人际传播中自然会把自己的"满意"当作谈资与亲朋好友、同事邻居，甚至与陌生人一起"分享"。这种"口碑"式的人际传播，都被证明是一种极为有效的品牌传播方式，对招徕新顾客、开拓新市场具有意义。消费者对品牌的评价越高，其推动品牌多级传播的力量就越大。

著名品牌都长于通过人际传播赢得消费者的信赖，加之优秀的产品和服务使品牌传播取得良好效果。比如海尔在天气转凉之后，主动为新用户安置室外的空调制冷机套上防护罩，打电话询问在使用中是否出现问题，在来年夏天又会询问空调开机后是否运转良好。消费者得到热忱服务后的赞誉性的人际传播，胜过任何形式的广告。

人际传播在造就品牌时也能带来负面影响。品牌在遇到危机时，如处理不当，就会使消费者产生消极印象，并把这种感受传播给周围的人。消极的大众传播和人际传播相加，就足以毁掉一个经营多年的品牌。三株就是一个典型的例子。曾经"斗败矿泉壶"的山西省榆次市知名消费维权者韩成刚，在《山西日报》发表了有关质疑三株活菌问题的文章，被三株告上法庭。几乎同时，三株又遇重击，湖南常德出现了《三株口服液喝死一老汉》的报道，消费者对三株产生了疑虑与排斥心理。经过这双重打击，苦心经营多年的三株品牌就此轰然倒下。由此可见，品牌必须慎重对待人际传播这一重要途径，努力使其发挥积极作用。

（二）人际传播的特点

1. 传播方式简便易行。人际传播不受机构、媒介、时空等条件的限制，随时随地均可实现有效传播。

2. 交流双方互为传播者和受传者。由于反馈及时，交流充分，交流双方可以即时了解对方对信息的接受程度和传播效果。

3. 便于提高传播的针对性。可以根据受传者的接受程度、反映情况等随时调整传播策略，充分运用传播技巧。

4. 传播效率低于大众传播。人际传播速度较慢，信息量较小，在一定时限内的覆盖范围和人群数量不如大众传播。

四、直接营销

直接营销是品牌为了在任何地方达成的直接交易或订单，而运用的具有交互作用的营销体系。

（一）直接营销的特征

1. 非公众性。品牌信息只发送至特定的人。

2. 定制。它提供个性化的信息服务，可为满足特定者的诉求而定制。

3. 及时。为特定者发送信息的准备非常快捷。

4. 交互反应。信息内容具有可测性，可因特定者的反应而改变。

5. 成本偏高。只能适用于小范围的群体且要求目标对象清楚。

（二）直接营销的方式

1. 面对面推销。这是最基础、最原始的直销方式。由企业的专业销售队伍直接访问预期客户，将其发展成为固定客户，并不断增加业务。这种方式多用于保险业、金融业、化妆品业等。

2. 邮寄营销。即直接寄发报价单、通知、纪念品或其他项目。直接邮寄比较灵活，可实现个性化，能有效地选择目标市场，较易检测各种结果。在20世纪80年代以后，在传统的信件邮寄的基础上，又发展出传真邮件、E-mail邮件等新方式。

3. 目录营销和电视营销。这是直接营销中的普通形式。电视营销的比重在日益增长。其他的媒体形式，如杂志、报纸和收音机也可用于直接营销，除此之外还有购物亭购物。

4. 网上营销。网上业务对卖方来说成本较低，同时也为买方提供了方便。企业可创建电子商务平台，参与论坛、公告和网上销售。

第四节　　品牌整合传播

一、品牌整合传播的概念

品牌整合营销传播是集中企业与品牌的全部接触点，运用所有手段进行全方位、多渠道品牌传播，以影响消费者的购买行为的过程。英文简称IMC。

IMC不是广告、公关、促销、直销、活动等方式的简单叠加，而是针对目标消费者的需求并结合企业经营战略，持续、一贯地提出可行的对策。为此，应确定适应品牌需要的各种传播手段的优先次序，通过计划、调整、控制等管理过程，整合诸多传播活动并持续运用。

IMC不是一种表情、一种声音的表现，而是更多要素构成的概念。IMC考虑消费者与企业接触的所有要素，目的是直接影响受众的传播形态。

从企业的角度看IMC，以广告、促销、公共关系等多种手段整合传播战略，传播同质信息，以提高品牌和企业形象。

从媒体的角度看IMC，不是个别的媒体行为，而是将各种媒体组成一个系统，形成品牌传播的统一力量、一致目标。

从广告商的角度看IMC，不仅运用广告，而且把促销、公共关系、包装等诸多传播方法整合起来，给广告主提供超值服务。

从研究者的角度看IMC，广泛使用资料库，以争取更多的消费者；站在消费者立场运作企业活动，构筑传播方式，提供消费者需要的信息。

由此可见，品牌整合营销传播具有显著的作用：一是提升品牌形象。IMC建立在目标消费者需求的基础上，迎合了消费者的利益，引发消费者的兴趣和关注。IMC明确目的性传播，给目标消费者留下深刻的印象。与目标消费者的双向沟通，增强了消费者对企业价值、品牌的认同。与目标消费者建立关系，巩固了企业的品牌形象。二是节约经营成本。由于IMC的传播优势，使企业的各种资源得到有效的整合和优化，从而减少了企业生产和流通的成本。三是提高创利能力。企业与消费者关系的建立，带动了产品销售、服务效果的增进。消费者对产品、服务的重复消费，提高了品牌忠诚度和企业的销售额。传播效果的增加，节约了传播和流通成本。企业经营成本的节省，提高了企业的利润能力。

二、品牌整合营销传播的特点

1. 目标性。IMC是针对明确的目标消费者的过程，IMC不是针对所有的消费者，而是根据对特定时期和一定区域的消费者的了解和掌握，并根据这类目标消费者的需要特点而采取的措施和传播过程。虽然IMC也能影响或辐射到潜在的消费者，但不会偏离其明确的目标消费者。

2. 互动性。IMC旨在运用各种手段建立企业与消费者的良好沟通关系。这种沟通改变了传统营销传播的单向传递方式，通过传播过程中的反馈和交流，实现双向沟通。这种沟通是以消费者需求为中心，每一个环节都是建立在对消费者的认同上，IMC会进一步确立和巩固企业、品牌与消费者之间的关系。

3. 统一性。在传统营销传播理论的指导下，企业的广告、公关、促销、人员推销等行为都是由各部门独立实施的。在这种情况下，很多资源重复使用，各个部门的观点和传递的信息无法统一，造成品牌形象的混乱，影响了最终的传播效果。IMC对企业的资源进行合理分配，按照统一的目标和策略将各种传播方式结合起来，表现同一个主题和统一的品牌形象，使企业和品牌形成强大的发展合力。

4. 动态性。IMC改变了以往从静态的角度分析市场、研究市场，再想方设法迎合市场的做法。强调以动态的观念，主动地迎接市场的挑战，更加清楚地认识到企业与市场间互动的关系。不再简单地认为企业要依赖并受限于市场的发展，而是提示企业应该努力发展潜在市场，创造新的市场机会。

三、品牌整合营销传播的要素

1.广告。广告的直接诉求特点能使消费者对企业和品牌有一个迅速的、理性的认识。广告通过全面介绍产品的质量、性能、用途、维修安装等，消除消费者的疑虑。广告的反复渲染、反复刺激，也会扩大产品的知名度，从而激发和诱导消费者的购买动机。

2.公关。公关对品牌形象有着积极的影响，在处理企业与公众关系中，合理运用公关策略，可以建立企业良好的形象，增加企业和品牌的知名度与美誉度。

3.促销。促销是为鼓励消费者购买产品、服务的一种快捷的刺激行为。促销对产品、服务的直接销售影响更大，对品牌也具有一定的强化作用。

4.事件营销。事件营销对企业品牌的影响是直接的，合理运用重大事件的时机，扩大品牌影响，为品牌建设服务，所产生的效应也较为长久。

5.人员销售。销售人员在与消费者交往、完成产品销售的同时，与消费者建立起良好的关系和畅通的联系。与消费者建立的持久的关系将会为企业创造更多的品牌忠诚跟随者。

6.直接营销。运用广告直接作用于消费者，并促使消费者作出直接反应。通过与消费者建立的直接关系，提升企业和品牌形象。直接营销的方式主要有电话销售、邮购、传真、电子邮件等。

7.关系营销。利用企业建立的外部环境关系，进行品牌形象建设。外部关系包括与媒体、供应商、中间商、终端服务商等关系。

8.领导者魅力。企业与品牌的领导者是企业品牌文化的一个缩影，借助企业领导者的魅力和个人风采可以有效提升企业的品牌形象。

四、品牌整合营销传播的原则

1.体现消费者核心。IMC 的出发点是分析、评估和预测消费者的需求。站在消费者的立场和角度考虑问题、分析问题，并通过对消费者行为、特征、职业、年龄、生活习惯等数据的收集、整理和分析，预测他们的消费需求，制定整合营销目标和传播执行计划。

2.实施关系营销。IMC 的目的是发展与消费者之间相互信赖、相互满足的关系，促使消费者对企业品牌产生信任，使品牌形象根植于消费者心中。为此，仅有产品本身是远远不够的，而是需要企业与消费者共同参与并建立起和谐、共鸣、对话、沟通的关系。尽管营销并没有改变其根本目的——销售,但其途径却因消费者中心论的营销理论发生了改变。由于产品、价格乃至销售通路的相似,消费者对于大众传媒的排斥,企业只有与消费者建立良好的关系,才能形成品牌优势。

3.供需信息循环。以消费者为中心的营销观念决定了品牌不能以满足消费者一次性的需求为目标,只有随着消费者需求的变化调整自己的生产、经营与销售,才是品牌的生存发展之道。消费者资料库是 IMC 的基础与起点,需要不断更新与完善。现代计算机技术以及多种接触渠道有助于实现生产商与消费者之间的双向沟通,以便及时掌握消费者态度与行为的变化情况。可以说,没有双向交流,就没有不断更新的资料库;没有不断更新的资料库,就是失去了 IMC 的基础。因此,建立在双向交流基础上的信息互动循环是 IMC 的保证。

五、品牌整合营销传播的执行

(一)建立数据库

1.消费者数据。这是执行 IMC 的先决条件。要通过大量的调研,掌握消费者的消费心理特点和消费行为特点,了解生活习惯、购买方式、消费特点、娱乐消遣等情况,了解他们日常消费的品牌种类,发掘他们的消费需求,作为研发产品的依据,并通过合适的方式向其推广。

2.竞争者数据。竞争者状况是一个重要的外部条件,这是"知己知彼"必备环节。竞争者数据库的建立有利于企业了解竞争者的策略和动态,局部的竞争状况同样会影响到企业的 IMC 运作。IMC 要随着竞争者的变化而变化,提高企业的随机应变能力。

3.媒体数据。不同的行业、产品、推广阶段,对于媒体运用的方式和重点都不同。IMC 要建立媒体数据库,对媒体的特点及运用条件要了如指掌,这样才能充分发挥媒体在 IMC 中的作用。

(二)分析和评估

1.消费者状况。对现有的消费者数据库进行细分,归纳消费者的共性,对消费者的特点和影响企业决策进行评估,对消费者的需求作出预测。

2.竞争者状况。研究竞争者的运作策略、产品推广和市场状况,并对本品牌实施 IMC 策略后,竞争者的反应和采取的策略作出预测。

3.媒体关系状况。考察分析实施 IMC 需要合作的媒体,根据 IMC 的现实情况和品牌未来发展战略作出媒体整合与运用决策。

4.可利用资源状况。IMC 是在目标策略引导下合理、有效地对企业资源进行配置,从而提高资源的利用效率。因此,要对企业已有资源进行各种形式的整合,以提高 IMC 的综合效能。

(三)制定实施方案

需要进行正确、清晰的规划,并制定 IMC 实施方案。方案包括企业品牌的总体目标、发展策略、市场定位、产品研发、品牌建设、渠道建设、促销策略、传播策略、阶段性策略以及经费预算、效果评估等。

(四)执行和管理

1. 资源配置。资源包括企业运用于 IMC 的人力、物力、财力等资产总和,也包含信息和时间。信息和时间是无形的,不易为人关注,但正因如此,可为多方同时所用,有时甚至会成为影响 IMC 的关键性资源。要实现 IMC 资源的最佳配置,首先要统筹协调运用各种传播方式和手段;其次要充分利用内部资源,实现资源的最佳效益;再次要从最高管理层到各职能部门,形成对资源的统管,避免资源浪费。

2. 人员调配。IMC 需要大量人员的参与和推动,人员是实现 IMC 目标的最能动的因素。在人员选择方面,由营销整合团队来执行 IMC 目标,这种团队需要有较高的合作能力和综合素质。在人员激励方面,运用激励强化人员信心,促进创新变革的产生。激励的形式可分为物质的和非物质的。物质激励体现在员工收入和福利待遇的提高,非物质激励包括表扬、记功、晋级、深造等。

3. 组织建设。IMC 团队既具有自身独特的营销目标,又要服务于企业发展战略的统一方向;既具有适应任务需求的动态性特点,又要求其具有持久连续的稳定性。要解决这两对矛盾,达到局部目标和整体目标的统一,必须做好统筹规划,建设学习型组织,提高团队素质,适应发展需要。

4. 监管机制。企业的最高管理层应注重使 IMC 的监管目标内在化,以便最高层致力于 IMC 战略制订、共有资源协调分配上。通过共同愿景使团队及其成员自觉服务于企业目标;通过激励、培养和建设塑造企业文化;通过职能设置强化团队自我监管功能;通过对团队的总体评估和设置,实施 IMC 的间接监管。IMC 应划分监督管理鼓励层次,努力使各层次自成体系。尽管 IMC 团队拥有相对独立的行动和自我监管的权力,但仍需要最高层的终端控制,当 IMC 团队行动有悖企业目标的情况下,最高层可通过间接调整,扭转可能出现的不利局面。

(五)市场测量

企业必须对实施 IMC 战略之后的执行效果进行测量与评估,检验是否达成企业战略目标,为企业后续的 IMC 战略提供决策支持。

1. 目标测量。检查是否达到企业预期的目标，企业的目标和品牌目标是否共同增长，企业投入成本是否控制在计划以内。

2. 消费者反应。实施 IMC 之后，能否激起消费者的兴趣和热情，引起消费者的共鸣，并与企业建立紧密联系，成为企业品牌的忠诚者。

3. 传播效果。是否准确地向目标消费者传递企业理念、品牌形象信息，传递的信息为目标消费者所接受，传播路径优化组合，成本节约。

六、品牌定位整合传播

整合传播是借助各种传播手段和途径创造性地表达品牌定位，让目标市场消费者认知品牌定位、引起共鸣，并偏爱这一定位、相信这一定位，进而在消费者心中打上深深的烙印。其目的是导向购买，促进销售。

整合传播本身不创造品牌定位，而是表达品牌定位。传播手段也不只广告一种途径，品牌产品的包装、价格、营销渠道都是表达品德定位的传播手段。当然，广告是各种传播手段中的重要手段，它通过图文并茂的形式，立体地展示品牌定位，是最强有力的品牌定位表达方式。消费者感知的品牌定位绝大部分是通过广告完成的。

整合传播的另一层含义是强调不同传播方式之间的协调性和互相促进性。如果广告传播与其他传播手段比如价格定位、营销渠道等不协调，就会引起品牌定位感知上的矛盾和不协调。如果把品牌假设为一个人，就会使人觉得"这个人"（品牌）有精神分裂症或人格冲突。这样的品牌是不可能被消费者喜欢的。

整合传播过程中会有各种干扰，如竞争者的类似定位和表达、商家的促销行为、对手品牌定位的影响等。因此，整合传播要有独创性、独特的风格，使之具备不可模仿性（如万宝路的牛仔风格），并在加强公司内部整合传播管理的同时，强化渠道管理，使品牌定位协调一致，消除噪音的影响。

广告虽不是定位决策，但广告作为对品牌的长期投资，展示了品牌定位，重视广告实质上就是重视品牌（产品）的定位。

案例分析

"大宝"的品牌传播策略

在品牌方面并不具备历史渊源的"大宝"，在当今中国护肤品市场中具有相当重要的影响。1998 年曾以 11.3% 的市场份额排在全国护肤化妆品市场的第二位。

"大宝"的消费人群是二三十岁的年轻人。境外品牌依靠其丰富的品牌推广经验，雄厚的资金实力，采取以产品概念特征为主的推广形式和方法，每一个品牌几乎都是名牌产品。在这些名牌产品的强大光环之下，中国本土品牌显得相对弱小。在众多的国产品牌中份额最大、同时利用产品概念与品牌概念推广的应该首推大宝了。大宝的主要方法是：独具慧眼的市场区隔技术、极具亲和力的平民化的品牌定位、广告表现的简单化、定位与品牌形象的一致。

1. 中国特色的人群区隔。大宝的消费人群定位在 30 岁左右的工薪族，这个年龄的人群是经济能力较强，很在意自我保养的一个群体。其绝大多数处于中等收入水平，这样就给大宝的定位提供了机会与可能。大宝利用国外大品牌不愿"低就"的心态，以工薪阶层为目标人群，以独有品牌概念来塑造自己，使自己在品牌利益上比其他的国产品牌有更大的塑造空间和市场机会。

大宝遵循我国品牌进入市场的规律，以产品概念切入市场。当初是以"大宝 SOD 蜜"这一产品概念进入市场并赢得自己的目标人群的。产品推出后，这个年龄的人群几乎都去购买这个产品，甚至带动了市场，使市场上出现了许多品牌的 SOD 蜜。接下来，大宝又推出了日霜、晚霜等一系列标有自己品牌独有概念的产品。从推出产品的时间、方式及方法上，大宝不仅抢占了先机，同时也切合了以产品概念做入市突破的理念，然后使产品的概念与消费者的利益构成一个接口，使消费者对产品的独特概念产生偏好。

2. 打破了护肤品惯常的品牌经营法则。护肤化妆本身即具有时尚趣味性，排斥大众化的形象，而大宝恰恰相反，立足于平民化的定位。按常理来说大宝最缺竞争力。但其在品牌策略的把握上则具有独家之见、独到之处；在产品研发方向、品牌概念选择以及传播管理等方面，也有着严密和科学的系统把握，大宝追求概念和信息的简单。如其广告片所表现的：

(1)把复杂的事搞简单了。(这是最典型的大众消费导向的品牌概念)

(2)吸收特别快。(这是产品品质的公众反映)

(3)还真对得起咱这张脸。(这是有关产品功效的表白)

(4)——你也弄瓶贵点的呀。——可我老婆就看上大宝了。(这是认可价格)

(5)大宝天天见！(强调品牌生活感和平民色彩)

同时，在大宝的广告里，几乎不用三维动画，不做产品的复杂展示，而采用了人际交流的方式对产品品质做了直接的保证，这种方式也符合中低消费阶层重视人际经验和口碑的特点。

　　3.品牌定位与形象传播相统一。在进入市场时，可以灵活运用高定价或低定价策略，有人认为形象可以和价格定位不对称，不同步，或高开低走。通常做法是形象传播要先高开，价格再跟上。策略依据是当今消费者在日用消费上追求时尚，本土文化自卑，急切与国际接轨。国际品牌、合资品牌走红就说明了这个问题。所以，当今化妆品品牌广告中，美学倾向有这样几个特点：

　　(1)多复杂，少简单。宁可概念信息复杂而不可简单。

　　(2)多华丽，少雅致。宁可表现奢华繁复而不可淡泊。

　　(3)多风骚，少清新。开放大胆，敢谈"性感"，缺少清新纯净。

　　(4)多表现，少概念。表现内容偏多，缺少创造性的联想。

　　(5)多技术，少个性。热衷于玩技术，缺少真正个性化的创意。

　　(6)多时尚，少策略。只要时尚就行，缺少体现策略的准确传达。

　　然而，大宝却反其道而行之，坚持品牌定位与形象传播的统一，坚持大众化的美学沟通，把话照实说，这倒给了自己一个绝佳的与众不同的机会，打破了护肤化妆品广告的奢华倾向，清新之气扑面而来。这正是大宝品牌传播成功的核心所在。

思考与练习

　　(一)思考题

　　1.品牌传播的实质是什么？

　　2.品牌整合营销传播的内涵与要点是什么？

　　3.各种品牌传播方法的特点是什么？

　　4.整合营销传播与传统营销方式相比较，各有什么特点？其不同之处在哪里？

　　(二)练习题

　　1.为你所在地区的某一品牌制定品牌整合营销传播推广计划与实施方案。

　　2.一项调查表明，刚刚购买了某一品牌手机的消费者会倾向于观看他所购买品牌的广告，如何解释这一现象？

　　3.中国已出台《直销管理条例》与《取缔非法传销条例》，谈谈直销企业应如何进行品牌的传播推广。

第六章　品牌文化

品牌故事

文化之争的可口可乐与百事可乐

在20世纪的历史进程中，作为美国人"精神乳汁"的可口可乐的成长壮大史浓缩了广告传播和时尚转变的历程，创造了美国文化精神史上一个不可战胜的神话。在今天的世界上，"可口可乐"和"OK"一词已形成为影响力最广泛的词语，"可口可乐成为美国文化中心的精华与糟粕的象征"。

不论是在1920年还是在2000年，当一个年轻人为他的女友买了一瓶可乐时，这差不多就是一种爱情宣言；当一名可口可乐公司的职员击坏一台百事可乐的自动销货机时，这一定也是出于对可口可乐的爱。在近百年的历史上，世界上几乎没有哪一家公司能像可口可乐那样始终不渝地打造着自己的公司理念：对产品最根本的忠诚；不接受本公司的竞争产品；每个与可口可乐紧密相连的人都应该获得好收入。在亚特兰大，员工不仅仅是在简单地工作，他们被告知，他们是在"为上帝、为祖国、为可口可乐"而劳作。由爱国主义、表现欲、激情和利润这四种精神所组成的可口可乐市场可谓所向披靡。

从1920年以来，美国饮料市场上到处可见这种装潢独特、售价5美分、重量为185克的"摩瓶"。在第二次世界大战中，几乎哪里有美国兵，哪里就有标榜为战争服务的可口可乐。"可口可乐上校"在战争中紧随他的士兵们，从狙击手到将军们都热切盼望着可口可乐。1943年，艾森豪威尔将军曾用海底电报敦促可口可乐公司"运300万瓶可乐到北非，以满足每天20万瓶的需求"。结果，可口可乐由于这封电报而更加声名远扬。二战期间美国大兵差不多消费了100亿瓶可口可乐，该公司在战后更是获得了丰厚的市场回报。

可以认为，饮用可口可乐不仅是一种日常消费行为，更是一种文化的认同策略。可口可乐不仅是一种饮料，在它背后还顶着整套上层建筑和意识形态，侵蚀着饮用者的心理期望、行为模式，以及他们对过去的诠释、对现实的评判和对未来的展望。

在可口可乐垄断饮料市场半个世纪后，这个市场出现了一个强有力的竞争对手——百事可乐。这种竞争态势首先是从凌厉的广告攻势开始的。在1930—1960年的第一个竞争回合，百事可乐针对可口可乐的容量小的弱点，以"一样代价，双份享受"的竞争性广告，介绍自己的公司1939年推出的5美分一瓶、重340克的百事可乐。这一针对饮量大的青年消费者市场的战略对可口可乐来说无疑是致命的，在此期间，可口可乐仍旧是"可口可乐，使好时光更值得回味"、"好口味的标志"之类的提示性广告，显得反击无力。到1960年，可口可乐市场占有率下跌了3%，而百事可乐则上升了20%。

1960—1980年的第二个竞争回合，百事可乐公司确立了以青少年消费者为目标市场的经营战略，并采用以表现青少年青春活力、豪爽畅饮为特点的广告。这种战略进一步加剧了老一代多饮可口可乐、青少年多饮百事可乐的分化格局。20世纪60年代，百事公司推出了百事可乐新生代，以"现在，对于那些自认为年轻的消费者而言，百事可乐是你们的最佳选择"和"奋斗吧！你是百事可乐新生代生龙活虎的一员"为广告，进一步强化了自身的观念。这项广告战略使消费者潜意识中把可口可乐推向了"老旧、落伍、跟不上时代潮流"的一端，成功地抓住了年轻一代追求时髦和企图摆脱老一代生活方式的逆反心理，同时成功吸引了高年龄阶层中仍想表现青春活力的人们。百事可乐还不失时机地将广告配上流行音乐，当电视广告中出现迈克尔·杰克逊和莱昂纳多·里奇(它的中国版则是王菲和郭富城等)时，尽管老一代的人不知这些广告代言人姓甚名谁，但年轻人心中荡漾的叛逆感和自豪感却难以抑制。"百事可乐，新一代的选择"这一广告主题刺激了青年一代的消费欲望，强化了其消费选择。尽管当美国宇航员从月球返回地球时，纽约时代广场上巨大的霓虹灯广告牌闪烁的是"欢迎回到可口可乐的摇篮——地球"的字样，表明了可口可乐还击百事可乐的强大决心，但是通过强有力的竞争性广告，百事可乐还是从可口可乐手中争取到了很大的一部分市场，从而成为全球市场上排名第二位的饮料品牌。

如今，凸现亲和性，强调文化认同，已经成为最具有侵略野心的跨国公司品牌在自身全球化扩张过程中常常费心加以确认的广告文化手段。事实上，"民族国家的文化认同感"即使作为一种想象出来的东西，也无时不在提醒着跨国公司的掌门人在设计全球性的投资计划和营销策略时，必须对自身的广告和商品所欲投放的目标保持一份必要的"民族警惕"和"文化戒心"。

第一节　品牌文化概述

建立品牌，不仅仅是一项经济性的社会活动，同时也是一种文化性的社会活动。品牌的创立过程中，产生一系列的社会文化心态、文化习惯、文化观念和文化现象。品牌通过文化来增加其附加值，对品牌文化进行挖掘，为产品赋予文化寓意，使文化渗透到品牌经营的各个方面，是品牌营销的重点。人们越来越意识到，没有文化含量，就做不好品牌，做不大生意。

一、品牌文化的内涵

品牌文化是品牌营销者关于品牌与消费者关系的基本理念，包括品牌提供给目标消费者何种利益的理念、品牌与消费者建立何种关系的理念等。消费者对品牌文化的感知是品牌经营者的一系列品牌营销行为。品牌文化层次分内外两层。内层要素包括品牌利益认知、情感属性、文化传统和品牌个性等。外层要素表现为产品、名称、标志、符号、品牌口号、品牌管理方式、品牌传播方式、品牌营销方法等。

品牌的背后是文化。品牌作为强有力的市场竞争手段，有着极其丰富的文化内涵。某些知名品牌本身就代表了一种文化：麦当劳代表了美国的饮食文化，娇兰香水代表了浪漫的法国文化，丰田汽车则代表了精良的日本文化。品牌和文化密不可分，任何品牌都有其一定的文化属性，优秀的品牌更沉淀了深厚的文化底蕴。品牌的文化内涵才是品牌的核心资源，产品是暂时的，而文化却是永恒的、经典的。

二、品牌文化的特性

著名的管理学家彼得·德鲁克认为：管理是一种文化现象，世界上不存在没有文化的管理。

品牌作为一种文化现象，其中含有丰富的文化内涵，可以说，没有不蕴涵文化的品牌。品牌文化的特性体现为以下几个方面。

（一）品牌文化的经济性

品牌文化作为一种特定的文化形态，具有极其丰厚的经济内涵。提升品牌文化是提高品牌附加值的有效途径，是品牌价值的重要构成。良好的品牌文化是企业的一笔重要财富。通过了解社会文化结构和需求的变化，创建与之相适应的品牌文化，可以极大地提高企业的竞争力。国外一些知名企业的品牌文化甚至构成了其核心竞争力的重要来源。法国的香水店说："我们卖的不是香水，而是文化。"美国的麦当劳声称："我们不是餐饮业，我们是娱乐业。"这些都充分表明，现代市场竞争已经从物质层面的产品竞争过渡到心理层面的文化竞争，各个企业纷纷打出文化牌。

（二）品牌文化的民族性

文化具有民族性，每个地区或国家的文化都有自身的历史渊源和特殊个性。因而，品牌文化同样具有民族性，在品牌文化的塑造上体现了民族文化、民族风格、民族特性。当特定的品牌文化与消费者的民族文化传统相符时，将更能得到消费者的认可甚至喜爱。正是因为品牌具有民族性，国外品牌在进入中国市场时也注意到了与中国传统的嫁接。可口可乐的新春广告中，年画中的泥娃娃阿福抱着的大鱼变成了一大瓶可乐。也是采用红色背景，但是"年年有余"则变成了"岁岁可乐"。肯德基在春节期间特意推出了中国传统的椒盐口味。

（三）品牌文化的渗透性

浓厚的文化底蕴是品牌生命力的保证。松下、皮尔·卡丹这些品牌能成为常青树，正是因为其有强有力的品牌文化作支持。品牌文化不仅体现于企业经营管理的方方面面，也融入了消费者的日常行为中。随着生产力的发展和人们生活水平的提高，人们从单纯的产品消费过渡到文化消费，而且后者的比重不断加大。文化型消费正如一股大潮，势不可挡。其流行之快，辐射之广，利润之丰，被人们称为"商业的原子弹"，以惊人的速度产生了强大的市场轰动效应。在现代品牌营销中，品牌文化的运用成为企业的重要课题。许多企业已经意识到，将品牌文化渗透到生产运作、员工管理、企业文化甚至战略管理等各个领域，努力提高文化含量和文化品位能迅速地提高企业竞争力。

（四）品牌文化的稳定性

品牌文化作为文化特质在品牌中的沉淀，是一定的利益认知、感情属性、文化传统和个性形象等价值观念的长期积累，因而其具有相对稳定的特点。尤其是深层品牌文化，即品牌精神的部分，对企业经营将产生持续、长远的作用，关系到企业的长期谋划。麦当劳也一直在向世界各地的消费者传播美国的饮食文化，将"QSCV"贯彻始终，即极力表明其所提供的是：优质产品质量（quality）；完美的服务（servicf）；清洁卫生的环境（cleaness）；以此提高顾客满意度，实现消费价值（value）。

（五）品牌文化的独特性

品牌的作用是用于识别某个销售者的产品或服务，并使之同竞争者的产品或服务区别开来，其手段是品牌特色。相应的品牌文化也应具有鲜明的个性。同样是白酒市场，山东曲阜的企业界就充分利用孔子故乡的地理优势，使其品牌浸润着浓浓的儒家文化。由于儒家文化是中华文化的代表，孔府家酒的"孔府家酒，让人想家"曾让多少海外游子为之动容，勾起人们的思乡之情的同时也俘获了顾客的心。孔府宴酒则直接定位人文价值，"喝孔府宴酒，做天下文章"。而山西的杏花村汾酒厂则以杏花仙姑酿美酒、"古井亭"神井涌酒、八仙醉杏花汾酒等历史传说为依托，结合浓郁的汾酒文化，巧妙地借用杜牧"借问酒家何处有，牧童遥指杏花村"的千古绝唱，创立了独树一帜的文化特色。

三、品牌文化的价值

在激烈的市场竞争中，品牌已经成了企业进行市场竞争的有力武器，品牌文化作为品牌的标志和灵魂，其价值主要体现在以下几个方面。

（一）丰富产品的内涵

品牌文化扩大了产品的内涵，赋予产品以灵性。当消费倾向从"使用价值"转向"概念价值"时，消费者购买的就不仅局限于商品的基本属性，即使用价值部分。他们更多地是在消费着一种品牌，一种精神，一种文化，一种精神上的满足。文化构成了产品附加值的重要来源。意大利的皮钱夹要100美元，法国的一瓶香水能卖100美元之多，微软公司的一张成本1美元的光盘标价3 000美元仍然有人买，这就是商品文化品位的典型体现，使人们觉得不是单纯地消费普通的皮钱夹、香水、光盘，而是在消费意大利的典雅、法国的浪漫、美国的现代。而且，人们也愿意为此付出高额的费用。降低成本是提高利润的途径，但在当今社会，通过塑造良好的品牌文化来获取高额利润，不失为更好的方式。

（二）引导消费者自我塑造

品牌文化的价值不仅体现在企业营销、管理活动中，为企业创造更多的利润，同样也为消费者带来了更大的顾客感知价值。消费者在购买商品、接受品牌文化的同时，自身也融入到品牌文化中去，实现自我形象的重新塑造。万宝路香烟用西部牛仔的生活场景，表现了粗犷、放任不羁的美国西部男子汉形象，体现了一种勇于挑战、机智能干、追求自由的美国精神。这一"真正男人"形象，对许多美国人具有强大的征服力，万宝路牛仔也因此成为"美国精神"的象征，帮助美国人建立自我。甚至受万宝路文化精神的鼓舞，许多美国男人从消沉、悲观中走了出来。对许多消费者而言，消费万宝路香烟的过程蕴涵了吸取"美国精神"，并以此来重塑自我的重要意义。

（三）强化企业内部管理

把品牌文化渗透到企业生产经营管理当中，提高整个企业文化意识和文化观念，创造与品牌文化相适应的文化氛围和工作环境，能优化企业内部管理，增强企业凝聚力。

1. 品牌文化有利于提高员工素质，加深对企业和企业产品的认识。曹雪芹家酒厂根据其品牌文化定位，把厂区建设成环境优美的园林，使员工在生产过程中就接受文化的熏陶。此外，还提出"造名酒，先做文化人"的口号，举办演讲比赛，组织《红楼梦》知识竞赛。这些活动不仅提高了员工的文化知识，也帮助员工更好地理解曹雪芹家酒的文化内涵。

2. 品牌文化有利于提高企业凝聚力。日本松下电器公司通过其品牌文化把每一位员工紧紧地联系在一起，使公司上下同心同德，齐心协力，共同创造公司的业绩。每天早上8点，分散在各地的8 700多位松下员工同时咏诵松下的训词，一起唱公司歌，松下电器通过这种方式使员工完全融入品牌文化所营造的氛围中，凝聚力得到极大的增强。

（四）提高企业竞争力

富有鲜明个性的品牌文化是本企业产品和服务与其他产品和服务区别开来的重要标志。企业通过独具特色的品牌文化吸引消费者，通过与消费者进行情感上的交流，达到企业文化价值观的共振，从而获得消费者的接受和认可，培育顾客忠诚。在当今的市场竞争条件下，谁赢得了顾客，谁就获得了竞争优势。文化上的竞争，是高层次的竞争表现形式。顾客消费着某种产品已经不仅限于对产品性质功能的喜好，更表现为一种情感上的依赖。这是顾客消费所追求的最高目标，也是市场营销所追求的最高境界。另一方面，品牌文化又使企业产品具有高附加值，确保了企业利润的实现。可见，品牌文化是企业获得竞争优势的重要保证。劳斯莱斯始终以生产高贵典雅豪华轿车作为其品牌文化，乘坐劳斯莱斯也就成了身份与地位的象征。劳斯莱斯的员工认为自己不是在流水线上面对冰冷的机器零件，而是以人类高尚的道德情操和艺术家的热情去雕琢劳斯莱斯,努力打造艺术珍品。正是这种品牌文化使劳斯莱斯成了极品豪华轿车的代名词,在世界汽车品牌中占有不可替代的地位。

第二节　品牌文化构成要素

品牌文化作为品牌活动中的一切文化现象,体现在商品的各个方面。品牌文化是在进行商品设计和商品生产的过程中创造出来的,是生产者、经营者、消费者的物质财富和精神财富的总和。从商品的设计、制造、包装、装潢、广告宣传,到内部管理、制定战略,无不渗透着文化的理念。

一、品牌文化的外在要素

(一)产品

产品是品牌的基础,品牌文化以产品为载体。整体产品的概念包括产品的三个层次:核心产品、形式产品以及延伸产品。核心产品为消费者提供了产品的基本效用和利益;产品的实体称为形式产品,即特性、品质、外观等;延伸产品是消费者购买产品时的交货条件、企业保证、安装维修、销售服务等的总称。然而无论是产品的哪个层面,无不蕴藏着品牌文化。产品的有形形态体现的是一种物质文化,满足人们基本的物质需求。例如,人们消费可口可乐,是为了"解渴"。产品的无形形态则是文化对产品概念的扩展,偏重于满足人们精神上、心理上等较高层次需求。橙汁、啤酒、茶都是解渴饮料,人们为什么选择可口可乐?因为人们在喝可口可乐的同时,也在体会可口可乐品牌深处所隐藏的文化——美国精神。喝一口可口可乐,不仅能获得清凉解渴的感受,还能感受和体会美国精神,这才是可口可乐长盛不衰的原动力。

(二)名称

品牌名称是品牌能被读得出声音的那一部分,消费者可以通过品牌名称展开联想,体会商品蕴藏的文化意蕴。品牌名称是直接与消费者沟通的最有效的信息传播工具。所以,世界级的知名品牌在创立品牌名称时大都巧费心思。奔驰轿车的中文译名就十分具有特色,"奔驰"两个字就能形象地代表该轿车行速飞快的性能。"奔"又有热情奔放的意思,使其带有浓浓的时代色彩,故而深受消费者的喜欢。"雪碧"饮料一看名字就能让人感受到晶晶亮、透心凉的商品特性。

艾·里斯对品牌名称更是给予了高度评价,他指出:"实际上被灌输到顾客心目中的根本不是产品，而只是产品名称，它成了潜在顾客亲近产品的挂钩。"成功品牌的名称本身就代表了某一类商品。说到可口可乐，人们就想到碳酸饮料；谈起皮尔·卡丹，人们就会想到高档服装；金利来代表了领带；格力则与空调联系在一起。当品牌文化根植在人们心中后，品牌名称又成了激活文化的工具。这就是品牌名称的独特魅力，它能长期影响人们消费行为。这同时也是品牌名称作为品牌文化的一种要素的意义所在。

（三）标志

标志是品牌的视觉表现，即品牌的非语言表达部分。通过图像、造型和色彩组合调配而得的标志是品牌文化底蕴的重要表现方式。品牌标志总是与品牌名称结合共同诠释品牌的文化内涵。麦当劳总是与黄色"M"同时出现，从店面装潢到清洁箱、营业用包装纸袋、纸杯托盘、餐巾、抹布几乎都标上了醒目的"M"与红黄相配的色彩基调；柯达的红黄色的"K"也是频繁地出现在其包装上和特许店的广告牌等处。富有创造的品牌标志能给人耳目一新的感觉，促使品牌迅速成名。

品牌标志不仅和品牌名称一样具有品牌联想的功能，而且更以其美观的造型出现在包装、门面装潢、宣传媒介等处，给人以美的视觉享受，在传播品牌文化的同时也加速了品牌知名度的提高。品牌标志也是企业识别的有效方式。企业不仅要有一个好的品牌名称，还要有独具创意的品牌标志相配合。

（四）包装

包装作为品牌的外延，被誉为"无声的推销员"。包装的作用是，既可以保护商品，还可以美化商品，吸引消费者的注目，使之产生购买行为。包装在现代市场营销中的作用越来越大，并被并入整合市场营销的重要工具之一。产品的包装是树立品牌形象的有力手段，可以直接影响产品在消费者心目中的质量水平。精美的包装通过产生美感，将品牌独特的个性、文化底蕴表述给消费者，从而促进销售。包装包括图案设计、包装材料、形状、品牌名称标记、颜色等要素。而所有这些要素与品牌文化相配合，与消费者的价值取向相适应。就包装材料而言，在保护产品的基础上，要与现代健康环保的概念相结合，尽量采用无公害的环保型绿色包装。就包装的形状、品牌名称和标志、颜色、图案设计等方面而言，则要从美学出发，要注意与人们的审美观念、审美心理、思维方式、购买习惯相结合。同时包装还要与品牌文化相符，透过包装要能看得出品牌个性，能体现品牌的整体形象。包装作为树立品牌形象的重要手段，已成为塑造品牌文化的主要手段，是品牌文化构成的不可忽视的要素之一。

（五）色彩

色彩作为品牌文化的一个要素，常常融入其他要素之中。五光十色的绚烂色彩，构成了万紫千红的自然美，也为美化产品提供了重要素材。将斑斓的色彩运用到商品中，就构成了商品的形式美、品质美。色彩作为美的一种主要表达手段，与文化、审美密切相关。色彩作用于人们的视觉感官，通过生理和心理反应，使人们产生不同的感情。红、橙等暖色给人以温暖、热情的感受；而青、蓝等冷色则给人以冷清、平静的感受。颜色还可以生产某种联想，例如，红色使人联想到火焰和血，令人热烈兴奋；蓝色使人联想到天空和海洋，令人平和宁静；黄色使人联想到灿烂的阳光，令人温暖明朗；绿色使人联想到绿草和树木，给人以欣欣向荣的感受。骆驼牌香烟，以淡黄色为烟盒底色，寓意辽阔的沙漠，配合图案上的金字塔和棕榈树，让人仿佛回到古老的东方，整个画面充满了古老和神秘的色彩。

在品牌文化的表层要素中，商品是品牌文化的载体；品牌名称和标志有利于识别品牌及丰富品牌内涵；包装和色彩与名称、标志相结合，有助于强化品牌文化在消费者心目中的印象。

二、品牌文化的内在要素

品牌文化的内在要素由利益认知、情感属性、文化传统、个性形象四个方面构成。

（一）利益认知

消费者认识到商品的性质功能能够给自己带来某种利益，从而形成利益认知。利益认知是品牌认知的重要方面。特定品牌总是能向消费者传递信息，表示本企业商品能满足消费者的某种需求，并强调该商品能更好地满足这种需求创造更高的价值。海尔的家电产品就向消费者诉求过硬的质量、优质的服务，在消费者心中成了质量的保证。而且，消费者为了获得这种质量保证所带来的利益宁可支付更高的价钱。麦当劳除了满足消费者的饮食需求外，还为消费者提供了干净幽雅的就餐环境。正是因为它能带来更多的利益，使习惯于中式口味的中国消费者也乐于光顾麦当劳这种西式快餐厅。减肥可乐之所以能获得成功，就是因为它能给消费者带来特殊的利益。在尽情享受可乐美味的同时不必担心体重增加。

（二）情感属性

消费者在品牌利益的认知过程中，会将其转化成一定的情感利益。例如，穿耐克鞋可以更轻便地进行体育活动，使人感到更轻松自然，这就产生了品牌文化的情感属性。通过品牌文化的情感属性能令消费者产生更强烈的认同感，促使顾客满意度的产生，更好地建立顾客忠诚度。宝洁公司的飘柔洗发水，除了强调其去头屑二合一的功能外，更重要的是它强调该洗发水能使头发更柔顺，令你在任何场合都能保持自信。该洗发水的各种广告创意，如女飞机技师、挑选舞蹈演员等，都一如既往地向人们诉求——"飘柔，就是这么自信"的概念。这也是飘柔洗发水十几年来稳居市场份额中领先地位的秘诀。

（三）文化传统

品牌在一定条件下可成为文化传统的代表。善于利用一国文化传统的背景优势，可以使品牌更具魅力。法国是浪漫的国度，其出产的香水更是闻名于世。娇兰香水借助这种背景资源，在世界香水市场中独占鳌头。德国人具有严谨认真的个性，因此其出产的奔驰轿车也更能使消费者联想到奔驰轿车过硬的质量。中国是中华传统文化的发源地，因此中国出产的白酒就更能令华人接受。难以想象，如果茅台的设备和原料都不改变，但将其生产作坊搬到美国，会产生什么效果。所以，文化传统作为品牌文化的内层要素之一，值得企业好好研究。

（四）个性形象

品牌文化的性质之一就是个性鲜明，而个性形象也是品牌文化内在要素的构成要素之一。鲜明的个性形象能突显品牌文化，在个性化消费潮流的现代市场环境中，个性形象是企业品牌营销战略不可忽视的重要一面。运动鞋的巨头耐克的个性形象就是"超越"，所以耐克要用优秀的设计师设计，用一流的技术生产，用一流的运动员（如乔丹）作宣传，所有的一切都能与那些想"超越"的消费者产生共鸣。同样是轿车，在不同的品牌文化下也展现出不同的个性形象，法拉利展现的是极具时髦、精力充沛、刺激、冒险的个性形象；而奔驰则展示了富有的、世故的、高档的、有权势的个性形象。

第三节　培育品牌文化

良好的品牌文化是企业品牌资产的重要构成，更可成为企业核心竞争优势的来源。日本一家电器企业公开宣称其对华的市场策略是用文化影响中国的下一代，目前的目标不是利润，而是文化渗透。品牌文化不仅存在于企业生产经营的各个环节，在全球文化消费的现代市场，越来越多地受到消费行为、消费心理、消费潮流习惯等消费者一方的诸因素的影响。因此，要培育品牌文化，就要从多个角度出发。对企业，要注意与各种要素相配合，创造品牌文化得以建立的条件；对市场，要研究文化动向对消费的影响，或适应或引导，建立消费者认可接受直至喜爱的品牌文化，以此全面打造企业的竞争新优势。培育品牌文化首先要明确品牌文化与企业文化的关系，在此前提下构建品牌的产品文化、传播文化及品牌管理文化。

一、品牌文化与企业文化

企业文化是企业在其价值观或经营理念的指导下，于长期的生产经营活动中所形成的企业员工所共同遵循的企业个性化的价值标准、行为规范、道德准则。企业员工在共同价值观指导下产生强烈的使命感，激发最大的想象力和创造力去实现企业目标。

企业文化的内涵是：其一，企业文化的核心是企业价值观。人类的行为方式都是在其价值观指导下形成的，企业在生产经营活动中所表现出的行为方式同样是在某种企业价值观的指导下形成的。其二，企业文化是经过长期的生产经营活动才逐步形成的。是通过企业目标、战略、制度、组织行为、群体行为、个体行为等体现出来的企业行为特征。尽管每个企业从它诞生起就在形成自己的文化，但要形成具有鲜明特征的企业文化需要较长的时间，一种被企业员工所共同自觉遵循的企业行为方式要在企业生产经营中不断地重复，才会在员工中成为约定俗成的规则。其三，企业文化一定是企业员工共同认可的。企业价值观及企业行为规范只有获得员工的认同，才能导致员工一致的企业行为。其四，企业文化的作用是巨大的。具体表现为影响员工的思想和心灵，通过对员工价值观的影响来引导员工的行为。其五，企业文化呈现出其独特的企业行为特征。正是因为企业文化的个性化特征，使得企业借助于企业文化来推动企业发展，获得其他企业无法模仿的竞争优势。其六，企业文化不是一成不变的，随着企业内外环境的变化，企业文化也将随之调整和改变。

品牌文化的构建和形成与企业文化密切关联。企业文化的定位直接影响到品牌文化的战略策划的制定。品牌文化作为企业文化的集中体现，既受到既定的企业文化的制约，又能从企业文化中获得有力的支持。几乎所有成功的品牌都具备优秀的企业文化。企业文化犹如一面旗帜，鲜明地突出了整个企业的整体特色和风格。所以，阿里巴巴的马云说，产品可以模仿，企业文化却是模仿不来的。品牌文化与企业文化的关系如下：

（一）企业文化指导品牌文化

企业的经营活动所表现出来的文化特质是企业文化的重要组成部分。品牌文化的核心是品牌价值观，品牌价值观彰显出企业经营者满足消费者需求的理念，在此理念下所形成的品牌营销行为是人们能感受到的品牌文化。如何满足消费者需求的理念直接受企业管理者经营理念的指导，是企业经营价值观体系的重要组成部分。品牌文化是企业文化的重要组成部分。美的集团把"创造美的世界"作为企业文化的精髓，从品牌标志设计、产品生产运作到员工管理、售后服务无不贯彻这一理念。其标志用蓝白两种颜色，犹如蓝天白云，令人赏心悦目，顿生自然凉意。在生产中创造美，用员工的言行表现美，用美的产品美化生活，装点美的世界是公司的信念。从这种企业文化延伸提炼出来的品牌文化自然有坚实的基础。

（二）品牌文化与企业文化互动

品牌文化与企业文化彼此映衬。品牌文化是品牌发展的重要动力和与消费者连接的重要方式。品牌文化的建立是在企业文化的指导下进行的，企业文化又通过品牌或品牌文化将视野扩展到社会的整个文化领域，品牌在消费者心中的表现既代表了品牌形象，又彰显出企业形象。良好的品牌形象烘托出良好的企业形象，优秀的企业文化才能孕育出优秀的品牌文化。

（三）品牌文化与企业文化的独立

作为企业文化的重要组成部分的品牌文化，并非完全等同于企业文化，它有其独特的一面。其独立性表现为：界定的范围不同。企业文化是对企业经营管理全方位的价值体系的界定；品牌文化主要是围绕品牌的经营活动而形成的价值理念。另外，二者作用的对象不同。企业文化的缔造者是企业家和企业领导阶层，是管理员工价值观和企业行为方式的工具；品牌文化是品牌决策者、品牌设计者、品牌营销者及品牌的消费者共同创造的，主要作用在于影响消费者对品牌的认知。

二、品牌产品文化的培育

产品是品牌之本，也是品牌文化的载体。产品是消费者对品牌最直接、最具体的认知渠道。离开了产品，品牌就成了无本之木、无源之水，品牌文化更是无从谈起。任何成功的品牌文化，必定有高品质的产品为后盾。

产品形象是指企业生产销售商品的品种、质量、性能、规格、款式、造型、设计、商标、包装、标志、价格等在消费者心目中的整体印象，它是品牌外在形象的物质基础，产品形象的优劣，是品牌形象高低的集中体现。企业要塑造好的品牌文化，就必须首先注意树立产品形象，产品形象是品牌整体形象的基石。

随着人们生活水平的提高，购买商品的品位已发生了深刻的变化：从实用型逐步向审美型转变，"购买的是商品，享受的是文明"。根据品牌自身的文化艺术意蕴，如能赋予品牌产品的外包装以一定的形式并与内在的质量保持一致，激发消费者对品牌的情感共鸣，就能极大刺激消费者的消费欲望。要使品牌立于不败之地，就得从产品的文化上下工夫，精心设计，精工制作，使品牌产品的包装文化、使用质量和消费者效益达到"尽善尽美"。

山东曲阜是孔子的故乡，孔子是中国历史上最杰出、最伟大的人物之一，其声名传扬于海内外。这里一酒厂推出了"孔府家酒"。同时，该酒厂借鉴古人的"盛酒的器皿"和人们心中已形成的古酒包装形象，推陈出新，创造性地设计出"孔府家酒"特有的、包容着几千年传统历史文化且又反映现代文化气息的"复古"式包装。独具匠心的产品包装设计与品牌名称相得益彰，将孔子故乡悠久的历史文化传统融会进品牌文化之中。

著名的劳斯莱斯轿车，以高贵、雍容、典雅创造了世界一流的豪华轿车文化，这与其对产品质量的精益求精的执著追求是分不开的。每一辆劳斯莱斯都是轿车中的极品，在每小时 100 英里的车速时，仍能保证不出现震动，放在水箱上的硬币不会被震掉，车厢内听不到发动机的声音，只能听到车内钟表的走动声。劳斯莱斯正是这样向人们诠释了世界级高级豪华轿车所应具有的品质。海尔在消费者心中就是质量的保证，从严格的质量控制管理到令人满意的五星服务。买海尔就是买"放心"——过硬的质量使海尔的多元化扩展策略相当成功，无论是空调、电脑还是手机等都能很快获得消费者的认可。

三、品牌传播文化的培育

品牌传播也称品牌沟通，是连接品牌与消费者的桥梁。不同的传播理念及不同的传播方式构成不同的品牌文化。品牌传播文化构建的出发点是消费者的价值取向，品牌营销者通过科学的市场调研以了解消费者的价值取向，针对消费者的价值取向确定品牌传播的宗旨，并以消费者喜好的诉求、传播方式向其传播品牌的理念和利益。

（一）品牌文化的广告传播

广告作为最有力的传播工具，对品牌文化的传播自然相当重要。好的广告创意能把品牌文化融入其中，使受众在观看广告时就受到品牌文化的熏陶。广告传播品牌文化的途径主要有两种。

1. 广告语。广告语往往由品牌文化凝练而得，突出体现了品牌文化的精华。广告语简练、易记，能被广泛运用于电视、广播、户外路牌等各种广告形式，是广告必不可少的构成部分。提起某一品牌，人们脑海里就能立即联想到它们的广告词。例如："百事——新一代的选择！"把它定位于年轻市场、诉求青春活力的品牌文化表达出来了。"耐克——Just do it!"把它定位的那种追求洒脱自由的运动员精神表现得淋漓尽致。

2. 背景氛围。主要针对广告的视觉效果而言。人们所接受的信息中有80%是通过视觉获得的，适合品牌文化的独特创意氛围可以取得良好的广告效果。万宝路香烟的广告就体现了浓郁的西部牛仔气息。辽阔的西部草原，目光深邃、勇猛粗犷的男子汉，卷着衣袖，手臂健硕，指间夹着的是万宝路香烟。通过背景的烘托，告诉人们"哪里有男子汉，哪里就有万宝路"。伯爵表的广告是：在极尽奢华的宴会上，高贵的女主人腕戴手表款款而来，厅堂的目光顿时全被吸引过来了，代表雍容典雅气质的品牌文化被自然地传递出来了。

（二）品牌文化的公关传播

公共关系也是品牌文化传播不可忽视的一个方面。相比广告而言，公共活动更能获得消费者的情感认同。而且公关传播的范围更为广泛，不仅包括向外传播，还面向内部员工，也是内外沟通达到和谐统一的手段。一般来说，公关活动可以通过以下几种形式展开：

1. 赞助活动。大型体育赛事总能吸引大批赞助商。例如：2008年北京奥运会之于联想、国足中超联赛之于金威啤酒。当赞助活动与品牌文化主题相吻合时，收效更佳。世界名表劳力士就成功地策划了一次公关活动。1978年，著名的登山健将霍尔顿·梅斯纳实现了人类历史上第一次不配带氧气筒攀登珠穆朗玛峰的成就。当他站在8 848米的高峰时，宣称："我可以不需要氧气筒，但是却不能不戴我的劳力士。"劳力士表名声大噪，在任何恶劣环境下仍保持精密的精湛技术受到广泛认可，同时也坐上了世界名表的位置。

2. 联系特殊场合。一些品牌定位明确，与特殊场合联系可以对品牌文化起巩固和强化作用。例如，喜临门酒就与喜庆的场合建立联系，"大喜的日子，当然要喝喜临门酒"。这使得人们一有庆典一类的活动就会想到喜临门酒，提升喜庆的气氛。另一洋酒也与其有异曲同工之妙，"人头马一开，好事自然来"。在正式的商业宴会，庄重的仪式上，借助人头马吉言祝愿一切万事如意。

3. 企业格言、歌词、训词。这种形式具有双重作用，是一种精神公关。对内通过品牌文化的内部传播凝聚员工，对外通过品牌文化的外部传播使品牌文化深入人心。例如，索尼就有一段很好的训词，突出展现索尼公司开拓进取的形象。"索尼就是开拓，她犹如一扇打开的窗户，向一切未知的世界，充满朝气和青春。困难的工作，人们不敢问津，人们绕道而行，索尼勇敢地向前冲。这就是我们的索尼，这就是我们索尼的劳动者。"这一段文字频繁地出现在索尼的各种场合，营造了索尼团结、上进、创新的品牌文化。

4. 渲染历史事件。这会为品牌文化蒙上传奇色彩。例如，李维斯501——19世纪诞生的第一条牛仔裤；茅台当年在巴拿马博览会敲破酒瓶，酒香四溢而得奖；戴安娜王妃与查尔斯王子结婚时，西班牙王室所送的罗倍耶皮具；第一杯可口可乐的产生等。历史事件为品牌文化的宣传提供了很好的素材，也构成品牌文化的一个组成部分。

四、品牌管理文化的培育

品牌经营者及企业员工是品牌的建设者，品牌营销者的理念、行为构成品牌文化的一部分。高素质的员工是品牌文化的重要保证。员工是企业的宝贵资源和财富。品牌文化需要企业员工去贯彻，通过员工深化烘托，通过员工向外部表现。作为世界上最成功的美国零售商，沃尔玛始终对员工有严格的要求。无论在什么样的情况下都要以笑脸相迎，提出了"八颗牙齿"原则。要求无论何时都要向顾客展现出八颗牙齿的笑容，只有这样才能充分表现出沃尔玛热情周到的服务。处处从顾客的角度出发，为顾客着想成了员工内心的信念。虽然在工作上沃尔玛对员工要求甚严，但在生活当中，却采取了宽松与和气的态度。老板经常到分店巡视，与员工亲切交谈，每星期六举行颁奖例会，由老板亲自为各店评出的优秀员工发奖。有了激励，员工工作更加努力，发自内心地以成为沃尔玛的员工为荣，并真正把服务做到最好。丰田汽车流传着这么一段动人的故事：雨天里，一个男子宁可自己不穿雨衣，也要把雨衣披在车上。警察对此行为大惑不解，于是走上前去，对这名男子说："先生，您太爱惜自己的车了，可是，这样会把你淋出病来的。"那人笑笑说："你错了，这不是我自己的车，但这是我们丰田公司生产的车。"

拥有一批优秀的员工，是企业成功的关键。要创造一流的公司，就要具备一流的人才。敬业、爱岗、专业的员工才是公司发展的主要推动者，才是品牌文化的主要塑造者。

品牌文化具有相对的稳定性，但在当今迅速发展的社会中，品牌文化也需要不断地改进更新。可口可乐最初诉求健康、幸福；随着时间推移扩展到清新、欢乐、活力；之后又由于竞争的需要，延伸到美国生活方式、美国文化,即开心、快乐、友爱、自由、活力和健康。阿温·托夫勒说:"我们正在迈向的崭新时代,是一个以高科技、高信息和经济为目标的新组织方法作基点,为人类未来开创新纪元的时代。"品牌文化只有挖掘内涵,提升理念,才能适应变化的文化需求。

案例分析

"七匹狼"品牌文化解析

如何通过产品文化内涵的挖掘,通过对品牌理念的贯彻实现产品的市场认识,福建七匹狼集团公司在纷繁复杂的男性消费品市场上独树一帜,并使"七匹狼"品牌越来越具有影响力,其品牌文化魅力给人的启示是深远的。

综观服装市场不难发现,许多厂家都易犯一个忌:不愿轻易放弃任何一个市场,什么钱都想赚。面对巨大的市场诱惑,以周永伟为主的七匹狼公司决策班子却理智地决定,主动放弃其他市场,专业生产男装,从而迈开了建立"七匹狼"品牌,塑造男性消费文化的第一步。

与许多企业一样,七匹狼公司注册了商标后也对企业进行了品牌文化的全面导入,但与其他企业不同的是,七匹狼公司在导入品牌文化的过程中,没有停留在文化的表层,而是随着市场竞争的变化不断地发展"七匹狼"品牌文化。它们通过对男士消费时尚的深入研究,不断地酝酿出主题文化观念,使企业从单一的男式休闲服装,逐步突入皮具业、香烟、酒业、茶业等领域,从而走上了统一品牌的多元化经营之路,这种统一品牌下跨行业经营,使七匹狼品牌在延伸中隐藏的经营风险不断得以化解,又逐步形成了"七匹狼"倡导男性族群文化的品牌文化定位。

谈及七匹狼的男性族群文化,七匹狼集团公司董事长周永伟说:男性面临着巨大的社会压力,包括家庭责任、社会关系、事业成败等方面的因素。男性在表面和潜质上兼具狼的性格:孤独沧桑、百折不挠、精诚团结,而这正是中国男性中"追求成功人士"必经的心灵历程。成功和正走向成功的"男性族群"大多数时候只是表面辉煌灿烂,而正是在这群人身上折射出一种在人生漩涡里激流勇进、百折不挠、积极挑战人生的英雄气概,这就是"七匹狼"已成为了追求成就、勇往直前、勇于挑战,年龄以 30~40 岁男士为主要目标消费群体的男士精品形象。这种个性鲜明地突显男性精神的品牌文化,从而使七匹狼品牌以其深刻的文化品质,取得了中国男性群体时尚消费生活的代言地位。

通过对男性精神的准确把握，七匹狼公司将服装、香烟、酒类、茶品等产业统合在"男性文化"下，并围绕这一品牌文化，对各类产品进行了开发和定位：服装——自信、端庄；酒类——潇洒、豪放；茶品——宁静、遐想。这种将男性的主要性格特征全部融入到企业涉及的各行业中的现象，在我国企业中是十分罕见的。

正是有了这种品牌精神，七匹狼集团在竞争中才能自如地与市场共舞。据了解，七匹狼集团在全国拥有以经营服饰为主的800多家加盟连锁店，为了准确地把握市场脉搏，七匹狼公司投入了大量人力、物力、财力对产品进行跟踪销售，它们通过仔细研究每一个竞争品牌，严密关注竞争对手在营销策略上的变化，从而找准自己在市场中的切入点，制定出有效可行的营销策略。

七匹狼集团深刻认识到，作为一个生活消费品的生产集团，除了要面对技术现实外，七匹狼的生存与发展更有赖于自己独特的文化生活理念，这就是以人为本，不断提高自己的市场美誉度。在进入新世纪的时候，七匹狼集团与我国著名服装品牌设计师合作，通过将七匹狼休闲服饰注入一种尚真、尚纯、尚淡的新流行文化，使更多消费者在感悟七匹狼男性族群新文化的过程中，升华自己的性格魅力和人生含义。这种将21世纪中国男性自信与豪放的个性、深刻而博大的人文精神进行全面地诠释的举措，使七匹狼品牌理念汇入了国际时尚潮流中。

思考与练习

（一）思考题

1. 品牌文化的含义是什么？
2. 品牌文化具有哪些价值？
3. 品牌文化由哪些要素构成？
4. 如何培育品牌文化？请举例说明。
5. "七匹狼"是如何进行品牌文化传播的？

（一）练习题

1. 在中国本土的著名品牌中，东来顺、狗不理由来已久。请分析它们的品牌文化特色。

2. "欢乐购物每一天"是台资连锁销售业"乐购"的广告语，请分析这一广告透射出来的品牌文化内涵。

3. "脑白金"的著名卡通形象——一对老夫妻，他们的装束都在经常变化，从休闲服到草裙装，其中的品牌文化意义是什么？

第七章　品牌延伸

品牌故事

"皮尔·卡丹帝国"的双名牌

在法国有个闻名于世的"皮尔·卡丹帝国"，这个"帝国"拥有庞大的服装业和饮食业，它不仅在法国拥有上百家分店，而且在世界97个国家也开设有分店。"皮尔·卡丹帝国"的主人皮尔·卡丹原是两手空空的工人，经过30多年的努力，使"P"字牌的时装和"马克西姆"牌的食品成为名牌。如今他个人名下的资产达30多亿美元。

皮尔·卡丹1922年出生于意大利威尼斯附近的一个小村庄，父亲是酿酒工人。第一次世界大战时，他的父亲去世，两岁的卡丹随着母亲移居到法国的冈诺市。由于家庭生活潦倒，他只读几年书就辍学了，17岁时，他到红十字会做工，凭着勤学和机敏，很快当上一名会计，并从中学到一些管理经验。三年后，他到一间服装店当学徒，在此学会了裁剪技术。后来他被人介绍到巴黎一家时装店当裁剪师。这给了他学习提高的机会，又使他掌握了市场需求。

1950年，卡丹决意自己独立经营时装加工，将自己的名字的第一个字母"P"作为品牌名。起初，P字牌服装无人问津，生意清淡。卡丹没有气馁，他决心在精心设计和适销对路上下工夫。他设计出很多图文对比和谐、宽窄长短相宜和生气勃勃、豪放洒脱的现代时装，以其舒适、飘逸、挺括、朴实无华等多种风格，终于赢得了顾客。此前人们不看好成衣，可是，卡丹的杰作改变了人们的观念。

从 20 世纪 60 年代起，P 字时装走出法国，行销世界，成为现代时装的名牌之一。它以"高尚、优雅、大方"著称，卡丹三次荣获法国时装最高设计奖——金顶针奖。

卡丹的品牌也延伸到了其他领域，除了把服装延伸到饰品、箱包、化妆品之外，在饮食业的成功也令人瞩目。1979 年，他收购了巴黎的一个历史悠久却又奄奄一息的餐厅"马克西姆"。这个餐厅创办于 1893 年，由于其食品美味和经营得法，在巴黎几乎有口皆碑。但到了 20 世纪 70 年代，由于几易老板，经营不善，面临倒闭的危险。卡丹经过分析、思考，决定接手经营。

卡丹此举出人意料，有人甚至断言他会落得悲惨结局。但这没有动摇卡丹的决心。他请来专家将餐馆修饰一新，恢复了 19 世纪的风貌，墙上画的是一片田园牧歌风光和希腊神话中的天使仙子，线条流畅的精雕木饰，一派古色古香而又充满现代艺术风格的装饰。他聘请名师，精心制作菜肴，提高服务品位。使"马克西姆"脱胎换骨、面目全新，很快便成为巴黎大名鼎鼎的餐厅。

今天，在饮食界"马克西姆"如同汉堡那样声名远播。在纽约、休斯敦、洛杉矶、东京、新加坡、伦敦、北京、广州等数百个城市开设了分店。卡丹还将"马克西姆"的品牌延伸到男士饰品上来。皮尔·卡丹说："我就像一个奥运冠军，得胜之后还要跑得更远些。"

第一节　品牌延伸概述

推出新产品和提升品牌资产的价值是企业永恒的两大要务。作为两者的结合，品牌延伸策略越来越被企业重视，成为企业发展战略的核心。企业要打入新的市场，最便捷的方法是充分利用现有品牌，深入挖掘品牌价值，实现品牌延伸。作为一种经营策略，品牌延伸在 20 世纪初就得到了广泛的应用。如今品牌延伸开始突破传统的产品类型界限，向产品类型以外的方向扩展。

一、品牌延伸的定义

品牌延伸是将现有的成功品牌，用于新产品或修正过的产品上去的一种经营策略。在品牌延伸的过程中，不仅是借用表面上的品牌名称，更是整个品牌资产的策略性使用。例如，本田利用公司名称"本田"从摩托车延伸到了汽车、铲雪车、割草机等许多类型不同的产品；三菱重工延伸到了汽车、银行、电子、食品等领域；娃哈哈从儿童果奶延伸到了矿泉水、儿童服装。

二、品牌延伸的目的

（一）扩大市场覆盖面，占领细分市场

企业在进行市场细分的基础上确定与公司资源最匹配的目标市场，在该市场上站稳脚跟、建立信誉后，可能发现其他细分市场仍然有利可图。为了进入这些新的市场，一般采取品牌延伸策略。评价品牌延伸成败的标准是品牌总的市场份额是否得到有效增加。

（二）阻止顾客流失，实现品牌内转移

喜新厌旧，是消费者的常态，也是消费者流失的原因之一。不同时期和不同心境下的消费者对品牌的需要也不相同。因此，公司如果只有一个品牌一种产品，消费者就可能转向其他品牌，造成消费者流失。为了阻止消费者流失，一般会提供多种不同功用和形象的产品，实现品牌延伸。如夏士莲洗发水，有芝麻系列，使头发乌黑发亮（与潘婷竞争）；皂角系列，使头发柔顺光滑（与飘柔竞争）。这样，一个本想转移的消费者发现品牌能满足不同需要，可能就不再流失。从市场份额的稳定性和消费者的忠诚度，可以评价延伸目的实现情况。

（三）引入战斗性品牌，保护原有品牌

品牌延伸的上述两大目的中，第一个目的是为了获得更多的消费者，是一种攻击性行为。第二个目的是为了保住现有消费者使之成为忠诚的消费者，重点在于保护现有市场份额。而战斗性品牌是为了应付主要竞争对手的攻击性行为，特别是低价进攻行为，是主品牌的防护性品牌，使目标市场免受侵蚀。例如，日本富士胶卷在进入美国市场时为了获得尽可能多的市场份额，富士公司采取了低价渗透的策略。为了应对富士的蚕食政策，柯达公司在原来目标市场上推出了"柯达金奖"品牌，同时在低价位市场上推出"柯达快乐一刻"品牌，作为战斗性品牌与富士品牌进行较量。快乐一刻的推出有效地保护了柯达在美国的市场份额，经过多年的竞争之后，柯达在美国的市场份额稳居在80%以上，成功地捍卫了其市场地位。

判断战斗性品牌的成败标准，不仅衡量战斗性品牌本身的市场份额和赢利情况，而且是重点衡量是否有效地阻击了进攻性品牌的侵蚀。具体标准有：一是进攻性品牌是否停止进攻，甚至退出市场。二是战斗性品牌与进攻性品牌达成均势，使主品牌继续保有相当的市场份额。达到上述标准中的任

何一条,战斗性品牌延伸就算成功了。引入战斗性品牌一般采用主副品牌延伸策略,是产品线内延伸的一种。

(四)实现战略调整,完成产品布局

品牌延伸在企业重组、业务调整或战略转移时具有明显作用。无论是积极的品牌延伸,还是消极的品牌延伸都能发挥效果。例如娃哈哈从营养液——儿童保健品起步,延伸到儿童饮料娃哈哈果奶,再延伸到娃哈哈八宝粥、娃哈哈纯净水等,由一个保健品生产企业转变为一个饮料企业。接着又推出非常可乐、非常柠檬等非常系列,等,实现了公司业务战略调整和广泛延伸。

一些在常人看来风马牛不相及的产品领域,通过品牌延伸,也能获得新的发展契机。如瑞士名牌斯沃琪表,通过与德国奔驰的合作,推出了斯沃琪汽车。法国夏奈儿牌香水,历经百年经久不衰,现已延伸到了耳坠、围巾、时装等产品上。

品牌延伸可以改变品牌联想,丰富品牌内涵。在实行品牌延伸时要有战略眼光,不能急于求成,应采取大目标小步子的策略。如海尔公司,由海尔冰箱到海尔冰柜、海尔空调,再到海尔洗衣机和海尔电视机,再到海尔电脑、海尔手机等,让消费者有一个逐渐适应和接受的过程。战略调整式的品牌延伸是一种跨类延伸,它面临的问题与线内延伸不同,需要对品牌内涵做更深入的分析和更多的市场研究。

(五)摆脱单一局限,保护品牌资产

品牌延伸可以突破单一产品的窠臼,使品牌与更多的产品联系在一起。它可以在产品经历市场经济周期性变化和自身生命周期的时候,独立于产品,不致因产品被市场淘汰而遭受株连。

品牌延伸可以避免品牌成为产品的代名词,从而失去品牌的权益。因此,延伸非常有助于防止品牌名,特别是强势品牌名变成产品类名称。曾经有人认为,强势品牌成为产品类代名词是一件好事。但事实上,这是品牌的死亡陷阱,历史上有过这样惨痛的教训。例如:阿匹林、麦克风、摇摇(Yo Yo,一种儿童玩具)和尼龙等就是例子。

许多国际强势品牌都有变成产品类别名的危险,包括 Xerox、Kodak、Coca-Cola 等。避免品牌名成为产品名的策略,一是保留竞争对手;二是正确使用商标名称;三是品牌延伸,这是最有效的方式。企业通过品牌延伸,将品牌与多种不同的产品联系在一起,就不会使品牌成为任何一个产品的代用名。越是强势的品牌越要注意这一点。

三、品牌延伸的类型

品牌延伸就是把企业已有的具有相当知名度和市场信誉的品牌用到新开发的产品上去的行为。品牌延伸可根据延伸产品与原产品的差异性和所服务市场的相互关系分为两大类，一是跨类延伸，二是线内延伸。其中跨类延伸又可分为连续延伸和非连续延伸；线内延伸又可分为换代延伸、水平延伸和垂直延伸。

（一）跨类延伸

跨类延伸是指主品牌延伸到不同于已有品牌产品类别的品牌延伸，是品牌突破了原来的产业或行业，实现了跨行业的扩展。跨类延伸分为连续性延伸和非连续性延伸。

连续延伸。是指在同一大类内或近类产品之间进行延伸。是高相关产品之间的延伸。如汽车打火器品牌延伸到其他汽车配件产品（如电池、雨刮器等）。专营光学仪器的品牌可以向复印机设备延伸，如理光、佳能，再如海尔从冰箱到冰柜、空调的延伸。

非连续延伸。是指超出了产品之间的技术和行业上的局限，覆盖完全不相关的产品类别的延伸行为。非连续延伸是不相关产品之间的延伸，它可产生通用性品牌。例如雅马哈是摩托车品牌，也是古典钢琴的品牌。又如春兰是空调、冰箱的品牌，也是摩托车和汽车的品牌。通用电气（GE）既是灯泡品牌，也是家用电器的品牌，还是火车发动机、核反应堆的品牌。GE已实现由第二产业向第三产业的有效推广，并成为其利润的主要来源。

无论是连续延伸还是非连续延伸，都是一种不同类别的产品之间的延伸。原产品与延伸产品两者越相似，消费者对延伸产品的认可性就越好。类似产品之间的延伸会形成一个专门化品牌（如 Sony 是视听设备品牌），即连续延伸形成专门化品牌。但是不同的消费者由于评价产品时所用的参照系不同，因而，产品的"相关性"的标准可能差异很大。消费者更多地从延伸产品与原产品在外观或用途上的相似性去评价相关性（如网球鞋到网球拍），内行的评价者可能从所使用的技术和产品材质等方面去考虑（如从网球鞋到篮球鞋）。前一类称为浅层延伸，后一类称为深度延伸。

（二）线内延伸

线内延伸是指主品牌用于延伸的产品与原产品同属一个类别，但定位于不同的细分市场。如不同口味、不同成分、不同型号、不同尺寸的新产品使用同一个品牌，但为了以示区别可能在包装的颜色、容器大小等方面有所区别，有时也用副品牌来表达。如海尔小神童、海尔小小神童，表示不同用途和大小的洗衣机。又如波音用数字表示它的不同型号和大小的飞机，从 707 到 777。这些都属于品牌的线内延伸。线内延伸也可存在不同的类别。

换代延伸。假定甲品牌已推出了定位于 T 市场的产品，并赢得了极大的市场份额。企业推出的换代产品是该市场的升级产品。公司决定继续使用甲品牌，并标以"甲 2"，以后再"甲 3"、"甲 4"……这种品牌延伸就称为换代延伸，如奔腾 I、奔腾 II……再如 Windows 95、Windows 98、Windows 2000、Windows 2003 等。

水平延伸。是指同一市场档次的不同市场面之间的延伸，即质量水平相同，但在尺寸和外观上有所改动的延伸。如商用洗衣机延伸到家用普通洗衣机和迷你型洗衣机。又如佳洁士牙膏、佳洁士儿童牙膏。

垂直延伸。是现有市场的品牌向更高档次或更低档次延伸，以获得更大的市场覆盖面的品牌延伸策略。即不同市场的产品质量相异，高档市场质量最佳，然后依次减少某类功能，但能满足目标市场的需求，其价格也相应下调。如阿曼尼品牌，最早推出的乔治·阿曼尼是高级时装品牌，后来推出的厄普里奥·阿曼尼是二线成衣品牌，阿曼尼牛仔是面向大众的三线品牌。其中，向上延伸，难度较大，但不是不能成功。向下延伸相对比较容易，但存在潜在的陷阱和危机。为了避免出现株连效应和替代效应等不良后果，有的垂直延伸在原品牌后加上一个子品牌，以示区别。例如：奇瑞瑞虎、奇瑞 QQ 等。

四、品牌延伸的作用

（一）有助于新产品实现市场定位

开发与原有品牌关联性和互补性强的新产品，它的消费群体与原产品几乎一致，其需求量与原有品牌等比例增减，因此不需要长期的市场调研，投资规模与市场定位比较容易预测，这样可以加速决策的过程，保证新产品投资决策的快捷、准确。可以使新产品节省投资，避免投资浪费。同创立新品牌相比，品牌延伸更容易获得成功。规模经济可以实现企业运营的最低成本，从而使企业低成本扩张，扩大生产能力，增强企业实力，实现收益最大化。品牌延伸在一定程度上使企业规模扩大，充分利用闲置资源，合理进行闲置资源的配置，从而实现规模效益。同时企业在品牌扩张中，实现了"多条腿走路"，企业在多个方面发展，降低了单一经营带来的风险，抵御外界变动的能力也增强，从而使企业实力得到了增强。品牌延伸也就是在某种程度上发挥核心产品、品牌的形象价值，充分利用品牌资源，提高品牌的整体投资效益，使得企业产销达到理想的规模，实现收益的最大化。

（二）有助于新产品减少市场风险

新产品推向市场必须获得消费者的认识、认同、接受和信任，这一过程就是新产品的品牌化过程。开发一个新品牌需要巨额费用，包括新品牌的设计、建立、保护和传播费用等。品牌延伸则大大缩短了这一过程，有效地防范了新产品市场风险。根据一项对新产品推广和品牌扩张战略成功率的研究表明，在市场开拓阶段，新品牌的成功率约为43%，而品牌延伸的成功率则高达68%。AC尼尔森调查咨询公司的一项研究表明，在同等条件下，消费者对新产品的试用率比品牌延伸的试用率低约23%，对新品牌的重复购买率比品牌延伸的重复购买率则低约61%。可见，消费者更容易接受现有成熟品牌的延伸产品。

（三）有利于新产品降低进入费用

消费者对原有品牌的信任传递到新产品上，促进消费者与延伸的新产品建立起信任关系，大大缩短了市场接受时间，品牌延伸降低了新产品成本费用，降低了试销费用和广告费用。据心理学对消费者的研究，消费者往往具有某种忠诚的心理，即在购买商品时，多次表现出对某一品牌的偏向性行为反应。这种忠诚心理，为该品牌新产品上市扫清心理障碍，并提供了稳定的消费者群体，从而保证了该品牌产品的基本市场占有率。因此，当企业进行品牌延伸，对新产品以同一品牌投放市场时，就可以利用消费者对该品牌已有的知名度、美誉度、信任度及忠诚心理，以最少的广告、公共、营业促销等方面的投入，迅速进入市场，提高新产品的开发，上市场的成功度。品牌延伸常利用已有品牌及产品的美誉度、知名度、追随度来提携新产品，为新产品上市服务。青岛海尔集团在空调、冰箱行业具有相当的竞争优势，并建立了"海尔"的知名度、美誉度、信任度和追随度。近几年来海尔又开发出彩电、空调、电脑、手机等新产品，借助"海尔"的知名度、美誉度和信任度，迅速打开市场，得到了消费者的认可，成为这些行业的后起之秀。据介绍，在美国的消费品市场，开创一个新品牌需要1 000万美元到1亿美元。一个公司如果通过品牌延伸推出新产品，则可以在总成本中节约40%～80%。

（四）有利于增加无形资产价值

品牌产品在初始阶段都是单一产品，品牌延伸可以使品牌从单一产品向多个领域辐射，使单一产品造成的有限效应转化为整个市场的覆盖效应。使部分消费者的认知、接受、忠诚于本品牌，扩展为众多消费额者的认知、接受与忠诚，从而强化品牌自身的美誉度和知名度，使品牌的无形资产持续增值。例如海尔集团随着从 1984 年引进德国利勃海尔技术生产冰箱开始，向空调、电视机、电脑、手机等领域延伸，从一个亏损 147 万元的集体小厂迅速成长为中国家电第一品牌。经济学讲究资源的合理配置，企业只有合理配置各种资源，使其充分发挥作用才能使企业走向良性发展道路。品牌是企业重要的资源，企业在发展品牌战略中可能会出现这样那样的问题，比如，品牌资源闲置等，遇到这样的情况，品牌延伸战略正可以促进资源合理利用，增强企业实力。比如，针对品牌资源闲置，可以搞对外扩张，特许经营，品牌延伸等，从而达到有效、充分利用企业品牌资源的目的。世界著名的时装品牌如夏奈尔、范思哲、阿玛尼等，具有极高的知名度、美誉度、信任度和追随度，若它们只在服装领域里开拓，而不进入相关产品领域，则消费者对其的忠诚、赞誉便会在无形中损失掉。

（五）有利于强化核心品牌形象

品牌延伸能够提高品牌整体的集合效应，也就是说，核心品牌和主力品牌都会因此而获益。品牌产品一成不变，会使消费者产生厌倦。品牌延伸通过新产品或产品更新，重新证明或强化自己的品牌形象，不断使品牌概念增加新的内涵，使消费者感到这一品牌的创新与发展，从而吸引并抓住消费者。如创维电视从普通型号进入市场，随着消费者对观看电视的观念发生变化，企业进行了市场细分，成功地延伸出"大平板可录"电视机，随后又推出"创维绿色"电视新产品，同时巧妙地通过"没有熊猫眼"的广告诉求，不仅为企业带来了效益，也表明了创维电视的品牌特色，并且有效地强化了核心品牌形象。

第二节　品牌延伸决策

一、品牌延伸的条件

（一）原品牌的强力支持

1. 品牌具有强大的认知度。品牌延伸的重要前提就是这一品牌具有较高的认知度、知名度和美誉度，延伸产品能够借助原有品牌的声誉和影响迅速打开市场。例如，"金利来"成功地建立了"男人的世界"，具有很高的知名度，因而比较容易延伸到男士系列产品上去。如果品牌延伸借助的是一个认知度不高并且受到众多同行强力挑战的品牌，这种品牌延伸就存在很大的风险。

2. 品牌拥有有效识别元素。品牌的识别元素包括品牌名称、标志、色彩、广告语等，还包括性能、个性、服务、销售渠道、价值、诉求、情感功能、利益、使用者形象等。进行品牌延伸，必须区分哪些元素是品牌的延伸识别，哪些是品牌的核心识别。例如，茅台酒是中国白酒的代表，但是它在向葡萄酒、啤酒等产品延伸时，原有产品的识别元素就不太适应，就难以起到应有的作用。

3. 品牌资产可以实现转移。品牌延伸时，品牌元素的转移仅仅是第一步，还需要品牌资产实现有效转移来保障品牌的有效延伸。一般来说，抽象性的品牌资产比具体性的品牌资产更容易转移，情感象征性的价值比实用性价值更容易转移。如果品牌资产是视觉性质的，例如包装的色彩、型号等，品牌资产就比较模糊，很难实现转移。

4. 品牌联想惠及延伸产品。品牌联想是指基于品牌主体部分而产生的一系列相关的联系和遐想，它对延伸的产品发挥促进作用。品牌主体的知名度越高，延伸产品的可信度就越高，品牌延伸就越易于成功。因此，改进和提高品牌的整体质量，对于延伸产品具有决定性的作用。

（二）原品牌和延伸产品紧密相关

1. 相同的技术成分。延伸的产品要尽量与品牌的良好印象连接起来，还要争取在技术上享用共同的经验和成分，强调并保证了这一连接点，延伸就容易成功。如果两者的共同成分太少，延伸就失去了根基，也将给核心产品带来负面影响。例如，"美尔雅"是西服领域的著名商标，后来曾经推出过"美尔雅"香烟，两种产品毫不相关，"美尔雅"香烟难以承接"美尔雅"西服品牌的美誉和制造技术，也就难以为继了。

2. 共同的服务系统和销售网络。品牌延伸要充分凸现原品牌产品和延伸产品相同的地方，达到品牌与各个产品之间相辅相成的整体效果，使消费者在接触到品牌的一个产品时就能够联想到另一个产品。相同的服务系统和销售渠道既能够保持品牌形象的一致性，使品牌延伸易于被消费者接受，又能降低营销成本。否则，品牌及延伸产品和品牌目标消费群体的习惯接受方式不同，就很难达到品牌延伸的目的。

3. 相似的使用者。使用者属于相同的社会背景和消费层面，品牌延伸也容易成功。例如，从三笑牙刷到牙膏的延伸，从雅戈尔衬衣到雅戈尔西服，都是面对同一消费群体，所以容易成功，金利来从领带到腰带、衬衣、皮包，都紧紧围绕白领和绅士阶层进行延伸。

4. 质量档次相当。质量是品牌的生命，是品牌存在和发展的基础。实行品牌延伸的产品质量应该相当于或者高于原有品牌的质量，这样才容易获得消费者的认同和赞赏，不仅能够促进延伸产品的销售，还会提升原品牌的价值。

二、品牌延伸策略

品牌延伸可以通过产业内延伸来控制材料的来源、产品的销路，采取扩展产品线来增加产品线的长度，根据市场与竞争的需要采取产品线填补策略、产品线现代化策略、产品线号召策略和产品线削减策略等。

(一)产业内延伸

1. 垂直延伸。品牌延伸可以依靠产业的相关性，向本产业的上游、下游或上下两个方向同时延伸，即纵向延伸。例如石油工业向产业链上游延伸即向开采甚至勘探延伸是向上延伸；同时向产业链的上游和下游即石油开采业和石油加工与销售延伸则是双向延伸。采取这种延伸方式为材料的来源、产品的销路提供了良好的自主控制，是一种较好的延伸方式。

2. 平行延伸。具有相同的或相近的目标市场和销售渠道，相同的储运方式，相近的形象特征，这种延伸方式属于横向延伸。如乳品业从奶业向豆奶、果奶、钙奶的延伸。平行延伸一方面有利于新产品的营销，另一方面有利于固定品牌形象。

(二)产品线延伸

产品线延伸是现有行业、现有产品在质量、档次上的扩展与延伸。

超出现有的产品范围，增加产品线长度。具体策略有三种。

1. 向上延伸。向上延伸是指在产品线上增加高档次的产品，使商品进入高端市场。这是由于处于低档市场的产品常常受零售商及消费者的价格挤压，故应考虑品牌是否向高档产品的空间发展，因为该市场的目标消费者对价格不很敏感。日本企业在汽车、摩托车、电视机、收音机和复印机行业都采取了这种方式。20世纪60年代率先打入美国摩托车市场的本田公司，将其产品系列从低于125CC延伸至1000CC的摩托车。许多发展中国家从发达国家引进先进的高档生产线，在高档次上延伸，都是采取的这种策略。

2. 向下延伸。向下延伸是指在产品线中增加低档的产品，使商品争取到更多的消费者。向下延伸的原因是：消费者对于价格的敏感度增加、销售渠道的力量加强、技术进步使产品成本下降、企业在高档市场的地位受到威胁、当初进入高档市场只是为了树立质量形象，或者只是为了填补市场空白。向下延伸可以利用高档产品的品牌声誉，吸引购买力水平较低的顾客慕名购买这一品牌中的低廉产品。向下延伸的风险很大，一是知名度很高的品牌，可能会因向下延伸而破坏品牌形象；二是由于低档产品蚕食高档产品市场份额，使企业面临尴尬的局面；三是促使竞争者将产品转向高档市场。

3. 双向延伸。双向延伸是指原定位于中档产品市场的品牌掌握了市场优势之后，向产品线的上下游两个方向同时延伸。一方面增加高档产品来提高品牌形象，另一方面增加低档产品来扩大市场阵容。例如，20 世纪 70 年代，日本精工在钟表业竞争中就采取了这种策略。精工以脉冲星为品德推出了一系列低价手表，向下进入低档市场；同时，它也向高价和豪华手表市场渗透，收购了一家瑞士钟表公司，连续推出了一系列高档表，其中有一款高达 5 000 美元的超薄型手表进入高端手表市场。再如，奇瑞汽车开始向市场推出的是中档汽车——奇瑞风云、奇瑞旗云，此后同时向市场推出低档汽车——奇瑞 QQ 和高档汽车——东方之子。双向延伸的主要风险是一些消费者认为高档、中档、低档产品之间的差别不大，因而宁愿选择更低档的产品；还可能会使原有品牌的定位变得模糊。

（三）特许经营

遍及世界各地的麦当劳和肯德基以其优质的服务、整洁明快的用餐环境、可口的快餐水平享有盛誉。它们的成功有许多相似之处，其中重要的一点在于它们都是特许专卖权所有者，都成功地应用了特许经营方式。没有特许经营，麦当劳和肯德基就不可能如此迅速地在全世界繁衍，也难以成为全球性品牌。

特许经营是一种低风险、低成本的品牌延伸或是市场扩张模式。特许人可以借助他人的财物资源实现品牌扩张和市场扩张。特许人能以更快的速度扩展业务、拓展市场而不受资金限制。特许经营使特许人节省资源，降低运营成本。特许经营成为迅速扩大品牌影响力、提高市场占有率的较佳方式。

特许经营意味着受许人必须放弃自有品牌。特许经营能给受许人带来许多益处：其一是借助特许人的品牌优势，可迅速获得良好的市场效益；其二是成为加盟企业，可增加抗风险的能力，易获得条件优惠的贷款；其三是通过引进特许人成功的经营管理模式，能够提高自身的经营管理水平。需要注意的是，作为有意扩张品牌的特许者，必须考虑特许经营对于品牌、市场声誉等无形资产可能带来的负面影响，应对构建特许加盟体系或系统有预先的理性而深入的调查分析，这是确保特许经营健康发展并在特许过程中实现双赢的必要前提。因此，要选择合适的加盟者，建立统一的经营管理制度和严格的检查监督制度，注意专有技术的保密工作。

　　特许经营这种以品牌连锁为核心的延伸模式，可以使特许人与受许人共享的品牌得到快速发展，使品牌在特许经营模式下得到增值。这不仅需要塑造统一的外部形象，而且还要有维系品牌内在质量的专有技术、独特配方和经营方式、管控手段，这是品牌的灵魂所在。

　　在特许经营过程中，在规范共性的同时还要考虑保持个性。虽然追求一致性是特许经营方式的最基本的原则，但这并不是否定各加盟店具有个性的合理性。因为，受文化等因素的影响，各加盟店存有一定比例的个性是保障品牌在异地做"活"的客观要求。如全聚德这个拥有160多年历史的老字号，要求各加盟店除了必须按统一标准经营其特色烤鸭及22种标志性的菜品以外，可以为适应市场经营其他菜肴（如四川全聚德可以经营四川菜、广东全聚德可以经营海鲜），将全聚德的共性与各加盟店的个性有机结合起来使消费者既有目标性又有选择性。

第三节　品牌延伸的风险及规避

一、品牌延伸的风险

　　著名营销专家杰克·特劳特不无遗憾地认为：品牌延伸不是错误，而是一个可能置企业于死地的充满诱惑的陷阱。

　　（一）产生近因效应

　　近因效应就是最近的印象对人们的认知所产生的较强的影响，它能对于强势品牌的形象起到巩固或减弱的作用。当某一品牌在市场上取得领导地位，成为强势品牌之后，就会在消费者心目中形成特殊的形象定位，甚至成为该类产品的代名词。如果将这一品牌进行延伸，或者品牌延伸运用不当，就会减弱和损害原有强势品牌的形象。例如施乐曾经收购了一家计算机公司，将其更名为"施乐资料系统"。由于施乐作为复印机的代名词在消费者心目中已经根深蒂固，无法接受"施乐"计算机，导致施乐因为这一延伸在当年损失8 400万美元。

　　（二）有悖消费心理

　　一个品牌取得成功的过程，就是消费者对企业所塑造的品牌功用、质量特性产生独特定位的过程。品牌属于消费者，这是把握品牌延伸的精髓。如果延伸的产品质量不好，将会损害原品牌的声誉。企业把强势品牌延伸到和原市场不相容或者不相干的市场，就有悖消费者的心理定位，从而产生心理冲突。例如，三九集团以"999胃泰"而成为著名的品牌，它将产品延伸到"999感冒灵"甚至"999皮炎平"都还顺利成长，但是当三九集团将产品延伸到"999啤酒"之后，消费者就难以接受了。

企业运用许多资料来描述、定义它们的品牌，消费者却以各自的观点对品牌进行区别。此时，品牌已不仅仅是商品的牌子，它成为某类产品的代称，品牌的魔力随之消失。面对可能出现的这种危险，企业应慎重进行向低档产品延伸的计划，否则品牌将会面临难以言表的苦衷。例如皮尔·卡丹时装一度与夏奈尔香水、路易威登皮包齐名，以高贵的品质占据优越的地位。为了吸引更多的消费者，皮尔·卡丹品牌延伸到日用品上，从家具到灯具，从钢笔到电话机，甚至包括廉价的橱巾和拖鞋。结果皮尔·卡丹在大多数市场上丧失了高档品牌的形象，也失去了追求独特的品牌忠诚者。品牌延伸并非完美无缺，如果延伸不当，出现失误，后果也十分危险，甚至会导致企业处于破产境地。

（三）淡化品牌个性

品牌具有三大特征：独特性、单一性和持续性。错误的品牌延伸使得企业无力回应竞争对手的攻击。品牌的不当延伸，会摧毁消费者对核心产品、核心利益以及核心概念的支持。品牌过度延伸，会在消费者心中印象越来越模糊，失去原来的焦点，导致竞争对手乘虚而入。在20世纪50年代，美国市场上有较强品牌优势的甲壳虫有一则"想想还是小的好"的广告语这句经典绝妙的广告语使其声名鹊起。"甲壳虫"作为小型坚实的汽车化身，得到了美国消费者的广泛认同，成为当时美国进口车之王。就在甲壳虫获得品牌强势的时候，德国大众汽车公司做出了品牌扩展的决策，将甲壳虫扩展到较大型、较昂贵的汽车上，甚至还延伸到了公共汽车和吉普车上，试图大规模地占领美国汽车市场，其结果事与愿违，甲壳虫非但没有能扩大市场，相反却使其原有市场萎缩。到了70年代，甲壳虫从美国进口第一的王位上被竞争对手日产的本田拉了下来，原因就是不当延伸改变了品牌个性。一些产品之所以为消费者所选购，关键在于其独特而明晰的品牌个性，如果盲目地延伸品牌，由延伸而产生的品牌联系往往将这一种原有的品牌个性模糊化。品牌个性一旦被弱化，也就失去了吸引消费者的基础。

（四）产生负面联想

有些企业在进行跨行业的品牌延伸过程中，不顾核心品牌的定位和"兼容性"，把同一品牌用在不同行业的产品中。当两种产品在用途上存在矛盾时，消费者通过联想就会产生心理冲突。一个品牌取得成功之后，消费者对其就有了特殊的形象定位,消费者对该产品的功能、质量等特性就有了固化的理解和认识。但企业如果使用同一品牌推出质量、功用相差无几的同类产品,淡化该品牌的特性,会使消费者晕头转向。

美国 Scott 公司生产的舒洁牌卫生纸在卫生纸市场上是头号品牌,但随着舒洁餐巾纸的出现,消费者心理发生了微妙的变化,正如美国广告学专家艾·里斯在介绍这一案例时所做的幽默评价:"舒洁餐巾纸和舒洁卫生纸到底哪个才是为鼻子策划的?"结果舒洁卫生纸的头牌位置很快被宝洁公司的Charmin 牌卫生纸所取代。如果不审慎地选择适合延伸的产品,而是随意地将已经成功的品牌延伸在不适合的产品上,那么,品牌延伸将成为品牌自我摧毁的快捷方法。因为,如此延伸品牌实际上内含了一个前提:品牌只是一个名称、标记或符号。可以设想,将"碧浪"延伸于厨房、厕所的清洁剂上可能会成功,而如果延伸到啤酒或矿泉水上,恐怕就没有成功的把握。因为"碧浪"已被消费者固化在"洗涤用品"上了,因此当消费者饮用"碧浪"矿泉水时,潜意识中会想到洗衣粉的味道。

(五)跷跷板现象

跷跷板现象就是指原有强势品牌和延伸品牌在竞争态势上此消彼长的现象。一个名称不能同时代表两个完全不同的产品,当一种上来时,另一种就要下去。一个品牌名称如果代表两种或者更多的有差异的产品时,就会导致消费者对产品认知的模糊。如果延伸品牌的产品在市场上处于绝对的优势的时候,消费者就会把原有强势品牌的心理定位转移到延伸品牌上。这样就会削弱原有品牌的优势。美国的 Heinz 腌菜曾经是市场主导品牌。可是当Heinz 延伸到番茄酱市场后,Heinz 就成了番茄酱市场的领导品牌。而 Heinz腌菜市场的主导地位却被另一品牌 Vlasic 所代替。

当延伸品牌的产品在其市场上处于绝对竞争优势时,那么消费者就会把原品牌类别定位在延伸品牌上,这样,随着延伸品牌产品的崛起,无形之中就削弱了原品牌产品的竞争优势。这种强力品牌产品与延伸品牌产品竞争态势的交替升降变化,即为跷跷板现象。登喜路原是一家很著名的烟草公司,登喜路羊毛衫是登喜路品牌下的著名产品,因为登喜路有计划地将自己定位为横跨许多不同商品种类的高级奢侈品,它所付出的代价是不再被认为是一家专心致力于生产烟草的企业,同时也失去了烟草市场的领导地位。

(六)产生株连效应

株连效应是指当扩展品牌经营不善时,会影响核心品牌在消费者心目中的形象。将强势品牌冠名于别的产品上,如果不同产品在质量、档次上相差悬殊，就会造成原有强势品牌与延伸品牌产品产生冲突，不仅损害延伸品牌产品，还会株连原有强势品牌。例如美国的派克钢笔一向以高价优质著称，是身份和地位的象征。1982 年起开始向低档钢笔市场渗透，生产 3 美元一支的低档钢笔。派克公司不仅没有进入低档钢笔市场，反而丧失了部分高档钢笔的市场，因为盲目地延伸品牌，损坏了派克钢笔在消费者心目中的形象。

许多产品使用同一品牌或同一系列品牌，其品牌关联度大，一旦某种产品（或一个领域）的经营出现危机，将引起连锁反应，危及其他产品，而这些往往是名牌延伸的决策者始料不及的。如美国 A. C. 吉尔伯特公司有着 58 年儿童玩具制造商的形象，1961 年公司决定进行品牌延伸，改变了公司原来只制造男孩玩具的传统，把目光瞄准女孩。但由于价格低、质量次，加之对女孩玩具市场缺乏了解，结果使顾客非常失望，导致公司作为高质量男孩玩具制造商形象受到了极大损害，1966 年，公司不得不宣布破产。

因此，企业在进行品牌延伸时，应正确应用延伸的步骤和方法，提防陷入延伸的陷阱中去。

二、品牌延伸风险的规避

品牌延伸存在潜在的风险，企业必须从长远发展的战略高度审视品牌延伸，要了解品牌延伸的陷阱，认清品牌延伸的负面影响，理智权衡利弊得失，采取措施来避免品牌延伸的风险，以确保品牌延伸的成功。

（一）正确评估品牌实力

在品牌延伸之前，评估品牌实力、正确认识现有品牌，是确保品牌延伸成功的必要的基础性工作。品牌延伸的目的就是要借助已有品牌的声誉及市场影响，向市场推出新产品，那么，拟延伸的品牌具有较高知名度和美誉度、在消费者心目中有很高的地位的品牌。如果拟延伸的品牌尚无延伸优势而强行将品牌拉长、拉宽，结果必然适得其反。

（二）妥善考虑品牌定位

产品定位准确往往会起到事半功倍的效果。按现代市场学的要求，就是要做好这样几个方面的工作：运用定量分析和定性判断的方法分析消费者的心理需求；周密研究有关国家和地区的政治、经济、市场、流通渠道等情况；深入调查同行业同类和相似的产品等等。同时，除了一个国家的文化传统和生活习惯外，民族心理也是必须考虑的一个重要因素。

（三）谨慎延伸个性品牌

如果一个品牌个性极强，即成为某一种（或某一类）产品的代名词时，最好放弃品牌延伸策略。如果将这一类品牌冠到另一类产品上去，那么，品牌延伸将成为一种最快捷的自我销毁品牌的做法。所以，为了不使品牌延伸落入陷阱，确保延伸成功，对个性较强的品牌更要注意形象的统一，使新延伸的品牌与原品牌具有一致的形象。

（四）尊重品牌生命周期

产品的市场周期理论揭示了产品更新换代是市场竞争的必然结果。随着科技水平的提高、消费者需求的改变以及市场竞争的加剧，产品市场生命周期大有缩短之势。如果新延伸产品进入市场时已是周期的成熟期甚至是衰退期，就会加大品牌延伸的风险。因此，进行品牌延伸时，要考虑新延伸产品的市场的生命周期。

（五）品牌延伸另取名字

为了避免品牌延伸的风险，减少对原品牌的消极影响，通常的做法是在保持原品牌名不变的情况下，再为新产品起个名字——即小品牌（又称副品牌）。这样不仅可以引导消费者突破原有观念接受和认可新产品，而且能迅速地将对主品牌的信赖、忠诚转移到新产品上来，从而有效地减少"株连"的危险性。

（六）符合企业长远规划

过分倚重于品牌延伸战略会影响到企业开创新品牌的进度，因此必须以企业长远规划为中心，及时分析企业内部资源和外部营销环境的变化，结合新品牌的开发而全面发展企业的品牌战略。如健力宝集团推出强力芒果汁就是在健力宝品牌延伸到适当的程度后，审时度势，成功地扩展了集团整体实力，同时又避免了原来以电解质碳酸饮料为主要定位的品牌形象。

总的来说，品牌要立足于不败之地，就要把品牌延伸作为产品向新领域和市场开拓的手段，唯有如此，企业的影响力才会不断上升，品牌才会保持永久的吸引力。

案例分析

案例 1   高露洁食品

高露洁决定进行的最为怪异的品牌延伸就是在一系列食品上冠以高露洁的名称，称为高露洁食品。它们当时的想法是：消费者吃完了高露洁食品后，就用高露洁牙膏刷牙。可问题是，对于多数人来说，高露洁这个名字不能激起他们的食欲。高露洁还经营过香皂，它不但没有吸引消费者的目光，还降低了牙膏的销售。这些产品并未成功，而且仅出售在美国本土。

案例 2　旁氏牙膏

旁氏(Ponds)是生产润肤霜的知名品牌，可是在牙膏上面加上"旁氏"商标就没那么受欢迎了。在不知情的测试中，人们区分不出是旁氏牙膏还是高露洁牙膏。但是，当旁氏的名字和形象与牙膏联系到一起时，没有人感兴趣。虽然旁氏以前曾经成功地进行过品牌延伸(例如经营香皂产品)，但这些延伸都是与一种类似的香味相联系的。印度营销学院(Indian Institute of Marketing)的营销教授哈维尔(MJ Xavier)博士说："一款牙膏的主要特点在于口味，这种口味和香味的错配在消费者心目中造成不和谐感。对多数人来说，旁氏与香味和新鲜相联系，只能外用。"

案例 3　施乐：不仅仅是复印机

施乐是20世纪创立的成功品牌之一。施乐不仅创造了一种产品，更重要的是它开辟了一个全新的产品类型，即复印机。在美国，人们已经习惯用"施乐"表示复印这个动作。

切斯特·卡尔森是这一切的开创者。他于1928年发明了普通纸复印技术并称之为"复印"，但直到1947年"复印"才成为一个商业型兼技术型的活动。一年后，"施乐"和"复印"申请了专利。

第一台施乐复印机于1949年出现，被称为A型复印机。施乐914是第一款自动普通纸复印机，并因此吸引了媒体的广泛关注。《财富》杂志称赞这种一分钟可以复印七张的机器为"在美国销售得最成功的产品"。很快，它就成为办公室的必备品。施乐公司也成了纽约证券交易所的上市公司。施乐公司真正成为了全球性品牌。

1970年成立了施乐研究中心，表明施乐有更大的野心，公司表示要从复印领域拓展到计算机技术和数据处理领域。但是，施乐数据系统和电传复印机先后遭到失败。并不是施乐这一品牌不响亮，相反恰恰在于它太强大了，只能让人联想到复印机。不管复印机是佳能还是柯达制造的，人们仍然称它为施乐机。

然而，施乐并未放弃，它尽力正视这个问题。在杂志上为"施乐计算机服务"做广告时，其大标题是："这与复印机无关。"但顺理成章地，这只能加深施乐曾经与复印机有关的印象。

20世纪80年代，施乐仍然不停地尝试，极力将自己重新定位为技术型办公产品的提供者。公司推出一款个人电脑，同样遭到失败，施乐的这两种网络产品都未能打动人心。虽然它尽最大努力与办公室技术相联系，但公众仍然固执地认为施乐就是从事复印机技术的；虽然公司投资创造办公信息系统，但这一领域却牢牢地掌握在另一技术品牌 IBM 的手中。

那么施乐为什么坚持对品牌进行重新定位呢？部分原因就在于公司羡慕并热衷于品牌延伸。一个简单的事实就是：多数大品牌都与某种产品或服务有关。如可口可乐提供可乐，李维斯提供牛仔服，麦当劳提供快餐，而对于施乐来说，它提供的就是复印机。

品牌专家杰克·特劳特基于这个事实，建议施乐将重点放在自己最擅长的产品上。他认为施乐如果立足复印机市场，仍会处于技术的前沿。其解决方案就是激光技术，而非那些光亮的办公机器。但它们却转而追求另一个未能实现的预言，这一战略花费了施乐数十亿美元。虽然施乐公司现在似乎接受了自己只能作为"复印机品牌"的命运，但它还是花费了数年时间来探索其他领域，且无任何回报。而像佳能、IBM 这样的竞争对手却非常认真地在复印机市场攻城略地，其武器就是高速复印机。但是，因为施乐能够将重点放在复印机上，而且仍然将技术攻关重点放在这个虽狭窄但有利可图的市场上，所以它仍会在未来控制本领域的市场。

思考与练习

（一）思考题

1. 什么是品牌延伸？品牌延伸有哪些结果？

2. 品牌延伸需要什么条件？

3. 品牌延伸有哪些风险？如何避免？

（二）练习题

1. 春兰作为空调生产商，当其转向汽车行业后，也取得了一定的成功；而奥克斯同样是空调生产商，同样也转向汽车生产行业，却以失败而告终。请对比分析这两个案例的原因。

2. 派克是全球知名的钢笔品牌，当其产品线向下延伸时，遭到了严重败绩。目前，派克又介入了服饰行业，请对此品牌延伸行为提出你的品牌延伸策略。

3. 品牌延伸的基本步骤有哪些？

第八章　品牌公关

品牌故事

麦当劳诽谤案

麦当劳是被广泛认可的为数不多的大品牌之一。在《商业品牌》中，"简单"被解释为麦当劳成功的秘密："亨利·福特抓住了大规模生产，而麦当劳抓住了大规模服务，它一贯坚持简单的理念。质量、洁净和一致性是麦当劳品牌的基础……肯尼亚内罗毕的麦当劳快餐店与波兰华沙或密歇根州巴特尔克里克的店面看上去十分相像……正是这种一致性成为该品牌区别于其他品牌的关键因素。"

20 世纪 80 年代起，麦当劳的道路有些跌宕起伏。其中最著名的、拖延时间最长的是"麦当劳诽谤案"。起因是 1986 年由国际绿色和平组织的分支机构——伦敦绿色和平组织出版的宣传册。该宣传册反映了一系列社会和环境问题，如虐待动物、不正当手段的经营、热带雨林枯竭以及麦当劳产品对健康的损害等问题。

1990 年麦当劳围绕宣传册的问题采取行动。首先向五个激进分子提起诽谤诉讼，其中三人屈服并道了歉。而对于另外两人斯蒂尔和莫里斯来说，法律的威胁也代表着机会：诉讼案可以提供一个更大的舞台，比站在麦当劳门外分发宣传册更能宣扬其观点。其结果是，此诉讼案成为英国历史上时间最长的一次，拖了 313 天。随着案件审理的不断深入，媒体的兴趣也被调动起来了。数百万人确切地知道了法庭上辩论的内容，陈述、讨论和分析不但在法庭上进行，而且在世界范围的新闻演播室上演。

内奥来·克莱因在《不要品牌》一书中分析了该案件拖延的实质："有180个证人被叫出庭，法庭上听到了各种故事：食物中毒、拖欠法定加班费、虚假的再利用声明、派遣间谍渗透到伦敦绿色和平组织等等。所有这些让麦当劳公司经历一次又一次的羞辱。"尽管评论家们的立场各不相同，但在一点上存在着共识，那就是：审讯拖得越长，对麦当劳的公共形象损害就越大。

1997年6月19日宣布最终裁决结果：麦当劳获胜，而斯蒂尔和莫里斯被判赔偿损失。宣传册上宣称的麦当劳与食物中毒、癌症相关被法官判定为没有根据。但是，耗时过长的诉讼对麦当劳造成的损害却是无法修复的。《卫报》评论道："这是得不偿失的胜利。"确实，虽然莫里斯和斯蒂尔被判赔偿6 000英镑，但这与麦当劳在公共关系上的损失相比简直是小巫见大巫，更不用提司法审理过程方面的花费。

损失首先来自那个最初的宣传册——《麦当劳怎么了》，现在它成为狂热的收藏者的收藏对象，英国大约有300万份在流通。其次有一个名为McSpotlight的网站，上面公布了20 000页的法庭文字记录。此外，约翰·维达尔出版了广受赞誉的名为《麦当劳诽谤案：审讯中的汉堡文化》一书，使得损失进一步加剧。还有各种各样围绕着这起诉讼案的电视节目，如长达3个小时的改编剧《麦当劳诽谤案》。

尽管麦当劳在法庭上获胜，但在与媒体的交锋中却打了败仗。从第一天起就开始报道这起诉讼案的《卫报》也认为后果已经超越了法庭的范围："想一想这场得不偿失的胜利的代价吧：首先，法官支持几个反对麦当劳公司的斗争者所提出的几项重要指控……但更为严重的是，斯蒂尔和莫里斯在这场'小薯条与汉堡巨人'之间的战斗中得到世界媒体的广泛支持……在公开场合，麦当劳对两个没有资产的、失业的绿色斗争者的追击保持缄默，但这个帝国的某个地方一定在询问一些尴尬的问题。在公共关系失败史上，这一行为一定会拔得头筹：它判断失误而且对公众批评采取了不恰当的反应。"

麦当劳诽谤案的教训：一是不要低估因特网的力量。麦当劳诽谤案战役的支持者是通过网络组织起来的。品牌需要以积极的方式关注网上的批评并采取行动。因特网专家埃瑟·戴森解释道："事情现在都变成双向的，消费者的声音公司可以听到，雇员的声音老板可以听到，小摊贩的声音供应商可以听到。"因特网将遭受委屈的消费者与激进分子聚到一起，这在单向媒体的时代是不可能的。"过去这些微弱的声音只可以让朋友听到，而现在可以让全世界的人都知道。信息传播的速度仅受到打字速度的限制。"换句话说，如果有人想传播自己的观点，公司无法阻止他。二是要知道财政实力并非总是一如往昔。财政资源并不足以抑制批评，公关公司的彼德·弗希尔说："压力处理小组的一大主要优势是他们利用电信革命所产生的工具的能力，像因特网这种工具的使用降低了公司预算曾经提供的优势。"三是关注公众认知。麦当劳极力想打击那些绿色和平组织的激进分子，却适得其反，反而突出了他们的事业。

麦当劳诽谤案提醒了其他公司"品牌认知"的重要性。最后的分析表明，事件本身并不重要，重要的是媒体对麦当劳的认知方式影响了很多公众的观点。

第一节　品牌公关的内涵

一、品牌公关的概念

公关即公共关系的简称（public relations，缩写 PR），是企业在市场营销活动中通过正确处理企业与社会公众的关系，以树立企业形象，促进产品销售的活动。

品牌公关（BPR）是企业在处理与社会、公众、媒体关系时，运用公共关系的职能塑造良好的品牌形象，提高品牌价值的行为。

品牌公关强调了运用公关策略的目的性，即通过公关活动来提升企业品牌形象。品牌公关是运用媒介传播企业信息，如企业动态、新产品发布与推广、服务理念等方式，增强企业的亲和力，提升企业的品牌形象。

品牌公关具有如下特点：

（一）双向互动性

品牌公关的双向性是建立在企业公关活动迎合公众需要和公众利益的基础上的。品牌公关不是企业信息的单向传递，而是企业与公众之间信息的双向传递、交流。企业主动地通过媒体向目标公众传递信息，并对反馈信息进行收集与整理；而公众则是主动接受企业的信息并作出积极的反馈，两者之间形成一个互动交流的关系。

（二）快速应对性

快速应对能力是衡量一个企业公关水平的重要指标。品牌公关事件往往是突发的，没有任何先兆，如市场上瞬息万变的信息、公众的信息反馈、媒体的评论都可能引发企业的公关活动，促使企业及时实施公关策略。而在企业面对危机，如产品质量危机、企业信誉危机、品牌危机、舆论危机的时候，需要企业迅速作出准确的判断和应对措施。

（三）公众利益性

品牌公关的目标是保护公众的利益，是反映公众的心愿，体现公众的需要，维护公众的利益。企业公关活动应站在公众的立场，从公众的心理需求、现实利益、公众间的关系和公众素质等角度考虑问题、进行决策。品牌公关行为只有符合并反映公众利益，才能赢得公众的信赖，才能为品牌赢得市场。

（四）媒体传递性

媒体传递信息的优势，是品牌公关最为依赖的条件，企业必须借助媒体的传递性，才能顺利地将公关活动信息以及企业的理念和价值取向传递给目标受众。如果脱离了媒体，企业的公关信息将无法传递给公众，公关活动也就失去了意义。因此，品牌公关需借助互联网、电视、杂志、广播、报纸等媒体扩大公关宣传，增强公关效果。企业与媒体之间建立良好的合作关系，有利于提高企业公关的社会效应，有利于建立和维系企业的品牌形象。

二、品牌公关的作用

（一）传递经营理念

在品牌公关活动中，依靠媒体的传播作用，向消费者传递企业文化、品牌价值、经营理念是一个循序渐进、潜移默化的长期过程。品牌公关是加快这一进程的重要手段，无论是采取直接传递方式，还是间接传递方式，目标消费者都非常易于了解接受企业与品牌所传递的相关信息。

（二）塑造企业形象

品牌公关活动，尤其是公益型的品牌公关活动，是向目标消费者传递企业品牌的积极信息。与广告相比，品牌公关更容易获得媒体和消费者的认可，通过媒体连续不断的、有效的对外传播，可以有效地扩大企业的知名度，提高企业与品牌的美誉度，树立品牌良好的社会公益形象，塑造企业与品牌的良好形象。

（三）提升品牌价值

消费者对于企业的认同，是基于对企业文化、品牌理念和企业价值的认同，而公关能够提升企业的亲和力和美誉度。企业通过积极参与社会公益活动，造福于社会与公众的利益，借助公关活动建立企业的品牌形象、改善企业的品牌形象、提升企业的品牌形象等，从而积累品牌资产，提升品牌价值。

（四）提高企业凝聚力

品牌公关不仅作用于企业外部，而且也作用于企业内部。在企业内部，通过目标引导，通过向员工灌输企业的价值观念，鼓励员工积极追求价值目标和企业理念，营造良好的和谐氛围，使企业内部的个人目标、部门目标与总体目标高度一致，把员工的言行引导到企业的共同目标上来，凝聚人心，提高企业竞争力。

（五）创造利润价值

品牌公关虽然不是产品促销手段，但通过提升企业的品牌形象，可以增强消费者对企业品牌价值的认同感和归属感，提高品牌忠诚度，可以扩大企业的产品销售、服务增长，促进消费者重复购买行为。尤其是企业新产品发布、新技术推广等活动中，通过公关活动，吸引消费者的积极参与，可以明显推动产品销售、业务增长。

三、品牌公关的原则

（一）公开原则

开诚布公、客观公正是品牌公关的重要原则，因此应坦诚地介绍事实真相，不遮掩事实，不搞神秘化，更不要提供虚假信息。同时，也要正确处理公开信息与执行保密制度之间的关系，注意掌握公开信息的时机、范围和人员，不能不加区别地事事公开、处处公开、时时公开、人人公开。

（二）真实原则

信息要准确、全面、及时。在信息时代，信息就是资源，信息就是财富，信息就是竞争力。任何与事实不符的信息都将会影响到企业公关的效果，甚至决定公关活动的成败。所以，要掌握多方面、多角度、多类型、多层次的信息，力求把握事物的全貌。

（三）责任原则

品牌公关是企业对社会和消费者的一种承诺与责任。一是对企业负责。企业是一个为社会和公众创造利益的组织，品牌公关要符合企业的根本目标和利益。二是对消费者负责。企业应以公众利益为重，品牌公关要考虑公众的切身权益，所有的公关行为都应以消费者的利益为根本利益。三是对媒体负责。品牌公关离不开媒体的配合与支持，只有向媒体提供真实的、可信的信息才能保证媒体行为的有效性。

（四）适当原则

品牌公关要掌握分寸，把握尺度，要适可而止，量力而行，不可勉为其难。一方面是公关决策适度。应着眼于整体利益和长远利益，斟酌和衡量市场的动向信息，针对主客观条件，权衡利弊得失，做好定量分析和定性分析的结合，从需要和可能、现实和未来等方面慎重论证，作出正确的决策。另一方面是公关执行适度。品牌公关活动的执行要从实际出发，按照经过周密审定、正确评估的公关决策，实施得体、适当、卓有成效的品牌公关行为。只有可行的决策方案，才能指导品牌公关的正确执行。

（五）创新原则

在品牌公关执行过程中，由于直接面对公众，而人们的需求、情绪、意愿随着事物的发展、情况的变化而经常发生变化，随时都有许多新问题、新情况的出现。因此，品牌公关的方式、公关的策略也应该不断进行改进。在公关活动中不能抱残守缺、墨守成规、因循守旧，而要勇于创新，善于创新，要积极运用新思维、新格局、新方式来完成品牌公关任务。

（六）灵活原则

在品牌公关中，难免出现意料之外的情况变故，发生客观条件的非常变异和品牌公关方案始料未及的现象，从而导致公关方案执行不畅，难以实现预期目标。这种偶然因素导致的变化，是品牌公关决策和执行过程中难以避免的。因此，品牌公关的具体执行者要具有灵活性，要有足够的思想准备和充分的后备方案，在公关活动中体现较强的应变能力。

四、品牌公关的执行

品牌公关对于企业的长远发展具有战略意义，历数成功的品牌及其创始者，例如蝉联世界首富多年的微软总裁比尔·盖茨，2008年的新一届世界首富巴菲特等，他们对于公关事务都体现出了极大的热心，甚至在公关规划中都已经公布了巨额捐献计划。

（一）制定战略规划

在实行品牌公关之时，要提高对品牌公关的认识，围绕企业的长远目标制定可行的战略规划。品牌公关战略规划应做到：

1. 体现全局意识。品牌公关是企业经营战略不可分割的一个组成部分，对企业经营和管理有着十分重要的作用，应从企业整体发展的全局性战略上对品牌公关进行定位，并作出决策。

2. 着眼长远发展。品牌公关不是企业的短期行为，而是着眼于企业长远发展的一种战略措施。在品牌发展的每一个环节中，都应把公关活动列入议程，使之成为品牌建设的一部分。

3. 落实职能管理。企业必须明确品牌公关的管理职能，即公关活动应该由企业的品牌公关职能部门负责执行，并向决策层提供执行方案和反馈信息。

（二）建立执行小组

决定品牌公关最终结果的是品牌公关执行机构的综合能力和执行能力，因此应重视执行机构的建设，建立执行小组，加强整体协作。

1. 提高综合素质。成员的基本素质要适应履行品牌公关任务的需要。

一是基本能力：是指品牌公关执行机构成员的文化水平、思想品德、性格特点、协作能力等。

二是语言能力：是指成员的语言表达方式和艺术，包括营造气氛的能力、打破僵局的能力、谈判沟通能力等。

三是市场洞察力：是指成员敏锐洞察并捕捉市场信息的能力，包括分析信息、把握信息、挖掘信息的能力等。

四是沟通协调能力：包括与部门、媒体、公众、政府机关之间的交往沟通能力，以及协调各种关系的能力。成员的沟通与协调可以理顺内外关系，创造宽松的经营环境，提供轻松的氛围，实现企业的公关目标。

五是快速反应能力：是指成员能对不断变化的市场和环境作出准确的分析判断，能迅速对媒体、公众的反应作出有效回应，解决媒体、公众的疑惑，及时化解可能出现的品牌危机。

2. 明确职能分工。执行小组的行为要体现出工作的计划性、前瞻性和合理性。

一是决策人员：负责品牌公关的总体运筹，及时制定总体方案以及工作预案。

二是协调人员：负责品牌公关工作相关信息的传递、收集、整理、反馈。

三是执行人员：负责按照品牌公关活动计划，实施具体的品牌公关活动。

（三）进行信息储备

信息储备的数量和质量决定着品牌公关活动的分析与判断的科学性和有效性，信息的范围数量既要多多益善，同时还要确保必不可少的项目和内容，例如：

1. 产品信息：包括产品质量标准、新产品研发、科学技术应用、竞争者状况等。

2. 消费者信息：包括消费者特点、消费行为变化、消费需求变化等。

3. 政策信息：包括国家政策法规、市场环境趋势、国际形势等。

4. 社会舆论信息：包括媒体评价、社会反应、消费者倾向等。

5. 信息综合：将各类信息进行分析、整理和归类，为公关决策提供信息支持。

（四）制定执行方案

品牌公关执行方案是依照品牌公关的总体规划，在进行实际的品牌公关活动时所实行的具体计划。通常以事先制定的相应预案作为基础。在制定执行方案时应注意：

1. 符合实际需要。要根据不同类型的公关活动、不同的信息和环境变化，编制切合实际的公关方案，要区别对待赞助型的公关活动、新产品发布的公关活动、社会事件的公关活动和处理危机的公关活动等等。同时应制定备选方案，以应对公关活动过程中出现的情况变化。

2. 编制公关预算。公关预算是保证公关活动的顺利进行、达到预期目标的必要保障。公关预算包括调查和决策阶段的预算、传播阶段的预算、执行阶段的预算以及评估阶段的预算。

（五）实施公关行为

1. 做好前期准备。一是进行充分论证，对大量信息资料认真核对和细致推敲，明确有利因素和不利因素，预测可能出现的问题，设想可行方案。二是建立通畅关系，如与同业单位、与政府职能部门等，针对可能出现的情况，保证公关行为的顺畅。三是确定公关活动的时间和地点。

2. 选择合适媒体。根据公关活动的性质和目标公众的媒体接触习惯，选择合适的媒体，以保证舆论导向的有理有利。

3. 制作公关信息。根据对象公众的文化、社会、心理等方面的特点，编拟公关活动的新闻稿、广告语、演讲词、展览说明、宣传手册等公关信息，结合目标公众的特点，激发他们的兴趣，提高公关活动的影响力。

4. 实行进度控制。执行人员要及时掌握进度，及时发现超前或滞后的情况，加强在人力、物力、财力等方面的协调，以求公关工作的平衡发展。在计划编制环节，实行预先控制，使计划的制订符合实际；在计划执行环节，深入实际，直接地进行检查和监督，实行现场控制；在活动结束环节，及时了解计划执行情况及存在问题，进行分析，提出对策。

5. 公关计划调整。客观环境是在经常地发展和变化的，难免出现与原定计划不一致的问题。由于传播沟通本身的障碍，加上社会及公众的复杂性，计划的执行可能受到影响或干扰，甚至引起混乱。为此，执行人员要敏锐地察觉并迅速争取社会舆论和公众的理解与支持，经常对工作进行监督和控制，及时调整原有计划，适应公关活动需要，保障企业公关目标的实现。

6. 公关评估与反馈。公关是实现企业目标的手段，是提升企业形象、提高企业亲和力的常态任务，其作用不可低估。因此，要适时对企业公关活动进行评估，找出实施效果与公众目标的差距，总结经验，为公关工作提供决策支持，保持公关活动的协调性和连续性。实行评估与反馈的常用方法有：

一是民意测验法。选择一定数量的目标人群通过问卷等形式，征求他们对公关活动的意见，并加以分析、统计，说明公关工作的效果。

二是专家评估法。请有关专家对公关工作提出观点和意见，从不同角度来分析公关工作的效果。

三是访问评估法。由公关人员通过个别交谈和集体访谈的方式，了解公众对公关工作的意见和看法，借以评估公关工作效果。

四是实地观察法。公关人员通过观察目标对象对公关工作的反应，来评估公关工作的效果。

五是资料分析法。通过对企业生产经营资料、销售数据的变化来分析公关工作的效果。

第二节　品牌危机的防范

品牌危机是指由于突发原因，对品牌形象造成损害和品牌价值的降低，以及由此导致企业陷入困难和危险的不利状况。市场经济环境错综复杂、千变万化，是一个未知因素极多、变量极大的综合体。在这样的环境中，企业和品牌所面临的潜在风险也必将越来越大，从这个角度甚至可以说，品牌危机是不可能彻底避免的。

一、品牌危机的危害

品牌危机的危害毋庸置疑，它可以使一个品牌由美名远扬变为臭名昭著；可以使一个品牌的价值连城的无形资产顷刻间变得分文不值；可以使一个生机勃勃的品牌颓然倾倒；可以使一个曾经久负盛名的企业很快销声匿迹。

信息时代可以使人们掌握更快、更多的资料，但也使人们面临信息更加庞杂、社会环境变幻莫测、竞争更加激烈的难题。在这个品牌多如繁星的市场，各种因素错综交织，潜在风险越来越大，强者恒强、弱者消亡、适者生存。树立危机意识不应仅仅是一个口号，从普通品牌到著名品牌，从年轻品牌到历史品牌，莫不如此。

中国有句俗话："树大招风"。一个企业一旦成名，创出了名牌，出现危机后的危害也会更大。究其原因：一是名牌知名度大，受关注的程度就更高，出现危机后，传播速度也更快；二是名牌潜在的竞争对手多，它们会乘人之危，使危机加剧；三是名牌企业的规模大，危机处理难度也更大。

二、品牌危机的特性

1. 突发性。品牌危机的发生都是突如其来的，难以预测。虽然有时可以预想其发生的可能性，但通常无法确定是否一定会发生，更无法确定其发生的具体时间、形式、强度和规模等。这种突然性，令人始料不及。

2. 危害性。品牌存在着脆弱的一面，一旦出现危机，就会对品牌形象造成巨大的破坏，并引发由于品牌价值的降低而带来的多方面的损失，使品牌陷入困难窘迫的境地，严重时可使品牌消亡。

3. 冲击性。品牌危机的冲击力十分巨大。不论是不期而至的天灾，还是长期酝酿一朝爆发的人祸，一旦爆发，其来势之猛，发展之快，涉及面之广，影响之深，往往使组织陷于无法招架、无能为力的境地。

4. 关注性。由于品牌所具有的知名度一直是市场和公众注意力的焦点，品牌出现危机时，必然引起广泛的舆论关注。媒体捕风捉影、大张旗鼓的报道，常常成为危机处理中最棘手的问题，舆论的倾向甚至会影响到品牌的存亡。

三、品牌危机产生的原因

品牌危机既然无法逃避，就应积极分析了解其产生的原因，有效地进行防范，妥善地解决危机。产生危机的原因以及表现形式各有不同，归结起来共有三种：内部错误、外部伤害和自然灾害。

（一）内部错误

企业自身由于内部成员的错误决策、低水平管理、生产性错误、广告公关错误等原因，会造成对品牌形象、品牌价值的损害。

1. 错误决策。决策是由公司的决策层作出的，常常是有关整个企业的生存和发展的全局性问题，因而权威性强，影响范围大、程度深，一旦出现错误，往往要伤筋动骨。错误投资、新产品开发不当、品牌定位错误、漠视市场变化、盲目扩大规模等都属于决策性失误。例如，1985 年可口可乐创始人伍德刚刚去逝，新的领导层就改变配方，推出新配方的可口可乐，遭到消费者的强烈反对。加上老对手百事可乐趁火打劫，可口可乐面临极大的危机，险些被挤出市场。再例如，20 世纪 90 年代，巨人集团错误采用"多元化"战略，发展过快，战线太长，营销和财务管理捉襟见肘，最终因建筑"巨人大厦"耗费巨大而"倒下"。

2. 低水平管理。包括机构设置不合理、企业文化混乱、规章制度不严格等。比如,内部矛盾导致的恶意报复(如纵火、设置计算机病毒、制造谎言);内部人员贪污腐化、挪用公款、制造假账、泄露产品秘方和特殊工艺机密等;生产设备长期失修;高级人才突然离职等。管理上的原因有时仅是小小的疏忽造成的,是平时根本没有注意到的,等到危机发生,造成无法挽回的巨大恶果后,后悔莫及。例如美国联合碳化物公司设在印度博帕尔的杀虫剂厂,由于管理与设备问题,造成毒气外溢,导致当地 2 000 余人死亡,3 000余人生命垂危。为此,印度政府提出了 15 亿美元的赔偿要求,这个公司从此日落西山。

3. 生产性错误。是由企业内部的产品质量、数量、技术或服务等生产原因造成的。诸如以次充好、以假乱真的弄虚作假行为,故意减少产品数量,不履行服务承诺等。有时生产性错误并非故意而为,而是由于无心的忽视或轻视生产过程的某些方面而造成的,例如,1985 年,万宝冰箱因为质量问题,被媒体披露,形成波及中国香港、日本、新加坡和美国的"万宝风波"。万宝公司十分震惊,马上停产整顿,虽然挽救了品牌,但造成的损失也是巨大的。

4. 广告公关错误。是重内轻外,忽视公关的错误。造成公关性错误的原因有策划错位,对异国、异族文化不了解,表达不清造成公众误解等。"广告公关"指企业为树立形象而进行的一切外交、宣传活动,比如广告、促销、与相关部门的沟通、与同行的交流以及其他社交活动。忽视公关是我国企业在计划经济时期形成的一种习惯思想模式,随着市场经济的逐步深化而有所改善,大多企业都设立了公关部,但这种观念在人们心中还有一定影响,造成组织机构虚设的现象。任何危机最终都要通过公关的方法解决,公关性错误是失败的公关,需要新的公关活动进行纠正和弥补。危机公关就是危机发生了之后,通过公关的手段在公众心目中恢复或重建企业形象。

(二)外部伤害

来自企业外部的伤害,有竞争对手的陷害、媒体的错误报道、来自外部的组织或个人的恶意和非恶意的伤害。

恶意伤害是指做这些伤害活动的目的就是使企业受到破坏和损失,这种情况多来自竞争对手,也有公众或其他出于报复心理或嫉妒心理进行的污蔑、陷害。在这个变幻莫测、危机四伏的竞技场,有一些人对同行的成功不能正视,心存嫉妒,于是会采用非正当竞争的手段,制造一些不利于对手的舆论，设计一些事端陷害对手，干一些非法的或不道德的勾当；或是趁火打劫，当作自己摆脱困境的大好机遇，这都应该引起警惕。

还有一种外部的伤害是由宏观原因造成的。如国家相关产业的方针政策发生变化、新法规产生、战争或恐怖活动等，这些情况不是针对某个品牌的，也不是只对某个品牌造成伤害的，而是会造成社会性的变动或伤害，属于社会背景的变化。例如1997—1998年发生的亚洲金融危机，对亚洲经济的巨大影响，造成了许多品牌受伤、衰落和覆没。又如1980年美国人布垆姆设计一种名叫"米沙"的小玩具熊，用作莫斯科奥运会的吉祥物。预计销售收入可达5000万至1亿美元。但是，由于前苏联拒绝从阿富汗撤军，美国宣布抵制莫斯科奥运会，"米沙"成了毫无意义的东西。2006年德国世界杯的吉祥物小熊由于服饰原因也遭到相似境遇。

（三）自然灾害

自然灾害是指非人为原因造成的灾难的总称，自然灾害造成的品牌危机是人力无法抗拒的。由于自然因素是企业和组织不能控制的因素，一旦自然灾害发生，就可能陷入危机。自然因素对企业的影响有直接和间接之分。直接影响是指气候、温度、能源等对企业生产经营的影响，包括地震、台风、火灾、洪水、瘟疫等自然现象带来的自然灾害；间接影响主要是指政府制定的相关政策与法规的变化所带来的伤害，包括由于其他自然规律的原因造成的灾害，如关键人物的突然死亡、经济规律导致的国际经济形势的变化、流行趋势的变化、社会的不断发展进步等。

人力不可预见、不可控制的状况也会造成危害。如在社会发展、科技进步的背景下，曾被称为"三大件"的缝纫机已退出家庭，被追捧的缝纫机品牌"蝴蝶"已经找不到了。自行车在中国还是主要的交通工具，但自行车品牌也风光不再。在实际生活中，品牌危机通常不是一种原因造成的，而是多种原因综合作用的结果。例如秦池的消亡，一方面是由于不顾实力盲目竞争"标王"，另一方面是忽视质量，出产勾兑酒；1985年可口可乐危机，一方面是老总裁去世，另一方面是新总裁错误决策，还有一方面是老对手趁火打劫。所以，考察分析品牌危机产生的原因时，要全面地进行分析。

四、品牌危机的防范

品牌危机可分为易于防范的和不易防范的两种。自然灾害因其不可控性属于不易防范，组织外部的伤害大部分不易防范，但有些可通过良好的公关活动来预防。而组织内部的错误是内部的成员造成的，可控制性和可管理性较强，因此是可以避免的，只要措施得力，是可以预防的。

（一）树立危机意识

企业高管树立危机意识是防范危机的前提，作为企业的先导，决策层的思想和行为具有巨大的影响力。因为：① 企业高管本身是品牌形象的组成部分，他们的个人形象、文化素养、精神风貌、工作作风等都代表着品牌，影响着品牌；② 企业高管处于生产经营前沿，对企业的真实情况，对危机的潜在情况有最直接的感受；③ 企业高管是企业的发言人，他们的说法、做法会被看作是企业的说法、做法，并向更广的范围传播。

因此，为了使企业高管唤起全员的危机意识，就要做到：一方面要定期进行危机意识教育，树立全员的风险意识和危机意识。另一方面要提高危机的处置能力，善于运用历史上处理品牌危机的案例进行教育，广泛学习借鉴，切实提高防范和处置水平。

（二）建立预警系统

预警系统是企业为了应对品牌危机而在事先组织建立的危机预测防范机构。通常由下列人员组成：企业高管、公关部经理、保卫部经理和部分专职人员。预警系统人员应具备如下素质中的几种：视野开阔、经验丰富、处事冷静、随机应变、思维缜密、见解独特、善于沟通、决策果断、忠诚事业。其主要职责有：

1. 掌握处理危机的方法。了解研究品牌危机的历史，俗话说"以史为镜知兴替"，通过调查研究危机历史，既可以借鉴他人的前车之鉴，避免类似错误，又可以从以往的危机处理中吸取经验，制定有效的解决危机的方法。

2. 监测企业内外部环境。危机爆发前都会有一些征兆，对于企业内外部环境实施持久严密的监测就会及时掌握时机。外部环境包括确认竞争对手及其经营状况、企业声誉、品牌个性，竞争对手在经营状况不良时，极有可能成为外部危机的制造者。内部环境造成的危机如：设备长期缺少检修造成不合格产品，机构臃肿导致管理无效，内部矛盾导致有损企业的行为，控制不严造成失密泄密等。

3. 加强与外界沟通工作。沟通工作包括所有需要监测的外部环境，其中最主要的是做好与媒介的沟通。媒体是企业对外宣传、发布信息的主要渠道，而媒体对于具有新闻价值的信息，都会主动报道。在这些信息中，对企业有利的报道固然是好事，但不利的报道也是不可避免的。品牌危机的舆论关注性的特点，决定这类信息更容易被媒体关注。并且，媒体不可能总是毫无倾向、毫无偏见的，有时也会带有报道者个人的态度和倾向。媒体也不可能总是准确无误的，新闻的及时性和迅速性造成在发生危机时企业由于手忙脚乱，无法顾及，不能及时沟通，这些都会加深报道的错误。沟通不应是危机发生后才做的事，有效的公关应是平时一点一滴的积累。

4. 制定危机反应预案。在品牌危机出现之前根据经验和规律，经过调查研究，制定出一系列措施来应对危机。制定品牌危机反应计划的基本原则是：① 反应迅速及时；② 态度积极主动；③ 保持内外沟通；④帮助相关人员；⑤ 维护品牌形象。

5. 密切注意危机征兆。虽然人们无法预测危机爆发的具体时间、形式、强度和规模，但并不是说人们对其无能为力。许多危机发生之前往往会有一些征兆，其中有规律可循。这些先兆有：① 伤害企业形象、决策人形象的舆论越来越多；②受到政府、新闻界或特定人士的特别"关注"；③ 企业的各项财务指标不断下降；④ 企业遇到的麻烦越来越多；⑤ 企业的运转效率不断降低。

6. 破坏危机成长的根基。发现产生品牌危机的征兆后，就应立即按轻重缓急加以区分，然后由最紧迫的问题入手，按照前面危机反应计划中的分类和分析，将可能导致危机产生的根基一个个破坏掉，将危机消灭在萌芽状态。

7. 设立咨询和解答机构。在危机实际发生之际，对全面情况做指导和咨询工作。危机爆发时会出现各种始料不及的意外情况，这个常设机构就成了问题的咨询中心，负责全局的稳定、指导和协调工作。如果企业不足以应付危机，还应联络有关专家，共同担当咨询工作。

(三)完善保护措施

市场营销的规律告诉我们，先入为主的观念和思维惯性对人们的行为影响极大。完善品牌保护，重要的任务是培养消费者的品牌忠诚。消费者一旦对品牌产生忠诚，一些风吹草动很难改变其态度。一些大品牌如强生在遇到品牌危机时，由于它们的危机预警和处理工作较好，加上有一大批忠诚的消费者，问题最终得到了妥善解决。此外，还应采取下列保护措施：

1. 法律保护。如商标及时注册，异国注册。现代企业已很少犯不注册商标、被人抢注的错误，但"道高一尺，魔高一丈"，异国注册已成为许多恶意抢注者的手段。国内的大品牌还没有进入国际市场，没有进行国际注册，那些抢注者趁机在他国注册，靠该产品日益增加的品牌知名度和美誉度销售自己低劣的产品。这不但影响品牌的声誉，还影响到品牌将来的国际化发展。

2. 产品保护。主要是指产品的质量、包装等。产品质量是使消费者形成品牌忠诚、保持品牌长盛不衰的关键，质量保护主要是生产过程中的严格把关。质量的一分一毫的差别都可能被细心的消费者发现，或是被竞争对手加以利用。包装防伪标志已是通用的做法，也可采用一些有高技术的包装方式，如五粮液的一次性防伪酒瓶就是很好的例子。对于不适合进行防伪包装的产品，可以采取专卖店或特许经营的方式，非常有效。

3. 技术保护。有些品牌就是靠技术秘密而保持长盛不衰的，如果这些秘密被泄露，品牌优势就不复存在。许多著名品牌对于机密的保护都有自己一套行之有效的方法。如可口可乐公司规定可口可乐的配方只能让两人知道，这两人不能同乘一架飞机，如果其中一人死亡，剩下的这个人就要为秘密配方选择另一名继承人。

预防危机还需要建立良好的内外关系，包括与同行、与媒体、与主管部门、与消费者。如果各个方面对品牌形成了良好印象，在品牌出现困难时就会产生心理偏向，自觉不自觉地维护品牌的利益，从而减轻危机的损害；否则，就会增加危害。

（四）储备防范资源

这里主要是讲物资方面的储备，这是一项重要的基础性工作。一方面要配备有效的联络设备。现代社会是信息社会，仅仅人员达到高效而设备跟不上是远远不够的，因为如果你需要几十分钟甚至几小时才能通知的事，别人在几分钟甚至几秒钟就完成了，这对企业来说就丧失了主动权，是极为不利的。联络设备包括专线电话、对讲机、传真、联网的电脑等。另一方面要储备各种物资设备，如消防设施、各种工具、相应材料、一定数量的资金等。

第三节　品牌危机的处理

如果危机不可避免，那么对于企业与品牌来说，关键的问题就是采取什么措施来化解危机，运用什么办法使企业摆脱困境，怎样在公众心目中重建企业形象。

一、迅速组成应变机构

在品牌危机爆发后，应该冷静地分析辨别危机的原因和性质，有计划、有组织地采取应对危机的措施。要迅速成立危机处理的应变机构，负责指挥协调工作。这类机构应分设以下各个专门小组：调查组、联络组、处理组、报道组等，并且要明确划定各个小组的职责。

调查组要立即到达现场展开调查。调查内容包括：突发事件的基本情况；事态发展及具体受损情况，事态所造成的影响，是否已被控制，控制的措施是什么，是否有恶化的趋势；事件发生的原因；事件涉及的公众对象，即直接受害公众和间接受害公众，与事件有关的组织和个人，与事件处理有关的部门机构、新闻媒体等；企业与有关人员应负的责任，等等。

联络组要立即投入联络工作，如接待外部人员，约见相关人士，统筹安排力量等。如果是灾难性事故，还要及时通报事情最新进展。

处理组要马上投入工作，保护现场，做好善后处置。例如召回相关产品，组织回收和处理，环境污染时的治理工作等。

报道组要统一组织对外传播工作，确保信息的及时、畅通、有效。

二、争取内部公众理解

任何类型的品牌危机，都会冲击企业内部的员工、股东及其家属，处理不好内部公众关系，就会使他们感到岌岌可危，造成人心涣散、自顾不暇的局面，使已陷入品牌危机的企业雪上加霜。因此，必须搞好内部公关，稳定情绪，激发斗志，提高自身内聚力，使大家团结一心，同舟共济，帮助企业度过难关。为此，一方面公共关系人员应保持与内部公众的接触，及时公布准确的情况和企业的决策，了解他们的意见、要求，另一方面充分利用"意见领袖"的正面作用，影响、带动员工向着有利于企业的方面发展。

三、迅速收回不当产品

由于产品质量存在问题所造成的品牌危机最为常见，一旦出现这类危机，应不计代价立即收回所有的不合格产品，并利用大众传媒告知社会公众退回这些次品的方法。一些大品牌的公司早已建立了"产品召回制度"。收回不合格产品，表现了企业对消费者的负责态度，表明企业始终是以消费者的利益为第一位的，为此不惜承担任何损失，这样就从心理上影响了公众。如果放任这些产品继续流通，就有可能进一步扩大危机涉及的范围，引起公众的公愤和抛弃，达到无法挽回的地步。

四、建立信息发布制度

处理品牌危机时应指定专门的发言人，以保证舆论信息的及时和统一。其职责是向外界全面解释事实真相，参与处理危机事件的各部门都必须通过新闻中心向发言人提交各种有关的信息材料，新闻发言人需要全面熟悉这些资料,统一负责信息发布。对外传播信息应只由发言人输出,不要多种声音讲话,否则容易在公众中引起混乱,导致公众不再相信任何解释,使已经受损的企业品牌形象跌入更深的谷底。发言人要诚恳、和气,向公众充分表明企业的诚意。

五、加强舆论沟通交流

媒体既是公众,又是联系公众与企业的桥梁。它的影响范围广泛,对公众舆论导向作用极大。品牌出现危机,媒体必然采访报道。企业应主动与媒体沟通,介绍事实,披露真相,利用新闻传播,增加企业的透明度,增强企业与公众之间的沟通与交流,消除危机事件的负面影响,这才是解决危机的最好计策。企业应该主动协助媒体工作,主动通报进展状况,积极提供参考资料和背景资料,以免非正常渠道的信息影响视听,这样才有可能创造出有利于解决危机的、公正的社会舆论环境。另外,还要注意沟通的连续性,不但在危机处理过程中不间断与媒体保持联系,在危机解决以后,仍然要继续这种联系,及时通过媒体向公众展现企业品牌的新形象、新举措,在公众心目中重塑品牌形象。

六、发布品牌危机原因

品牌危机发生后,必然出现各种传言,使企业陷入充满猜疑不满和缺乏信任的不良环境。对此,唯有以事实为依据,以查清事实为突破口,这是解决品牌危机的关键。一般来说,使企业品牌面临危机的原因主要有三种,即自身行为不当、突发事件和失实报道。三种不同的情况,处理的方法也就不同。只有通过调查研究,弄清事实的来龙去脉,才能为事件的处理做到有的放矢。因此,无论什么样的危机,企业都应该接受其既成事实,及时地向有关人士和公众开放必要的信息传播通道。如果是自己的责任,应当勇于向社会承认;如果是别人故意陷害或者是报道失实,则应该通过各种途径使真相大白。最主要的是要随时向新闻界说明事态的发展并及时澄清没有事实根据的"小道消息"。

七、妥善处理不实传言

在品牌出现危机时,常常伴随许多谣言。这会增添企业解决危机的困难,有时甚至会成为解决危机的主要障碍。因此,应对谣言成了处理品牌危机中必须重点对待的问题。

　　要遏止谣言的产生和传播，首先要了解促成谣言的各种因素，分析谣言的意图、产生的原因、来源、传播的范围、影响的程度及发展的趋势等。在分析时要注意客观、慎重，减少主观臆断，尽可能找出谣言产生的特定原因，而不只是一般原因。例如，找出的原因是信息不够，这时需要进一步深究是哪一类信息不够。

　　为了消除谣言的不良影响，应该与受谣言影响或损害的人对话，向他们公布事实，表示企业的关心和决心。可以请意见领袖来讨论谣言所传播的问题，澄清事实。利用社会上有地位、有身份、有影响力的人士，借助他们的权威来帮助企业对付、解决困难的局面。

　　在发布正面真实资料时，不要提到谣言本身。提及谣言本身会使谣言得到重复传播，助长谣言的扩散，加深谣言的影响。特别是在电子传播媒介方面，更不能重复提及谣言本身，否则极易造成误解。

八、及时处理善后事宜

　　根除品牌危机给消费者和社会公众造成的不良影响是任何一个面临品牌危机企业的共同心愿。为此，在妥善地平息品牌危机之后，还要分析品牌危机波及的范围及影响程度，研究制定重塑、强化品牌及企业形象的计划，并付诸努力。善后处理包括对内和对外两个部分。

　　对内善后事宜。首先要教育员工。品牌危机中暴露出来的企业管理、员工素质、公关状态等方面的问题不能忽视，企业应以此为典型、生动的教材，对员工进行公共关系教育和培训，使员工都从中找出差距和存在的问题，自觉将自己的行为、形象与企业的命运、形象连在一起。其次要吸取教训。发生品牌危机是任何企业都不愿遭遇的，无论是处理危机还是重新获得公众好感、恢复形象，都需要投入大量时间和精力。危机过后应立即着手制定企业危机管理计划，必要时请专家和公共关系公司指导和帮助。

　　对外善后事宜。将品牌危机可能造成的影响列成表格，根据不同对象、程度进行分析，采取有效的应对政策。第一，传播企业信息。企业与公众之间的信息交流和沟通是企业获得公众了解和信任、争取公众支持与合作的有利手段。企业在经历危机考验之后更需要加强对外的信息传播，消除公众心理和情感上的阴影，让顾客及社会公众感知品牌形象，体会企业的真诚与可信，举办富有影响的公关活动，制造良好的公关氛围，表达企业重塑形象的决心，提高企业美誉度。可以说，危机过后的品牌传播，是品牌重获新生并有所提升的不可或缺的条件。第二，全面兑现承诺。企业在危机后兑现承诺，体现了企业对诚信原则的恪守，反映了企业对完善品牌形象和企业信誉的一贯追求。承诺意味着企业将信心和决心展现给消费者和社会公众，表示企业将以更大的努力和诚意换取消费者及社会公众对品牌、企业的信任，是企业坚决维护品牌形象与企业信誉的标志。承诺也意味着责任，企业通过兑现承诺，使人们对品牌的未来有了更大更高的期待，企业由此肩负着满足人们期望的更大责任。如果企业在危机后不能兑现承诺，那么必将面临着消费者及社会公众的信任危机。他们会为企业言行不一而感到失望，进而将淡化对品牌及企业的感情，降低对品牌及企业的忠诚与信任，企业必将失去忠诚的顾客，而且也将为再度出现危机留下隐患。

危机的突发性、破坏性等特性令企业感到危机中的品牌处在了最为困难的关头。但是危机的二重性表明危机也是一种机会。企业如果能以危机为契机，为企业赢得新的发展机会，也可以说是"塞翁失马，焉知非福"。

案例分析

华旗果茶的品牌危机

1994 年，突然爆出一则令社会震惊的消息：一向经营状况良好、发展潜力巨大、被誉为"中国果茶一杆旗帜"的天津华旗果茶公司停产了。

华旗果茶公司自投产以来，由一个在几百亩苇泽上建立的乡镇企业迅速发展起来，两年间积累了 4 000 万元资金，发展了 6 家分公司，并与美籍华人裴永麟建立了合作关系，组建了中美合资的帕瑞特食品有限公司。1992 年生产果茶 4.5 万吨，年销售额 1.2 亿元，社会上曾有"果茶因华旗而盛"的说法。正当要向 2.5 亿元销售目标冲刺的时候，"华旗"的悲剧降临了。

1993 年第四季度，华旗果茶经技术监督局检测，内在质量各项指标均属上乘，只因产品净含量一项不稳定，而被列为不合格产品。1994 年 4 月，国家技术监督局质检司委托《消费指南》杂志及中经广告公司召开的宣传优质果茶的新闻发布会后，几十家新闻单位对已经整改并被认定是合格产品的华旗果茶做了不合格的报道，在社会上引起轩然大波。四五月份本是华旗果茶的销售旺季，然而几天之内，华旗果茶的全国市场销售就减少了一半，工厂停产，1 000 多名工人放假，1 000 多吨红果存于冷库，以每天 2% 的速度损耗，不到一个月，直接经济损失达 3 000 多万元，间接经济损失 1 亿有余。

整个"华旗事件"中最受舆论关注的是两点：一是"华旗"因为没有在《消费指南》刊登广告，该杂志 1994 年第三期便将合格产品公布为不合格产品；

二是因"华旗"没有参加一个须交 8 000 元的新闻发布会,承办单位就对其合格的产品也不予发布,并误导新闻界——"华旗"是不合格产品。

"华旗"危机爆发后,引起了社会的广泛关注,尽管许多热心群众集思广益,提出了许多好的建议,尽管"华旗"集团的领导员工采取了许多措施,但最终未能使"华旗"品牌挽狂澜于既倒。

思考与练习

(一)思考题

1. 品牌公关的作用是什么?

2. 产生品牌危机的原因是什么?

3. 处理品牌危机的方法有哪些?

(二)练习题

1. 分析"华旗果茶品牌危机"案例中造成品牌危机的原因,并提出你的处理意见,说明理由。

2. 谈谈如何才能降低"麦当劳诽谤案"给麦当劳带来的损失。

第九章　品牌更新

学习目的

1. 了解品牌老化的表现、原因和应对措施。

2. 掌握品牌更新的含义、策略和途径。

3. 了解品牌更新的规则和契机。

基本概念

品牌老化　品牌更新

品牌故事

海澜：掀起新的波澜

海澜集团(原三毛集团)，是世界毛纺业十强之一，也是业内第一家新技术企业和中国最大的高档男装生产基地，拥有资产30亿元，麾下集合了上市公司凯诺科技、上海克瑞特服饰(法国顶级品牌奥德臣总代理)、五星级海澜大酒店(五星级)、国际会议展览中心以及"海澜"、"圣凯诺"等强势品牌群。从昔日作坊式的毛纺小厂到如今多元化跨国集团，"三毛"这个毛纺色彩重、品牌个性弱、字面感觉差的品牌已很难适应公司发展的需要。为了适应国际化、多元化、集约化发展的需要，海澜集团聘请以余明阳博士为总策划的专家团共8位品牌专家为公司更名。经过短短三天时间，专家团奇迹般地完成了企业更名。

第一天(10月10日)，上午9:00—12:00

听取周建平董事长的背景介绍：公司从毛纺为主向以服装为主的态势运作，确定了"一长一大一高一新"的战略目标，即毛纺长、服装大、品牌高、企业文化概念新，决定放弃毛纺巨头的单一定位，将服装做成产业链，成为全球产量最大的服装企业。

经过一个上午的交流，周建平董事长并没有确定创意的基调和方向，所以只能从各种思路去寻找创意的源泉。

下午：14:00—18:00

进入创意阶段。"头脑风暴法"是创意的基点,专家们集思广益、煞费苦心地不断地想出一系列"洋派的"、"本土的"、"中西结合的"公司品牌名。

下午16:30分,公司派广告部职员乘机前往北京,以便在国家商标事务局直接检索查询,及时完成注册。

晚上19:30—24:00

筛选整理出三种不同风格的公司品牌名,简明扼要地概括出内涵,以供选择:

"洋派"品牌(品牌名略),"阳光普照,心想事成;欧亚文化,百业俱兴。"

"本土"品牌(品牌名略),"人为纽带,天时、地利、人和;全面文化的象征,人才精英荟萃。"

"中西结合"品牌(品牌名略),"事业追求卓越、文化底蕴,做人力求真善美;不断否定自己,为万世开太平的一种使命感。"

听完介绍,周董事长对其中一两个品牌名颇感兴趣,但总体上还不太满意,并提出品牌名称最好是两个字。

第二天(10月11日),上午09:00—12:00

创意在有序地进行,创意,否定,再创意,再否定……

下午14:00—18:00

一些好的品牌创意有了新的进展。

晚上19:30—24:00

再次与周董事长进行交流,专家团把昨晚与今天创意的"海澜"等一批新创意公司品牌抛出"亮相",并从不同角度就"海澜"等品牌进行详细的阐述。

第三天(10月12日),上午9:00—12:00

公司高层管理人员及就读MBA的学员对"海澜"等品牌进行评选。

10:30,易经专家从易经的角度向企业解读"海澜"——"海澜"二字整体形状饱满富态,没有残破的感受。"海"字方正圆满,显示出稳固和严谨;"澜"字挥洒跳跃,显出无尽活力。从整体来看,严谨稳定中不失灵动与活力。

"海"由水、人、母组成,"人"在上,体现一种人本至上的精神;"母"在下,承载起人,显示一种宽大包容的胸怀,人又在上庇护母亲;"三水"为多,为三点智水(显然不是三毛),体现出智者在侧、贤者在上、专者在下的管理模式。

"澜"由水、门、柬组成,"门"中可谏,无须多言(谏字去言),体现了集纳众言、自我否定、不断创新的企业精神；"柬"又为请柬书信之意，门中有柬，礼尚往来，由此可见一斑；而"门"就立于国际性的无边之水边，国际交往由此可见。

11:00，公司将"海澜"等一组公司品牌通报给在北京国家商标事务局等候的公司职员，请其检索查询并办理注册手续。

公司品牌的注册检索是关键，尤其是两个字的公司品牌往往很容易"撞车"。

11:30，北京传来消息："海澜"注册成功。

"海澜"释义：

（1）百川会聚为海，奔腾澎湃为澜。海是存在，澜是灵魂；海是博大，澜是壮美；海是永恒，澜是创新。海澜是存在与灵魂、博大与壮美、永恒与创新的统一。

（2）海澜是本原，它是万物之本，生命之源。这是海澜哲学，也是海澜的品格：包容与进取，智慧与理想，力量与开拓，灵感与创造，它是公司理念"不断否定自己，永远追求卓越"的品质。

（3）海澜是文明的标志，是沟通的桥梁；海澜吸纳日月之精华，传播人类之思想。作为文明的标志，它是公司产业文明的真正开始；作为沟通的桥梁，代表着中国与国际的对接。立于东海之滨的海澜，将海外品牌奥德臣引入和本土品牌圣凯诺走向海外，都是中西文化交流的产物。海澜的文化正是东西方文明的融合的结晶。因此海澜是事业的平台，是发展的基础。

（4）海澜的本色是蓝色。蓝色象征无限、永恒、真理、奉献、忠诚、纯洁、和平、智慧和精神境界。海天一色，蓝色是所有色调中最清爽、最超脱于物质世界的一种颜色。海澜的事业是无限的、永恒的、纯洁的事业；海澜人用自己的忠诚和智慧打造了和平、奉献于真理、追求着最高的精神境界。

（5）以海阔天空之博大，创波澜壮美之事业。海澜集团必将在有限的世界中发展出事业。

下午：15:00—17:00

品牌注册后，给标志的制作确定了方向，视觉专家开始创意、制作"海澜"的视觉识别系统。

"海澜"的标志是一艘扬帆远航的大船，预示着"海澜"这艘大船将从国内市场走向国际市场。随着我国加入 WTO，"海澜"将会以全新的形象、明确的定位、高品质的产品，在市场上掀起新的波澜。此标志视觉识别性强，企业个性明显，紧扣公司的品牌。

下午16:00,"海澜"标志通过网络传输到北京,17:00,"海澜"标志及设计的中英文(HEILAN GROUP)组合标志注册成功,"海澜"的策划圆满完成。

第一节　品牌老化

21世纪是品牌竞争的时代,品牌资产规模已经成为衡量企业综合实力的重要标准。品牌作为企业制胜的法宝、国家强盛的标志。从每年的品牌资产排行榜可以看出,企业的品牌资产在不断变化,有些企业的品牌资产一直很高,而有些企业的品牌资产却发生了很大变化,有的甚至逐步走向没落。

品牌的建立、辉煌、老化的原因及其对策是值得关注的。秦池红极一时,爱多闪亮一瞬,三株红颜薄命……造成这种局面的原因很多,其中一个很重要的原因就是不注重解决品牌老化问题和品牌创新。

一、品牌老化的含义

品牌老化是指由于内部和外部原因,企业产品销量、市场占有率降低,品牌的知名度、美誉度下降等品牌失落的现象。品牌老化不仅使企业自身效益滑坡,而且影响国家整体经济实力的提高,应该引起高度重视。品牌老化有两层含义:

第一,广义上的品牌老化指品牌缓慢地、逐步地退化。品牌不会在短时期内很快消亡,而是随着时间的推移而衰败。品牌最初的锋芒毕露或新颖独创,会随着时间的推移失去往日的新意和独创,只能靠老客户支撑,对于市场已无足轻重,秦池和春都即属于这类品牌。

第二,狭义上的品牌老化指品牌所反映的消费者的形象也在逐渐衰退。这种情况下,即使是企业的营销战略针对老年消费者,品牌也应当与老年形象保持距离。巨能钙的品牌对象是老年消费者,企业在广告中应尽力避免把品牌与60岁以上的消费者相联系。品牌老化过时的原因就是:品牌已经落伍,失去战斗力。

二、品牌老化的危害

品牌显示着企业商品和服务的个性,是用来与其他商品或服务相区别的标志,是企业产品质量和企业信誉的保证书。品牌发展的高级阶段是强势品牌,它具有高知名度、高美誉度和强大的市场号召力,这是由企业的产品质量、技术水准、管理水平和营销策略等多种因素合力打造的,它们也是巩固品牌地位、推动品牌进一步提升的关键力量。如果这些因素的某个环节出现重大差错或缺陷，就会使品牌止步不前，黯然失色，甚至导致品牌崩溃。

品牌老化现象非常普遍。太阳神、健力宝、霞飞、孔府家酒等曾经红极一时的品牌，在 20 世纪 90 年代纷纷受挫，或发展步伐缓慢，或销量严重下滑，显出老化之态。被誉为山东酒类"五朵金花"之一的孔府家酒曾是中国白酒行业的骄傲，其广告词"孔府家酒，让人想家"随着电视剧《北京人在纽约》的热播而走红，产品连创销售佳绩。但此后多年不变的广告词使人觉得单调乏味，缺乏生气和活力，后来勉强改成"孔府家酒，让人爱家"，产品还是被消费者抛弃。

品牌老化现象使品牌排行榜频繁变幻。20 世纪 80 年代以来，中国品牌如雨后春笋般破土而出，经过大浪淘沙，昔日的品牌明星除海尔、联想、春兰等少数品牌得以立足之外，大都已经销声匿迹。有关资料表明，1995 年国内家电品牌超过 200 个，到 2000 年时仅剩下 20 多个，5 年时间 90% 夭折。这些品牌有很多是因品牌老化而风光不再。

国际品牌老化的现象屡见不鲜。王安电脑公司在文字处理机的产销上曾经仅次于 IBM，但由于王安决策武断，过于自负，坚持发展不能兼容的产品，不得不于 1992 年 8 月 18 日向政府申请破产。香港《信报》的评论引人深思："王安电脑公司在生产对数计算机、小型商用电脑、文字处理输送机及其他办公自动化设备上，都走在时代的前面。但王安的固执使他在 1985 年作出致命的错误决策——不顾助手反对，放弃生产低价且能与 IBM 电脑兼容的个人电脑，坚持发展高价且不能与 IBM 电脑兼容的产品。这违背了电脑系统化及软件标准化的趋势，不但无法吸引新客户，就连老客户也转用其他电脑。"

世界顶级品牌需要抗老防衰。在知识经济高速发展的信息社会里，可口可乐、麦当劳等国际名牌也加快了新产品开发和本土化经营，大力引进信息技术，提高管理效率，不断提高企业的竞争力，使企业保持旺盛的生命力。

三、品牌老化的表现

产品具有一定生命周期，品牌也是一样。品牌步入老化阶段，会给企业带来沉重的打击，有的甚至一蹶不振，如活力 28、脑黄金等都是曾经在市场享有盛誉的品牌，如今在市场上已难觅踪迹。

（一）未老先衰

有的品牌入市时由于市场选择标准不明确，或由于没有建立产品特色及品牌形象，导致市场不火，销量在低水平徘徊。这种类型的品牌广告量很大，但是大量的广告并没有发挥应有的市场开拓作用，广告费用白白流失，销售收入较低，品牌的市场知名度低、认知度差，无法形成市场影响力和号召力。

（二）虚张而衰

这类品牌乐于采用密集的广告策略，通过各种媒体进行立体轰炸使得广告广泛传播，品牌知名度、品牌声望快速提高，企业声势很大，但市场认知度很低，销售额也上不来。这种类型的企业过分相信品牌知名度，忽视核心竞争力，使消费者对品牌的认识成了"雾里看花，水中望月"。如秦池品牌通过广告竞标夺得中央电视台的"标王"称号一举成名，但是产品并没有同步获得消费者的认可，销售额没有像广告投入那样同步增加，造成品牌声望急剧膨胀又迅速破灭。

（三）盛极而衰

这类品牌多为昙花一现，品牌成长速度很快，市场声势很大，品牌的市场培育及认知也很快，销售额也在短期内快速增加，但是由于缺乏高质量产品、品牌核心利益等关键要素的支撑，造成品牌迅速老化衰落。这种类型企业仅是利用巨额的资金进行立体交叉集中的广告轰炸，玩的是烧钱游戏，是用钱在最短的时间内攫取了大量眼球，是用钱垒起来的知名品牌。早期的新浪网，在利用营销组合提升品牌知名度、拉动点击率和用户数量等方面可谓是行家里手。

（四）一蹶不振

由于品牌机能老化，丧失品牌忠诚度，年轻消费者不买账，市场表现不尽如人意，品牌价值没有形成，品牌延伸不利，销售连年下滑，等等。在品牌老化过程中一蹶不振的品牌多为大中型企业品牌，这些企业品牌经过长时间的发展，已经具有较高的知名度，在相当长的一段时间内市场表现强劲，但由于产品创新不足、通路不畅，或者缺乏核心的品牌个性，造成品牌价值体系陈旧落后，缺乏创新，策略失误，导致一蹶不振。

四、品牌老化的原因

品牌老化的原因多种多样，既有宏观方面的原因，又有微观方面的原因；既有主观原因，又有客观原因。例如，科学技术的发展进步，产品生命周期的客观规律，消费意识、消费观念的不断变化，这都会影响到品牌的寿命。

（一）品牌老化的内因

1.经营理念落后。我国建立市场经济体制时间较短，现代企业制度还没有真正建立，难以从市场的角度、企业发展的高度来确定企业的品牌战略目标。企业品牌管理还处于初级阶段，缺乏现代品牌理念的指导，不能完全适应市场经济的经营环境。企业经营管理机制不活，效率低下，还停留在商品经营甚至产品经营阶段，导致品牌受伤老化的现象屡见不鲜。

在这样的背景下，没有科学、系统的企业管理方法，创出来的品牌也不会长久。20世纪80年代红极一时的衬衫名牌"唐人"、"三毛"的制造者浙江海盐衬衫总厂，在步鑫生的带领下，发展迅速，品牌影响首屈一指。企业进步使得领导头脑发热，加之缺乏严格的管理决策体系，未经市场调研就武断决策，引进西装生产线。这一错误决策使该厂陷入困境，几个著名品牌也从此退出市场。

2.品牌缺乏创新。创新是品牌的灵魂，创新是品牌竞争力的体现。缺乏创新必然导致产品质量和性能的下降，从而损害品牌形象。品牌形成以后，企业过于注重规模扩张，忽视产品创新，跟不上市场的发展，与此同时竞争者的产品创新提高了竞争力，这使品牌相对显得陈旧老化，缺乏活力，在竞争中失去优势。

"雪花"是国内第一台自行研制生产的电冰箱，在20世纪80年代初期，在全国市场占有率达60%。由于该冰箱在5年内只开发了2个系列，17个品种，导致品牌衰退。与此同时广东容声冰箱开发了37个系列，70多个新品种，有效地占领了市场。

任何一种产品都有一定的生命周期，如果采用单一产品策略，产品的老化就会很容易导致品牌老化。"南极人"的全部广告都集中在单一产品防寒外衣上，企业很快培育出了具有一定市场影响力的"南极人"品牌，但是，由于单一产品缺乏市场覆盖面和市场占有率，品牌也很快随着产品进入衰退期而开始老化。

在品牌创立阶段，企业一般很注重产品的质量，当品牌迅速扩张并取得一定的市场地位以后，企业对产品的质量要求开始放松，同时随着企业规模的扩大，不可避免地显现出"大企业病"的症状：机体臃肿，管理漏洞百出，导致产品质量下降。被国外资本一直看好、"以振兴民族工业为己任"、曾是中国家电业一面旗帜的长虹电器集团公司总裁倪润峰坦言："长虹得了'大公司病'，表现为：一是'高烧'，企业的高速增长让企业的管理者头脑发热，缺乏冷静；二是'肥胖'，企业组织结构膨胀，管理层次增多，决策执行的有效性大打折扣。"长虹虽然仍处于辉煌时期，但意识到了企业潜在的危机。

3.营销策略不当。营销力是品牌的核心竞争力之一，没有强大的营销力，就不会在市场中站稳市场。企业在塑造品牌时，往往急于扩大产品的知名度，或者广告投入不遗余力，或者降价促销，扩大销量，这种单一的行销行为效果不会持久。

广告简便易行、见效快，可以迅速提高品牌知名度。但如果品牌的美誉度没有同步跟上，品牌的根基不稳。在短缺经济时代，消费市场不成熟，消费者缺乏理性，容易受到广告和促销的诱导，再加上中国消费人群的基数大，这些都为商家单纯依靠广告和不务实的品牌投机提供了温床。随着中国经济的日益成熟，市场步入正轨，消费趋于理性，品牌投机必定失去往日的收效，依靠投机炒作所形成的品牌泡沫必然破灭。

降价销售可以暂时提高销售量，但会给品牌带来负面影响，使品牌贬值。产品品质的完美始终是消费者选择品牌的终极目标。品牌市场竞争是企业整体实力的竞争，企业只有制定科学、系统的营销计划，协调各个职能部门的行为，整合营销的各个因素，形成一致面向市场的合力，才能为消费者提供优质的产品和服务，并与消费者进行真诚的沟通，使品牌得到他们的认同，获得他们的好感，从而建立较高的美誉度，获得消费者对品牌的忠诚度。

4.品牌定位模糊。品牌定位的成功，可以使品牌的竞争力大大提高，品牌定位模糊就会使品牌在消费者心中的形象更加淡化，使品牌失去市场。在企业实际经营过程中，常常出现品牌定位模糊导致失败的例子。有的企业先借助体育运动，围绕"生命在于运动"对青年消费者大肆煽情；一段时间以后，又重新定位于"服务全人类"，盲目扩大品牌定位的诉求对象。有的企业由于市场调研不深入，使企业不得不频繁地变化品牌定位，不但造成企业资源的浪费，也给企业的市场开发带来了不利的影响。

定位的目的就是创造鲜明的个性和树立独特的市场形象，企业要想拥有一定的市场份额，就必须将定位把握好。李默然为"999胃泰"进行的广告诉求已经深入人心，使其在消费者心目中留下了深刻的印象，在消费者的心里，"999"就是胃药，这就是品牌定位的功效。但是如果将"999"扩展到啤酒上，就让人不知所措，这就是定位的失控。充分掌握并恰当运用定位理论，品牌才会发挥强大的竞争力。

（二）品牌老化的外因

1.技术进步淘汰旧产品。科学技术进步和社会不断发展，使产品市场周期缩短，原有产品的技术含量会相对降低。生活水平的提高，又使消费观念的变化加快，原有品牌的光彩黯然失色，逐渐被消费者淡忘，甚至退出市场。如英雄打字机曾以电子式英文打字机盛销一时，后来随着个人电脑技术及服务系统的推出，机械式及电子式打字机由于缺乏通信端口而被市场淘汰，该品牌也就因此被 IBM 等电脑公司的品牌替代。

2. 市场竞争使品牌早衰。在竞争的市场环境中，产品的差异渐小，可替代性增强。一种新产品刚刚问世，马上会出现类似的产品。国际品牌在中国市场抢滩登陆更强化了这种竞争态势。国际品牌无论是在资金、技术和管理等方面都具有国内品牌无法比拟的优势，在与国产产品竞争中显然占据上风。在国产品牌和外资品牌的双重竞争的形势下，品牌自由生长的空间遭到空前挤压，容易导致品牌的早衰。尽管市场秩序日益走向成熟和有序，但客观存在的不规范和不正当竞争现象，不仅影响品牌的竞争环境，而且对品牌的生存构成重创。

3. 广告迟滞加速品牌老化。品牌广告的终止意味着放弃市场上的主导地位。广告是确立品牌形象的行之有效的重要手段，但需要不断地更新广告创意，通过广告创意使品牌定位与品牌形象保持新意，否则就会导致品牌老化。

五、品牌老化的防范

品牌老化危害巨大，要重塑老化的品牌形象，需要付出极大的努力，并且成败难料。在品牌管理过程中，建立有效的品牌预警机制，可以随时掌握品牌的运营状况，及时发现品牌老化的征兆，采取有效对策，确保品牌的生机与活力。

（一）市场营销监控

品牌的根基是产品，品牌老化的迹象可以从产品上显现出来。对产品营销过程的重要环节进行监测，可以掌握产品的总体情况，从而把握品牌的运行状况。

1. 产品销售额分析。销售额是判断产品处于生命周期何种位置的重要指标。对产品年度销售额的比较，可以看出产品销售的变动，从而了解产品的市场行情。如果产品销售额呈下降趋势，就应该引起警觉，分析其下降是暂时的现象，还是背后有深层原因。要追根溯源，防微杜渐，随时掌握品牌成长动向。

2. 市场占有率分析。与销售额同样显示产品市场地位状况的是市场占有率。品牌的市场占有率上升，说明它的竞争力在上升，说明企业品牌处于良好的发展阶段。市场占有率分析有三种指标，一是总体市场占有率，用本企业产品销售额在全行业销售额中所占比例表示。这一指标能体现企业产品在全行业中的地位。二是有限地区市场占有率，是指品牌在某一有限区域内的销售额在该地区市场销售额的比例。这一指标对于仅在局部市场从事经营活动的企业十分有用，也是衡量企业在局部地区市场上取得成功的尺度。三是相对市场占有率，即企业的市场占有率与行业内领先的竞争对手的市场占有率进行比较。若相对市场占有率下降，表示本品牌正在远离领先的竞争对手。通过对这三种指标的综合分析，可以看出企业产品在市场中的准确地位，从而掌握企业品牌的发展趋势。

3.销售额/费用比分析。把销售额和市场营销的成本费用进行对比分析，可以得出市场营销的实际效益。如果两者的比率总是在一定范围内波动，是正常的。如果超出了这个范围，说明该企业产品销售业绩和利润不稳定，必须找出原因，并采取措施，加以补救。

4.顾客态度跟踪分析。包括顾客投诉和建议、典型用户调查和定期用户随机调查。这三种方法主要以财务和量化分析为特征，为了真实、形象地了解产品在市场上的状况，企业还要建立跟踪顾客、中间商及市场营销有关人员态度的制度。通过设置意见簿、建议卡、企业分析记录和顾客信函答复，来了解产品、服务在顾客心目中的地位及其存在的问题，以便及时改进和提高。典型用户调查是由同意定期通过电话和信函向企业反映他们的意见和建议的顾客组成，这类用户反映的意见比前期投诉更系统、更完整、更全面。定期用户随机调查是通过随机抽样了解顾客对企业服务质量满意程度，以评价企业和品牌的服务态度、服务质量等等。三种方式直接面向市场终端，是市场对产品和品牌的最直接的反映，深入了解顾客的意见和需求是监测品牌竞争力和生命力的重要手段。

（二）品牌价值监控

品牌是一种无形资产，是企业资产的重要组成部分。品牌资产是企业营销业绩的主要衡量指标，品牌资产的大小是综合营销的结果。通过对品牌资产的评估，可以给企业品牌营运以警示，鞭策企业品牌营运活动，为企业科学化、规范化决策提供依据。

品牌价值是品牌拥有市场占有能力、市场份额、消费者群体等的表征。品牌价值评估虽然不是十分精确的品牌价值认定，但能反映品牌的竞争力，如品牌拓展市场的能力、超值创利的能力、品牌的生存力和品牌的辐射力等。适时对品牌价值进行监控和评估，可以了解企业品牌在品牌排行上的地位和状态，从而及时发现品牌老化的迹象，调整品牌策略。

（三）建立监测机构

面对品牌老化的现实危险性，很多企业注意在全员范围内树立危机意识。仅此还不够，还要有建立在危机意识基础上的可操作机制，建立高度灵敏的信息监测系统和品牌研究系统。品牌研究机构可以是一个品牌综合研究部门，它关注品牌，研究品牌，密切注视品牌营运状况。及时收集相关信息并加以分析处理，根据捕捉到的品牌老化征兆，制定对策，把老化危机隐患消灭在萌芽之中。品牌信息监测系统要内通外达，便于对外交流和内部沟通。信息内容要突出、准确、全面、真实，信息的传递速度要快捷。分析后的结论要及时上报主管领导和决策部门，以便及时采取对策。

第二节　品牌更新

一、品牌更新的含义

品牌更新是指品牌的内涵和形式为适应经营环境和消费者需求的变化，而主动实施的调整改变。品牌更新是经济发展和品牌自我发展的必然要求，是抵御品牌老化的必经之路。社会经济环境在发展变化，人们的需求趋向多样化，社会时尚在不断变幻，品牌只有不断拓展符合市场需求的特性，才会具有生命力。

品牌更新的过程是调整或改变原有品牌形象，使之具有崭新形象的过程，是对于品牌重新定位、重新设计，是塑造品牌新形象的过程。品牌经过更新，可以赋予它更具针对性的消费意愿与消费取向，进而有利丁形成企业所期望的品牌形象，使品牌形象为消费者所接受，并使品牌资本实现有效增值。华为集团在20多年的发展历程中，标志经过三次改变，每次改变都是华为主动为之，每次变化都使华为的品牌形象得到了有效提升。

一个品牌能否持久，不仅取决于最初的品牌定位和品牌设计，而且还决定于品牌的更新调整。在进行品牌更新时，要考虑两方面的因素：一方面，要考虑品牌更新成本。把品牌从原有的定位点转移到新的定位点，所需支付的成本费用与维持原有的品牌形象所需费用作一比较。通常情况下，更新的品牌形象与原形象的距离越远，其更新成本就越高。另一方面，要考虑消费者对产品新形象的认可与接受程度，既包括新形象为品牌带来的新增收入，也包括品牌原有的忠诚消费者的继续认可。

二、品牌更新的策略

品牌更新不仅是产品的一个标记、一个图像的变化，它还是一个不断积累、不断更新的过程。产品可以更迭交替，而品牌则是永恒的，这个永恒是建立在不断地注入新的内涵基础之上的，这个过程的持久性也正是品牌的意义、目的、内容和特点。品牌需要时间积累，更需要持续不断地更新以保持品牌的活力。

（一）形象更新策略

形象更新是品牌为了适应消费者心理和需求的变化，改进并创造新形象，从而为品牌树立新的印象。品牌形象更新主要有以下两种方法：

1.更改品牌名称。对于企业和品牌来说，名称是最基本的形象识别要素。简洁、上口、便于记忆是其基本的要求。例如：为了把企业与消费者之间的距离拉得更近，摩托罗拉公司将原"MOTOROLA"的名称简化为"MOTO"，新名字简洁明快、朗朗上口。"MOTO"用一种消费者自己的语言向公众传递着"全心为你"的公司理念。我国《读者文摘》改名为《读者》、美国消费者将"Coca-Cola"简称为"Coke"，有异曲同工之妙。

如果品牌名有缺陷又难以更改，就要采取补救措施。"伊莱克斯"进入中国市场就遇到不便于口头传播的困扰。这个名字容易混淆，一不留神就会把"伊莱克斯"读成"伊拉克"。企业迅速反应，及时调整了传播策略，经过广播电视广告的反复推广传播，运用乐句简洁、旋律悦耳、声音清脆的音乐，使"伊莱克斯"的名字留在了消费者的记忆中。

2.变换品牌标识。品牌标识是可以通过视觉识别传播的品牌形象，包括符号、图案、色彩和字体。如英荷壳牌集团公司的贝壳造型、耐克的对钩、IBM深蓝色的标准字体等。在品牌经营中，品牌标志变与不变、什么时间变，都需要经过反复权衡机会与风险之后才能做出抉择。改进品牌标志是为了适应时代进步和文化潮流，从而摆脱品牌老化的被动境地。需要注意的是：不论怎么改变都不能背离品牌精髓——核心价值，如耐克挑战极限的体育精神、诺基亚科技以人为本的人文精神。品牌标志的每项要素都要与历史的和现行的识别形象进行比较，明确哪些部分需要改动、哪些品牌风格应当保留，使新的品牌标志既能保持消费者对品牌的忠诚度，又能给人以新鲜感。

2003年，可口可乐在中国起用了新标志，标志的变化体现在中文字体上。香港著名广告设计师陈幼坚设计的全新流线型中文字体，与英文字体和商标整体风格更加协调，取代了可口可乐自1979年重返中国内地市场后沿用了24年的中文字体。通过此举试图扭转消费者印象中的可口可乐传统、老化、活力不足的印象。可见，可口可乐改变的不仅是标志，还有与消费者沟通的方式。

（二）营销策略更新

1. 产品技术创新。品牌创新最重要的是要依靠技术创新。英特尔作为世界上最大的计算机芯片生产商，靠的就是技术上的不断创新来保持企业的持续发展。从286到586，奔腾Ⅱ到奔腾Ⅳ，再到双核处理器，一直遥遥领先于竞争对手。20世纪90年代，当其在386市场上享受高利润时，竞争对手也推出了同等级产品来与其竞争。英特尔立即推出功能更强大的486，同时386降价50%，它又开始在486市场上尽享高额利润。

2. 产品包装更新。包装是产品品质的外部表现形态，也是消费者识别品牌、与企业进行沟通的重要媒介，改进包装是改变品牌形象老化的最直接手段。改进包装应当遵循的思路是：人性化设计，贴近消费者；现代化设计，表现时代感；配合产品升级换代，体现品牌多级层次；加入新元素，传播品牌新概念、新主张，等等。

3. 广告传播创新。一是改进创意。新奇的创意总会令人耳目一新。可口可乐广告语的创新，广告片的创意创新，无不赋予其无限的活力。近百年来，可口可乐正如其广告语"永远的可口可乐！"二是媒体与发布时间的创新。商务通在大规模投放广告时，投放时段主要在晚间22点以后的午夜。这个时段又叫"垃圾时段"，广告价格也低。商务通来了个逆向思维，"不好"时段的商务通广告，效果却意外的好。因为其目标消费者主要是职业男士，这些人工作忙，应酬多，回家比较晚。但回家后一般会看看电视放松一下，打开电视全是商务通的广告，其渗透效果可想而知。三是代言人的选择。一个全新的代言人，能给人耳目一新的感觉。商务通通过陈好告诉消费者什么是商务通；通过李湘张扬产品性能："呼机你有了，手机你有了，商务通你有了吗？"通过濮存昕在"大奔"里与李湘互通电话，帮助商务通完成了"成功男人的选择"这一市场定位，也使商务通推出一年即实现40多万台的销售量。

4. 促销活动更新。促销活动是对市场的一种刺激和拉动，它有助于开拓更广阔的市场。需要正确认识促销活动的意义，掌握促销更新对品牌更新的作用，通过促销活动的更新，把品牌对于市场的领导力，品牌为消费者提供优良产品和服务的理念告诉消费者。

（三）定位的修正

品牌的建立和发展不能一劳永逸，品牌的内涵和形式也不能一成不变。因此，品牌的定位也要适应这一变化。

1. 竞争环境促使品牌修正定位。企业品牌在建立了自己的目标和定位之后，会因竞争形势的深化而修正自己的目标市场。例如，七喜在研究中发现，可乐饮料很容易和保守型的人联系在一起，而那些思想新潮者渴望找到象征自己狂放不羁的标志物。于是七喜即以新形象新包装上市，把自己定位为非可乐饮料，并专门鼓励并资助思想新潮者组织各种活动。这种避实就虚的战略，使得七喜在面对两大可乐公司的紧逼下寻找到新的市场空间，品牌的新定位给它们带来了生机。

2. 时代变化引起修正定位。品牌会随着时代特征变迁、社会经济文化的变化而修正自己的定位。例如，创立于 1908 年的英国著名品牌李库柏（Lee Cooper）牛仔裤是世界上著名的服装品牌之一，也是欧洲领先的牛仔裤生产商。一百年来，李库柏的广告语明确地揭示着品牌形象的不断变化：20 世纪40 年代——只有无拘束；50 年代——叛逆；60 年代——轻松时髦；70 年代——豪放粗犷；80 年代——新浪潮下的标新立异；90 年代——返璞归真。正如人们所评论的："李库柏走完了一个轮回。"

（四）增强创新意识

创新是品牌管理的核心，是品牌生存与发展的基础。它包含着观念创新、技术创新、制度创新、管理过程创新等等。

1. 寻找新的用途。发现和挖掘品牌的新功能，能使品牌焕发出新的活力。在产品的同质化趋势加剧的情况下，挖掘有别于竞争对手的功能，能使产品提高竞争力。品牌的新用途可以通过市场调查研究来获得，了解消费者如何使用该产品，在使用过程中有什么原来被忽视的效用，或者在原来产品的基础上增加新的功能。

2. 进入细分市场。在产品已经成熟，开发新产品难度增大的情况下，应该利用原有品牌的无形资产进入新的细分市场，赋予品牌更加丰富的内容，为消费者提供更多的选择。

3. 增加产品或服务。品牌脱颖而出的途径是多种多样的，既可以考虑向消费者提供意想不到的服务或特色，也可以在产品的样式功能方面达到最优，或者向消费者提供其他品牌很少具备或不具备的独具特色的价值。

三、品牌更新的契机

企业根据发展的需要进行品牌更新时，如果配合公司其他方面的业务拓展的时机来进行品牌更新，不但可以节约品牌更新的费用，而且还能够取得更好的效果。具体时机有：

（一）企业重组

企业产品结构重组是为了实现多元化经营，提高企业的综合实力，为实施品牌战略创造条件。许多优秀企业通过资产重组的方式提升了品牌价值，扩大了品牌的影响力。2008年5月，几乎在微软宣布放弃收购雅虎的同时，谷歌宣布与雅虎结成互联网广告合作同盟，从而牢固确立了在互联网搜索和互联网广告的老大位置。

"休克鱼"被海尔用来形容那些虽然接近破产边缘，但设备性能良好，债务也能剥离，只是因为管理不善等原因陷入困境的企业。海尔认为，这些企业是可以兼并的，只要对之进行科学的管理和重组，是可以使它们"苏醒"过来的。在这一策略指导下，海尔先后兼并了20多家企业，通过统一科学的管理和重组，实现了兼并后的规模效益，使海尔品牌的影响力越来越大。

（二）公司上市

在我国广泛实行现代企业制度、提高企业市场化程度的背景下，公司上市是体现企业规范化、现代化程度的一个重要标志，能够上市的公司都是在某一行业具有实力与影响的企业。公司上市既为企业的发展提供了物资与资金的保证，提高了企业品牌的知名度、美誉度，又为企业进行品牌更新提供了良好的机会。

1988年12月，成立仅仅5年的万科公司公开向社会发行股票2800万股，资产及经营规模迅速扩大。1991年1月29日公司A股在深圳证券交易所挂牌交易。公司上市为万科品牌的发展提供了雄厚的资金保障的同时，也使万科成为了国内著名的房地产品牌。

（三）新产品上市

新产品上市也是进行品牌更新的有利机会，企业可以利用新产品改变或者修正原有产品在消费者心目中的形象，提出企业的品牌理念，使品牌增添旺盛的市场生命力，同时在新产品上市的时候进行品牌更新也会节约品牌更新的成本。如商务通"连笔王"的推出，既应对了市场竞争的需要，又突出了"科技让你更轻松"的品牌新主题。

（四）战略调整

企业战略调整是指企业经营方向和经营理念的重大改变。为了落实战略调整，企业要进行市场、品牌、产品等多方面的重新安排，以保持旺盛的生命力。2002 年 IBM 在出售了其硬盘业务的同时，收购了普华永道，以增强企业的服务能力，这项收购使 IBM 由产品型企业向服务型企业的战略转型进一步加速。在对普华永道的整合完成以后，IBM 的品牌核心也将进一步由产品转向服务，通过调整赋予了 IBM 品牌新的含义。

案例分析

柯达失去领先地位

一个品牌是否会变得过于成功？不会，只要品牌仍然保持同样的产品类别。如果消费者把一个品牌同某种类别的产品联系起来，那么想让消费者改变认识是不可能的。这种情况会对品牌造成影响，最为著名的例子就是柯达。

市场上变化最快的要数摄影，越来越多的消费者将标准照相机换成数码照相机，许多专家已经预言：整个市场变成数码相机的天下只不过是时间问题而已。然而，柯达却是一个与传统摄影有内在联系的品牌，当人们想到柯达时，首先想到的是装有胶卷的小黄盒子，而并非数字摄影技术。

哈佛商学院的教授约翰·科特勒认为，市场朝数字摄影变化对柯达品牌构成了"悲惨的、恐惧的、困难的"挑战。"整整一个世纪，柯达有着太多的成功和太大的市场份额，它和 IBM 一样糟糕。"

柯达是如何应对这一挑战的呢？它于 1995 年创造了"柯达数字科学"这一品牌，进入了数字市场。然而，第二年，公司又在传统摄影方面投入巨资开发一种高级照片系统。这一新系统为消费者提供多种优势，包括有三种打印格式的选择。

但是，高级照片系统相机和胶卷的开发极为昂贵。1996—1998 年间，柯达为此系统投资两亿美元，却无法解决分销问题，没有足够多的零售商愿意保存这种相机和胶卷的存货。

品牌评论家杰克·特劳特对市场开始朝数字摄影发展之时投巨资于传统摄影的决策提出质疑："让旧系统自然死亡，把钱花在建立一个新数字品牌上是不是更好呢？"

然而柯达仍然坚持高级照片系统，这种坚持在短期内收到了回报。到

1997年时，它的高级照片系统产品系列已占整个柯达销售额的20%。不过，高级照片系统不太可能阻止摄影消费者"走向数字化"。即使现在，熟悉"柯达数字科学"这一品牌的消费者也是少而又少。正如品牌评论家所说："与柯达进行竞争的不但有它的宿敌富士，还有硅谷那些想在新兴的数字相片市场上寻找份额的饥饿的掠食者。公司面临的挑战是要将自身变成一个高效的组织，能够抵挡佳能、微软的进攻。"

　　自1885年诞生起，柯达品牌就一直与传统摄影胶卷联系在一起。而众多其他摄影品牌拥有更广泛的、更为数字友好化的名声，其中不仅包括尼康，还有佳能、美能达、索尼、卡西欧等品牌。

　　每当技术有了重要突破时，都会有全新品牌出现。柯达本身也曾是一个先锋技术出现之后的一个先锋品牌，当年它有一个著名的广告语："您只需按一下快门——剩下的由我们来做。"可是如今，这一品牌名称承载着一个世纪的品牌认知，然而却与数字时代不同步。

　　营销专家们对这一问题的观点也是众说纷纭。他们认为，以前的成功足以让品牌维持下去，"柯达品牌可能会以某种形式存活下去——它太有价值了，绝不能允许它死亡"。而里斯则相信柯达没有机会了："柯达品牌在传统摄影王国之外没有权力。"

　　如果柯达想拥有抗争的机会，就需要做出一些艰苦并具有潜在危险的决定，它会发现自己难以一只脚在传统摄影领域里，而另一只脚在数字领域中行走。毕竟，所有品牌都按"二者必选其一"而不是"兼而有之"的原则行事。

　　树立品牌是一个区别于他人的过程，所以柯达必须树立一个前沿的品牌形象，必须坚持一个独特的形象以区别于竞争者。这也意味着要做出某些艰难的决定，其中包括要做出最为困难的决定：它是否应该告别自己的遗产。柯达最好自愿地而非因市场所逼迫做出这个决定。只要摄影技术以某种形式存在，柯达就有抗争的机会。最终，柯达可能被迫创造一个全新的品牌。

思考与练习

（一）思考题

1. 请说明品牌老化的内涵和原因。

2. 如何应对品牌老化？

3. 品牌更新方法是什么？

4. 品牌更新时什么可以改变？什么一定不能改变？

5. 阐述品牌更新的现实需要。

6.如何运用品牌更新策略塑造强势品牌？

(二)练习题

1.请结合案例，为柯达品牌更新制定策略和方案。

2.在现实中找出一个品牌老化的例子，分析原因和危害。

第十章　品牌系统策略

学习目标

1. 了解品牌系统策略的含义。
2. 掌握单一品牌策略的运用条件。
3. 了解多品牌与联合品牌的区别。
4. 掌握主副品牌之间的关系。

基本概念

单一品牌策略　伞型品牌策略　多品牌策略　主副品牌策略

联合品牌策略　品牌层次

品牌故事

五粮液的多品牌战略

五粮液家喻户晓，不论是产品品质还是产品声誉，它都是我国白酒行业的翘楚。如今，除了主导品牌之外，五粮液经过多年的开发、兼并、整合，已经形成了一个覆盖全国的、庞大的"品牌群落"，分别是：中档酒品牌群落、高档酒品牌群落、超高档酒品牌群落和礼品酒品牌群落。

一、中档酒品牌群落

在浓香型中档白酒市场上，这个群落的几十个品牌是一支举足轻重的力量，仅凭"五粮液"这个价值 300 亿元的品牌资产，就是它们极好的卖点。

品牌构成状况：五粮春、金六福、浏阳河、百家宴、千家福、干一杯、三杯爽、天地春、陈泥香、老作坊、逍遥醉、烤酒、玉酒、锦绣前程、名扬天下、江南古坊、龙晶玉液等。

在这个群落，金六福不可不提。这是一个创造了酒业神话的品牌。20世纪 90 年代末期上市的金六福，连续 5 年销量以及销售收入居五粮液系列品牌之首，品牌资产达几十亿元，年销售收入在 10 亿元以上，每年为五粮液至少贡献 5 个亿的利润。它用不到 5 年时间，构建起了遍布全国的销售网络，在全国拥有 22 个分公司。2004 年，连续多年高速增长的金六福放慢了发展速度，进入调整期。启动了"615 工程"，即：打造 6 个年销售收入在 3 亿元左右、15 个年销售收入 1 亿元左右的分公司。

二、高档酒品牌群落

在高端市场，五粮液是以"合力"取胜的，其集群效应非常明显。

品牌构成状况：秦皇、酒王、龙虎酒、天龙宾、国玉春、现代人、长三角、丝路花雨、锦上添花、金枝玉液、金榜题名、大展宏图、春夏秋冬、人民大会堂国宴酒等。

五粮液的"高档酒品牌群落"的扩张还在加速。比如"大展宏图"，这款酒从 2003 年开始创意，用了将近一年时间做市场调查。公司领导数十次就价格、包装、品牌内涵、广告语等诸多方面的问题征求经销商的意见和收集消费者的反应并说，"大展宏图"就是"我们不仅要在渤海海边、南海海边发展，还要到亚洲、美洲发展，把我们的事业发展到全球"。

2004 年 6 月开发、8 月 18 日正式上市的"锦上添花"酒，是五粮液开发的一款高端酒。"我们打算三年不赚钱，全部投入做市场。"公司总裁说，"五粮液给经销商不要雪中送炭，而要锦上添花。"品牌名称由此而得名。投放市场一个月，"锦上添花"盈利 1 000 万元。

三、超高档酒品牌群落

推出千元酒，五粮液是首家。这与五粮液"满足不同区域、不同层次消费者需求"的品牌开发战略是一脉相传的。

品牌构成状况：贵宾五粮液、熊猫瓶形酒、红太阳、酒王酒、五粮神、紫光液等。在这些品牌当中，熊猫瓶形酒是一个代表。它有两点创新：一是包装创新，熊猫造型的酒瓶极具收藏观赏价值；二是容量的突破，它采用了一斤和半斤装，最高价位(豪华型)达到 1 080 元。

四、礼品酒品牌群落

中国人自古崇尚礼尚往来，在礼品酒领域，五粮液的礼品酒不仅包装奢华，更重要的是它挖掘了高端消费者的精神需求。

品牌构成状况：一帆风顺、一马当先、仰天长啸、鹏程万里、十二生肖五粮液、贵宾五粮液等。

在五粮液的礼品酒群落中，"鹏程万里"的上市较早，市场表现相对出色。"鹏程万里"由杭州大红鹰工贸公司代理。这是一家多元化的公司，在江浙一带以及广东和上海有着很好的销售网络基础。即使动辄一两千元的礼品酒，每年销售也达十几吨甚至几十吨。

另一个典型代表是"贵宾五粮液"。代理商是珠海仁济企业有限公司，是全国唯一一个同时代理"贵宾五粮液"和"贵宾茅台"的销售商。贵宾五粮液是五粮液与珠海仁济共同开发的商务用酒，在商场超市的价格直冲 900 元。

由此可见，五粮液的多品牌战略已经形成，而且在不断地扩张之中。在带来巨大经济效益的同时，也为五粮液的品牌形象赢得了高分，并成为诸多白酒品牌争相效仿的楷模。

第一节　品牌系统相关概念

在品牌成长和发展的过程中，出现了关于"品牌系统"的概念。这是基于两个方面的原因：一是品牌延伸带来的结果。一个品牌应用于越来越多的产品时，这些产品可能是一个系列，面对同一群消费者；也可能是一类产品，面向不同的目标市场。二是企业实施多品牌战略的需要。企业使用多个品牌来标识一类产品，构成品牌的多元化；或是用品牌组合构成产品标志，以示品牌产品的区别，作为消费的向导。

一、品牌—产品矩阵

(一)品牌—产品矩阵的定义

品牌—产品矩阵就是指用矩阵来表示品牌与产品之间的组合关系，它是某类产品的全部品牌的集合，也有品牌学者称之为品牌夹。

1. 品牌—产品矩阵。在这个矩阵中，行表示品牌，列表示产品。

矩阵的行表示品牌—产品关系。反映了企业的品牌延伸战略实施后，在同一品牌名下销售的产品数量和共同的特性，实质上反映了品牌的内涵。"行"也称为品牌线，是特定品牌下的全部产品。通过品牌—产品矩阵，可以分析判断当一个新产品要引入市场时，究竟是采用开发新品牌(即增添一条新的品牌线)，还是放在某一条已有的品牌线内。如果选择后者，就需要考虑该品牌收益能否给新产品带来贡献，同时要考虑延伸产品对品牌的贡献。

矩阵的列表示产品—品牌关系。体现了在特定产品类下，各个品牌夹包括的品牌数和品牌的特性。品牌夹中的不同品牌是差异性设计的结果，用于满足不同的细分市场。品牌夹中低端品牌和高端品牌可能不纯粹是为了赢利，低端品牌可能是引入的一种战斗品牌，以阻止竞争者的进入，或使之无利可图。而高端品牌是为了提升整个品牌夹的地位，起到象征作用，也是为了占有尽可能多的市场份额，尽可能从市场中赢得更多的利益。

2. 产品线。这是一个在市场营销中广泛采用的一个概念。产品线是在一个产品类型中的一组产品。它们密切相关，功能相似，卖给同一群顾客，运用同一分销渠道，在价位上属同一个区域范围。产品线通常就是产品的一个类，是品牌—产品矩阵中的一行或行的一部分。

3. 产品组合。就是全部产品线和全体产品项目构成的集合。

4. 品牌组合。则是指全部品牌夹和品牌的集合。

（二）品牌系统的作用

确定品牌系统策略时既要考虑品牌线的深度，即品牌是否延伸以及延伸的程度，又要考虑品牌夹的厚度，即品牌夹中所包括的品牌数，在同一个产品类中要推出多少不同的品牌。其作用是：

第一，品牌系统表明企业品牌策略的构成。在一个产品类中，品牌夹中的品牌个数是一个，则表明该公司在这个类中选择了单一品牌策略；如果品牌个数大于一个，则表明该公司在这个类中选择了多品牌策略。

第二，品牌系统可以扩大市场覆盖面。单一品牌策略是为了最大限度地发掘品牌的潜能，多品牌策略以市场细分为基础，满足不同的细分市场的需要。因而，不同的品牌具有不同的价位、不同的分销渠道、不同的适用范围。

最早引入多品牌策略开展营销活动的是通用和宝洁。通用汽车的品牌按价位来划分，而宝洁则根据需求差异性或感觉差异性推出不同品牌。宝洁在洗发水市场上的多品牌——潘婷、飘柔、海飞丝、沙宣等的运作，成了多品牌策略的成功范例。

（三）品牌夹的类型

品牌夹中包含着不同作用与功能的产品。常见的有战斗性品牌、低端进入品牌、高端贵族式品牌。

1. 战斗性品牌。企业针对细分市场推出品牌产品之后，竞争者往往以牺牲利润为代价推出相近档次的产品，旨在瓜分市场份额。如果任其发展，必然会危及品牌的生存。为了避免企业主品牌的地位可能受到的威胁，需要推出战斗性品牌，就是推出与竞争对手相抗衡的新品牌，以阻挡竞争品牌对主品牌的冲击。如柯达在应对富士进入美国市场时就采取了这一战略，其"Funtime"便是如此。还有菲利浦·莫利斯为阻止低价烟对万宝路的侵蚀，推出了折价品牌"Basic"（意为"基本"）与其他侵蚀万宝路的低价烟品牌竞争，并且打出个性鲜明的促销广告："口感不错，价格更低"。

在推出战斗性品牌时，要体现出适当、适度，既不能过之又不能不及。所谓不能过之，是指不能让战斗性品牌的吸引力太强，以免冲击主品牌的形象地位；所谓不能不及，是指战斗性品牌产品不能太差，以致引起对主品牌的不良联想。判断战斗性品牌成功与否的标准，不是在于战斗性品牌本身的成功，而是看主品牌的市场份额和赢利能力是否得到有效保护。丰田近年来在中国推出的"威驰"、"锐志"就是明显的战斗性品牌。

2. 低端进入品牌。低端进入品牌，往往不是开发出一个全新的品牌，而是在主品牌的基础上加上一个后缀或前缀形成一个副品牌，这样新引入的品牌既与原品牌保持密切的关联性，又显示出两者的差别，目的是吸引暂时买不起或不适合买主品牌产品的消费者购买品牌的低端产品，借此使其建立与主品牌之间的感情联系，以期在其条件成熟之后再购买主品牌产品。例如："宝马"在一些车型中引入了3缸汽车，价格明显便宜，目的就是培养宝马的潜在顾客群。

3. 高端贵族式品牌。品牌在某类产品中拥有完整的品牌夹，从低档的大众品牌到昂贵的贵族式品牌一应俱全，其中贵族式品牌并非主打品牌，更不是公司利润的主要来源。但为了表明自己具备精良的技术和雄厚的实力，还是推出高端贵族式品牌。如美国 GM 公司在其主打品牌之一的"雪佛兰"品牌夹中，推出高端品牌——Corvette 牌高性能跑车。"当汽车放在雪佛兰车展厅时，大量好奇的顾客蜂拥而至，并为之惊叹不已"。虽然，这些顾客未必购买 Corvette 跑车，但能提升雪佛兰品牌的形象也是对雪佛兰的原有消费者提供一种心理信念。

二、品牌层次

(一)品牌层次的定义

品牌层次是指构成产品品牌的一组名称或符号的先后有序的组合。其中有些要素是各品牌共有的，也有一些是独特的、差异性的。品牌层次显示了一个企业内不同品牌和产品之间的关系，通过这个品牌层次，可以认识公司的品牌策略，追溯产品之间的关系。

人们在品牌研究中通常考虑的是一个产品、一个品牌，或者说一个商标。在品牌管理实践中，一个产品经常由一组品牌名称来标示。以 IBM 品牌为例，IBM Think Pad 760 笔记本电脑，它由三个不同层次的品牌要素组成："IBM"、"Think Pad"、"760"。这三个要素中，有些要素为共同享有，如

"IBM"用于标示"IBM"公司生产的各种产品,而另一些要素只标示某种特定类型的产品,如"Think Pad",意指手提式电脑,而非台式电脑;"760"是标示"Think Pad"电脑的特定型号,称为品牌的修饰性号码。

许多国际知名企业也采用类似的方法,如波音飞机的 737、747、757、767、777、787 等,又如 Intel Pentium Ⅰ／Ⅱ／Ⅲ／Ⅳ等。可见,用一组商标及修饰性数字来标示产品是一种常见的品牌策略。在这一组名称组合中,其先后次序是固定的,不可随意更改。在上述例子中,前面是公司品牌,然后是类品牌,再是产品品牌,最后是表示型号的品牌。

(二)品牌系统的创建

品牌层次往往自上而下命名,越上面的名称应用的产品类别越广,越下面的应用范围越窄,品牌的修饰性号码用于特定的一种产品。在一个品牌中,不同的层次发挥的作用是不一样的。各个企业在力推产品的过程中,对不同层次的品牌要素给予的重视程度也不尽一致。品牌可以由多种不同的方式组合在一起,发挥集合功能,更好地创造品牌效益。

1.公司品牌层。公司品牌层是企业名称注册后用于标示产品的品牌,如IBM、微软等。公司品牌这个层次的权益主要来自于公司的形象,它是消费者头脑中留下的关于企业产品和服务及企业实力、社会责任等的联想的综合体。由于消费者对这样的品牌比较信任,企业在推出其新品牌时比较容易成功。

企业整体品牌及其形象(CI)在影响消费者购物决策中的重要性正在增加。在美国89%的被调查者认为企业的信誉决定他们购买选择,71%的消费者认为越了解企业就越喜欢它的产品,有80%的消费者认为,企业对慈善事业和公益事业的态度,是衡量该企业能否做到令消费者满意的依据。

公司形象集中体现为公司的信誉,公司的信誉反映在公司每天成千上万的细小行为之中,因此,建立公司品牌信誉需要从日常和细小的事情做起。中消协在2000、2003、2007 年进行了国人心目中最好的品牌调查,海尔连任国内第一品牌,其原因是质量好、服务好、形象佳。

公司品牌名称更让消费者联想起产品的共有特性和利益,联想到企业的员工和他们对待消费者的态度、公司的各种规划和策略行为、公司的价值观念以及可信度和可靠性等。在成熟的美国市场上,名列前茅的公司在十年前和十年后的今天并无多大变化,如微软、英特尔、宝洁、惠普、通用电器、IBM、强生公司等,一直是美国市场上信誉卓著、备受人们推崇的企业。

2.家族品牌层。家族品牌层是用于标示一个企业不同种类产品的品牌。

家族品牌介于公司品牌和产品品牌之间。随着企业业务的扩展，公司品牌不再适用于生产和经营的产品和服务，企业就需要开发新的品牌，新品牌一旦立足市场，在该品牌名下有可能进行延伸，便诞生了家族品牌，如丰田的雷克萨斯、凯美瑞、科罗拉等。

家族品牌的另一个来源是公司的兼并和收购。在历史上最早采用多品牌策略的公司之一——通用汽车就是通过收购和重组获得了包括凯迪拉克、别克、雪佛兰等家族品牌。家族品牌是由产品品牌转变而来。

家族品牌与公司品牌的共同之处是，它们作为品牌应用于多类产品。两者的主要区别是，家族品牌名不是公司名称，因此没有公司一层的直接联想，如企业的分销渠道、公司的业务行为、社会角色等与家族品牌无关。

家族品牌的成功在于延伸产品与原型产品极为贴近，并将品牌内涵发挥到极致。因此，家族品牌有如下优势：一是有利于扩大品牌销售量和销售额；二是有利于降低品牌的开发成本；三是有利于强化品牌形象和地位。

3. 单一品牌层。单一品牌层是只用于某一特定产品、只限于标示同类产品的品牌。这种产品可以有不同的式样、包装尺寸、香味、色彩等。例如飘柔洗发水，有大瓶装也有小瓶装或小袋装，有绿色包装也有黄色、黑色包装。

单一品牌的优点就是可以根据市场特定的需要来设计、定制出一套独特的营销计划，不受已有其他品牌的束缚。品牌名称、标志、品牌要素、产品构想、营销沟通、定价及分销等均可定制，以针对特定的目标市场。尽管开发这样一个新品牌的风险和费用巨大，但是这个品牌一旦遇到困难或失败，对家族品牌或公司品牌的影响也是最小的。

许多知名品牌都是由单一品牌起步，随着品牌的成功，单一品牌推出新产品，进而转化为家族品牌。家族品牌或公司品牌几乎是单一品牌发展的必然归宿。因此，单一品牌并非稳定的品牌层次，要么以消失告终，要么成为家族品牌或公司品牌。

4. 品牌修饰层。品牌修饰层是用于上述三类品牌中的附加的修饰成分。品牌修饰层可以附加在公司品牌或家族品牌后，还可以附加在产品品牌后。

品牌修饰层既可以标示产品的质量水平，又可以标示产品的不同特性和不同功能，如汰渍第1代、汰渍第2代标示了产品的质量等级。夏士莲芝麻、夏士莲皂角则标示其功能的差异性。

品牌修饰层起着组合和传播作用，能帮助和指导顾客做出准确的选择，不致因产品式样过多而举棋不定，可使单一品牌覆盖更大的市场。

品牌修饰层有时被称为子品牌,虽然它未被注册成为商标,但仍然能够起到很好的识别作用。因其具有独特的联想和识别功能,可以注册为专属产权。

第二节　单一品牌策略

企业发展到一定规模,积累了一定的资金、技术、人才和品牌优势后,必然开发新产品。新产品与原产品可能属于同一品牌系列,或者相反,此时企业就面临着品牌系统策略的选择:是选择单一品牌策略、多品牌策略还是主副品牌策略。决定实行何种品牌系统策略的主要因素是企业的发展战略、市场的客观条件。

一、单一品牌策略的定义

单一品牌策略也叫统一品牌策略,是指企业的多种产品使用同一品牌名称。运用单一品牌策略的典型代表有美国的通用电气公司、日本的三菱公司和成都彩虹电器股份有限公司。通用电气公司的所有产品都统一使用"GE"这个品牌;三菱公司的产品有机械重工,也有银行金融,所有产品均采用三菱品牌和LOGO;成都彩虹电器股份有限公司生产的消毒柜、电热毯、电热灭蚊器用药片、杀虫剂等产品一律使用"彩虹"这个品牌。

二、单一品牌策略的种类

即使是实行单一品牌策略,也在单一程度上存在着差别。据此,可以将单一品牌策略分为产品线品牌策略、产品项目品牌策略和伞型品牌策略三种。

(一)产品线品牌策略

产品线品牌策略是指企业对同一产品线上的所有产品使用同一品牌。由于同一产品线上的产品面对的是同一消费群体,它们在生产技术上联系紧密,在功能上相互补充,因此可以使用一个品牌来满足同一消费群体内不同方面的消费需求。例如金利来的广告语"金利来,男人的世界"广为人知,金利来的衬衫、西服、领带、领夹、钱包、皮带等男士系列用品都采用了统一品牌战略,在高收入男性阶层中备受青睐。

产品线品牌策略的优点:一是有利于创建统一的品牌形象。提高品牌在目标市场的知名度,增强品牌的市场影响力。二是有利于产品线的延伸。企业可根据目标消费群的多方面需求推出系列产品。三是有助于节约促销费用。多种产品使用同一品牌，可以集中营销资源，取得品牌规模效益。

产品线品牌策略的缺点：一是受产品线制约。由于产品线相对有限，因而制约了已有品牌的运用范围，使品牌不能发挥潜在价值。二是阻碍企业创新。产品线策略要求与已有产品相近或相关，有重大创新突破的新产品在扩张中会受到影响。三是存在株连风险。不同产品使用同一品牌，若其中某一产品出现问题，也会影响到其他产品。

（二）产品项目品牌策略

产品项目品牌策略是对不同产品线中具有同等质量的不同产品使用同一品牌。产品虽然不同，但市场定位和承诺是一致的，因而，使用同一品牌的所有产品有共同的市场沟通主题。例如，世界著名的服装制造商贝那通（Benetton）公司生产适合各种消费者穿着的 Benetton 品牌服装，它们的宣传主题是"贝那通的联合色"，强调人类和谐，人类相通，暗示其产品适合不同肤色的消费者。

产品项目品牌策略的优点：一是避免了信息传播泛滥。众多产品使用同一品牌和品牌创意，有利于建立统一的品牌意识和品牌形象。二是集中进行品牌宣传，可以降低新产品的上市费用。

产品项目品牌策略的缺点：一是品牌明朗度受到影响。随着产品数量增多，消费者不知该品牌具体代表什么。品牌覆盖的产品范围越广，这个问题就越严重。为了解决这个问题，可以结合产品线品牌策略，以利于消费者识别。二是品牌的个性化程度降低。所有产品使用统一的沟通主题，无法反映各种产品的具体特点。

（三）伞型品牌策略

伞型品牌策略是企业所有领域的全部产品使用同一品牌。这种策略在大企业的运用效果比较明显。最为成功的例子是飞利浦（Philips），它们生产的所有产品，大到组合音响、电视机、电冰箱、计算机，小到灯管、灯泡、手机、电动剃须刀、电吹风等均使用飞利浦（Philips）品牌。飞利浦公司的成功经营使飞利浦畅销全球。雅马哈（Yamaha）也是成功实施伞型品牌策略的一个典范，它生产的摩托车、钢琴、电子琴都使用 Yamaha 品牌。佳能公司（Cannon）也推行伞型品牌策略，其生产的照相机、传真机、打印机、复印机也都使用 Cannon 品牌。

1. 伞型品牌策略的优点。

一是引入新产品的费用较少。不需要进行品牌名称的调查论证工作，不需要为建立品牌名称认知和偏好花费推广费用，可以节省大量开支。跨国公司在向国外扩张时经常使用这种策略，利用已有的品牌知名度打开市场，节约进入市场的费用和时间。

二是有利于新产品获得认知。企业品牌强劲，产品声誉好，品牌形象的认知信息可以延伸到新开拓的产品上，便于新产品获得品牌认知，拓展新产品销路。很多媒体在解释这种现象时使用了"晕轮效应"一词，还有一些媒体则谓之为"爱屋及乌"，都说明了伞型品牌策略在品牌认知方面的优势。

2. 伞型品牌策略的缺点。

一是容易忽视产品宣传。新产品只要挂上强势品牌，产品销售通常不成问题。然而结果却是，产品特色的宣传得不到足够的支持，品牌的影响力会随着运用范围的扩大而稀释，产品特色会因运用范围的扩大而减弱。

二是品牌名称的纵向延伸存在问题。品牌名称在同一产品档次的横向延伸一般问题不大，但不同产品档次的纵向延伸则较为困难，因为纵向延伸意味着品牌要囊括不同质量和水平的产品。例如，凯迪拉克（Cadillac）是通用汽车公司的主导品牌，该公司为应对激烈的市场竞争，曾于 20 世纪 80 年代推出了凯迪拉克经济型轿车 Cimarron，声称让消费者花雪佛兰的价钱就可以买到凯迪拉克，结果却使人们对凯迪拉克传统的豪华车的象征意义产生动摇，直接影响到其高档车的销售。

三是优先效应和近因效应。优先效应和近因效应对伞型品牌策略的运用起着制约作用。所谓优先效应，是指在某个行为过程中，最先接触到的事物给人留下较深刻的印象和影响，起着第一印象和先入为主的作用。从实行伞型品牌策略的角度看，某个品牌极易成为使用这一品牌的第一种产品的代名词，也就是说，消费者趋向于把一个品牌看成某种特定的商品。例如，雪佛兰汽车是美国家庭轿车的代名词，但是在雪佛兰将生产线扩大至卡车、赛车后，消费者心中原有的"雪佛兰就是美国家庭轿车"的印象焦点就模糊了，而福特汽车则乘虚而入坐上了第一品牌的宝座。近因效应是指在某个行为过程中，最近一次接触的事物给人留下较深刻印象和影响。由于它能对最初形成的优先效应起到巩固、维持、否定、修改或调整的作用，并且与消费者的下一次购买行为在实际上最为接近，所以它能促进或阻滞新老产品的销售。当优先效应和近因效应协调一致时，即优先效应形成的原有商标意象与近因效应产生的新的商标意象可以"对号入座"时，能增强消费者的满意度和信任度，这有利于产品销售。比如，福特汽车将已成为经典的 1965 年野马车型，悄悄加入新车型的广告中，就是成功的范例。但是，如果两种效应不一致，甚至发生激烈冲突时，消费者心中的原有品牌意象就会模糊化，此时会阻滞产品的销售，推行伞型品牌策略的效果就不会很好。

四是遭受连带损失。由于品牌系统中的所有产品使用单一品牌，因此极易导致"一荣俱荣，一损俱损"的结局。伞型品牌策略的最大风险在于产品间的相互牵连，因某个产品而影响企业所有产品形象，由此导致企业效益滑坡甚至破产。如果企业在危机出现后能够及时调整品牌策略，也许还能扭转局面，但即便这样，对企业来说也是一记重创。

三、单一品牌策略的运作条件

（一）保持产品关联度

单一品牌策略是借助已有品牌的声誉和影响向市场推出新产品，是品牌延伸的常见方式。在新产品推广过程中，新产品与原有品牌的产品之间的关联程度是一项极为重要的条件。

（二）符合品牌定位

企业的经营决策必须与企业品牌定位保持价值取向的高度一致，否则就会造成品牌形象的混乱，引起消费者的疑惑。通常情况下，品牌定位的适用范围是第一次使用这一品牌的商品所属的行业，如果想跨行业延伸，最好选择多品牌策略。

（三）具备质量保证

新产品必须具备一定的质量保证，这是确保品牌形象的重要条件。如果出现质量问题，就会牵连到整个品牌的产品。

第三节　多品牌策略

消费者的需求具有多元的特性，是一个变量。因此，当一个消费群体分化为具有不同偏好的若干群体，单一品牌策略便无法满足具有各种偏好的消费者的所有需求，并且容易造成品牌个性不明显和品牌形象混乱的问题，而多品牌策略则是解决这一问题的良方。

一、多品牌策略的定义

多品牌策略是指企业同时生产和经营两种以上互相竞争的品牌，并将不同产品分别命名，以促进销售总量增加。也叫做产品品牌策略。

多品牌策略由宝洁公司首创。宝洁以生产经营洗涤用品为主，并涉足化妆品、卫生用纸以及一些食品和软饮料，在美国的日用品市场上获得 8 个领域的市场占有率桂冠，是世界日化领域的超级巨人。据统计，宝洁公司共有300 多个品牌，其产品大多是一种产品多个牌子（一品多牌）。以洗衣粉为例，它推出的品牌就有汰渍、快乐、波尔德、伊拉等 10 余个品牌。在中国市场上的宝洁，香皂用的品牌是舒肤佳，牙膏用的品牌是佳洁士，卫生巾用的品牌是护舒宝，仅洗发水就有飘柔、潘婷、海飞丝、沙宣、润妍等多个品牌。市场细分使宝洁公司获得了巨大的品牌延伸拓展空间，差异化经营为宝洁公司提供了丰厚的利润回报。在中国，实施多品牌策略的企业也很常见，如丝宝集团的洗发水有舒蕾、风影、顺爽三个品牌，化妆品品牌有丽花丝宝、柏兰、美涛等品牌。科龙集团是国内家电业中唯一实行多品牌策略的企业，旗下拥有科龙、容声、华宝、三洋·科龙等四个品牌。

二、多品牌策略的优点

（一）有利于培育市场

实施多品牌策略，可以从多个方面去开拓市场，为消费者提供满足个性化需求的产品和服务，有利于市场的培育和成长。

（二）有利于市场竞争

实施多品牌策略，可以使品牌战略管理具有一定的灵活性，限制竞争对手的延伸，从而赢得市场机会。

（三）提高市场占有率

多种品牌的产品一旦被零售商接受，就能获得更多的货品陈列机会，取得更多的货架面积，相对减少竞争者的机会，有利于保持竞争优势。

（四）满足消费群需要

一个品牌的独特定位，可以赢得某一消费群；多个品牌各有特色，就可以赢得众多消费者，广泛占领市场。

（五）有利于提高效率

企业内多个品牌之间的适度竞争，可以刺激内部的竞争意识，提高企业的整体业绩。

（六）提高抗风险能力

采用多品牌策略的公司里，各个品牌之间是相互独立的，个别品牌的失败不至于殃及其他品牌及企业的整体形象。这不同于单一品牌策略。实行单一品牌策略，企业的形象或企业所生产的产品特征往往由一个品牌全权代表，一旦其中一种产品出现了问题，就会影响到品牌的整体形象。

三、多品牌策略的缺点

（一）增大品牌推广投入

由于对不同品牌进行各自不同的广告宣传促销活动，大大增加了产品营销的成本，影响企业经济效益，不符合营销集约化原则。

（二）引起内部品牌间竞争

采用多品牌策略，必然存在品牌间此消彼长的现象。新品牌的推出可能会导致老品牌的没落；或者在老品牌的压力下，新品牌难以顺利打开市场。

（三）新品牌的知名度低

品牌的市场生命周期决定了不可回避的导入期、成长期等过程需花费资金和时间进行品牌的推广传播，使新品牌进入市场的脚步放缓，投资获利较慢。

（四）不利于名牌的打造

由于企业人力、物力、财力分散于多品牌推介当中，因此不利于企业品牌的培育，更不利于名牌的打造。一个企业在年销售额不到三五百亿元的情况下实行多品牌策略，其实是在削弱自身的竞争力。

（五）品牌边际效益递减

实行多品牌策略，实现了占领市场的需要，但新品牌在推出过程中，新品牌的边际效益呈递减趋势，难以实现广泛的市场渗透。

四、多品牌策略的运作条件

实行多品牌策略，首先要考虑行业特色和企业实力。如果品牌过多，项目分散过细，可能导致每种品牌都只有很小的市场占有率，使企业的资源过于分散，不能形成规模效益。

（一）企业具有明显实力

多品牌策略是企业实力的象征，所有实施多品牌策略的企业都是在发展到了一定程度才形成多品牌布局。企业的技术层次、专利成果、人力资源、资金实力、对市场的驾驭能力等，是实施多品牌战略的重要条件。

（二）针对产品与行业特点

个性化的产品适合于采用多品牌，如生活用品、食品、服饰等日用消费品；而耐用消费品则适合采用单一品牌策略，如海尔，无论洗衣机、彩电、音响、空调、冰箱均采用同一品牌。这是因为耐用消费品的产品技术、品质等共性化形象对消费者来说更为重要，而其个性化形象相对来说已退居其次。

（三）突出品牌的定位差异

可实施严格的市场隔离，开展品牌差异化营销，并协同对外。实施多品牌策略的最终目的是通过新品牌去占领不同的细分市场，夺取竞争者的市场份额。如果引入的新品牌与原有品牌没有足够的差异，就等于企业自己与自己竞争。同时，品牌间的差异要具有可识别性，要让消费者轻松地感受到品牌间的差别，只有让消费者识别出品牌间的差异才具有真正的品牌价值。

（四）品牌应具有规模

同种产品的多品牌策略应注意的目标市场是否有足够的市场容量。在竞争中，许多市场已被分割成若干细分目标。推出的新品牌拥有多大的市场前景，推出的新品牌能否赢得市场竞争，这些都需要事先有所预想。

第四节　主副品牌策略

一、主副品牌策略的定义与特征

主副品牌策略是指由一个主品牌涵盖企业的全部产品，同时为各个产品赋予一个副品牌名，用以突出各个产品的个性形象。它是在主品牌保持不变的情况下，在主品牌后面为新产品添加一个副品牌，以便消费者识别该产品，拉近消费者与该品牌之间的情感距离，促使消费者认识并购买该产品。即给品牌加上一个后缀，给新产品起了一个"小名"。例如：三星—名品、康佳—画王、红心—小橱娘、海尔—小神童、TCL—巡洋舰、长虹—金太阳、乐百氏—健康快车、娃哈哈——营养快线等，均属于主副品牌产品。与其他的品牌战略相比，主副品牌战略最突出的特点是它具有极强的针对性。主副品牌战略较好地解决了单一品牌战略容易导致的品牌个性模糊和多品牌战略容易导致的资源浪费问题。

二、主副品牌策略的优点

（一）发挥品牌资本的优势

主副品牌策略可以对公司品牌或家族品牌的联想和态度从整体上加以利用。副品牌可以有效地利用已经取得成功的主品牌的社会影响力，以较低的营销成本迅速进入市场，从而降低新产品上市的风险和压力，最大限度地发挥企业品牌资本的优势。同时，主副品牌战略在企业品牌系统及所有相关的品牌联想之间建立了更加紧密的联系。主副品牌之间的关系不同于品牌与产品品牌之间的关系，这是由主品牌是否直接用于产品，主品牌是否作为认识、识别的主体所决定的。例如海尔—帅王子冰箱和三星名品彩电。海尔、三星是企业品牌，同时也直接用于产品，它们是产品品牌的识别重心，"海尔"与"帅王子"、"三星"与"名品"构成了主副品牌关系。

（二）副品牌处于从属地位

企业必须最大限度地塑造并利用已有的成功品牌，也就是主品牌，消费者识别、记忆、认可、信赖和忠诚的主体也是主品牌。因此，需要努力发掘已有成功品牌的形象资源，以使新开发的产品得到主品牌的最大助力。比如海尔小神童洗衣机，其副品牌"神童"传神地表达了该洗衣机"电脑全自动"、"智慧型"等产品特点和优势，而消费者对海尔小小神童的认可、信赖乃至决定购买，主要是出于对海尔的信赖。因为海尔在家电品牌中已拥有极高的知名度和美誉度，如果不利用"海尔"的品牌号召力，而只是以"小神童"作为主品牌，要被消费者广为认可，那将是十分困难的。

（三）创造产品的品牌个性

每个品牌都具有其标志的产品的稳定特点，都是属性、利益、价值、文化和用户关系的组合；而副品牌更加直观、形象、浅显地表达着产品的特点和个性，使消费者可以联想到更具体的产品特点和个性形象。例如格力蜂鸟空调，一看便知其主要特点就是小巧、精致、省电。副品牌常常选择那些通俗易懂、朗朗上口的形象化词语，这样不仅能够生动形象地表达产品特点，而且易于传播，可以快捷广泛地推广开来。东芝火箭炮、TCL巡洋舰超大屏幕彩电就较好地体现了这一特点。副品牌由于要直接表现产品特点、与某一具体产品相对应，大多选择内涵丰富的词汇，因此使用面比主品牌窄，而主品牌的内涵一般较宽泛，有的甚至根本没有意义，如海尔等。副品牌则不同，如"小王子"作为单身青年的家电用品十分贴切，能产生很强的市场促销力。

（四）节省品牌营销的费用

采用主副品牌策略，广告宣传的中心仍是主品牌，副品牌的作用主要是用来修饰主品牌。副品牌从不单独对外宣传，都是依附于主品牌联合进行广告活动。这样，一方面能尽享主品牌的影响力，另一方面副品牌识别性强、传播面广且张扬了产品的个性形象。更重要的是，采用这种策略不用为副品牌另外支付广告费用，可以把主品牌的宣传预算用在主副品牌的共同宣传上。这样，副品牌就能在节省宣传成本的同时尽享主品牌的影响力。

三、主副品牌策略的缺点

（一）适用面比较窄

副品牌由于直接表现产品特点，与某一具体产品紧密对应，大多选择语义形象、内涵丰富、特征突出的广告词语，这种过于细分的目标市场使主副品牌在取得足够的产品份额方面困难较大，适用面比较窄。因此，选择有利可图的目标市场在主副品牌运用中是应该首先解决的问题。

（二）品牌风险增大

采用主副品牌策略，就将副品牌与企业品牌系统中所有的品牌联系起来了。如果企业品牌系统中的某个副品牌发生了问题，就有可能使主品牌和其他同样采用主副品牌策略的品牌形象受损。副品牌如果失败就可能影响主品牌的形象，企业的风险随之增大。

（三）淡化主品牌形象

如果副品牌与主品牌的品牌联想不一致甚至相互冲突时，就会改变消费者对企业主品牌或者其他副品牌的印象。如果副品牌过于成功也可能淡化企业主品牌的影响力。

四、正确处理主副品牌的关系

（一）立足主品牌的基点

副品牌是基于主品牌的品牌，离开了主品牌，副品牌也就如无源之水、无本之木，难以保持旺盛的生命力。因此在处理主副品牌的关系时，应在资金、资源等方面对主品牌保持足够的倾斜，恰到好处地利用主副品牌策略，可以起到拾遗补缺、相得益彰的效果，为企业创建知名品牌助上一臂之力。

（二）利用主品牌形象资源

在进行产品推广时，应重点推介主品牌，副品牌处于从属地位。广告重点推介主品牌，可使企业最大限度地利用已成功主品牌的形象资源，节省新产品上市资源。如果主副品牌颠倒，主品牌成为新产品的副产品，就会导致消费者对新产品的认知从零开始，这等同于建立一个全新的品牌，不仅成本高而且难度大。

（三）弥补主品牌不足

副品牌是主品牌的延伸，它需要利用消费者对现有成功品牌的信赖和忠诚度，推动副品牌产品的销售。副品牌应运用自己的个性，弥补主品牌在形象感、功能、印象等方面简单、生硬的不足，体现主品牌未曾挖掘的深刻内涵，使主品牌形象更加丰满。

五、主副品牌策略的运作条件

企业是否采用主副品牌策略，需根据企业状况、行业状况、产品状况等进行具体分析。

（一）适合的条件

1. 在技术不断进步，产品更新换代，更新周期较短时，采用主副品牌策略既可以区别于以往产品，又可给消费者以企业不断发展的印象。

2. 在市场竞争激烈，产品使用周期较长时，可使用主副品牌策略。如家电行业就属于这种情况，洗衣机、冰箱、空调等行业大多采取主副品牌策略。

（二）不适合的条件

1. 企业及其产品品牌已经定位，使用范围已经界定，企业若想超出原有范围进行品牌延伸时，不宜采用主副品牌策略。例如，"金利来，男人的世界"这一定位决定了该公司不宜利用主副品牌策略生产女性服饰。

2. 如果产品跨度太大，与已成功品牌产品关联性不强，不宜使用主副品牌策略，可以考虑使用多品牌策略。

3. 产品生命周期较短，或客观需要更新品牌时，使用主副品牌策略的效果也很有限。例如个人清洁用品、洗发护发用品、护肤用品等产品，医生可能从保健的角度出发，呼吁消费者不要经常使用一种品牌的产品。这些情况，在客观上制约了主副品牌策略的应用。

企业应根据自己情况及产品特征，结合外部环境和消费者状况作出决策。

第五节　联合品牌策略

一、联合品牌策略的定义

联合品牌是指两个或更多的品牌合并为一个联合品牌，或以合作的方式组成一个全新的共同品牌。参与联合的每个品牌都期望能强化整体形象或促进消费者的购买意愿。

星巴克作为"咖啡快餐业"知名品牌与联合航空公司携手，一方面开拓了新的业务领域，使自己的产品覆盖到更广的市场空间；另一方面也正是由于这种优势合作，使它们在各自领域中的品牌价值得到了切实的提升。事实证明，许多其他品牌的忠实顾客正是由于这项举措，转而变成了联合航空的顾客；而现在许多星巴克的"拥护者"也在联合航空上结识并开始钟情于这一"咖啡之星"。

二、联合品牌策略的优点

（一）强化品牌形象，提升品牌价值

当品牌难以形成绝对优势、继续竞争难免造成"渔翁得利"时，推行品牌联合策略可以更好地提升品牌价值，改善品牌形象。同样，如果某个品牌单独出现难以说明问题时，进行品牌联合能够更好地标明品质、强化形象。

国际知名企业都十分善于利用其在各自行业中的强大品牌号召力和市场优势，与其他行业的领导者进行"强强"品牌联合，以期在更大的市场深度和广度上进行扩展，来强化自己的品牌形象，而由于这种联合往往是基于合作双方或多方的品牌共赢，因此也较容易得到来自合作伙伴和市场的积极响应。进行"强强"品牌联合的大企业，可以帮助它们在新市场迅速确立品牌价值，均是获益匪浅。

（二）利用各自优势，推出新产品

联合品牌策略有助于合作双方利用各自的品牌优势，取长补短推出新产品。品牌联合已是大势所趋，是当今市场中制胜的重要手段之一，这种趋势被称为"联合竞争"（cooperation）。其中蕴涵的意义和观念是：企业有时不得不与它的对手合作和竞争。联合品牌即是这种协作的表现形式。而且，使公众了解联合的意义也算是品牌额外的增值效益。

中小企业通过与具有强大品牌知名度的企业结成联盟，依托他人优势来提升自身品牌价值。这种联合的关键是要找准合作的契合点，以便发挥自己的相对优势。例如，当初的联想依靠自身的相对优势与国际知名企业合作，在巨人的肩膀上成长起来，树立起今天的品牌地位。如今的联想今非昔比，同著名的 IBM 实现了强强联合，从而实现在 IT 业的历史性跨越。

（三）实行暗中联合，增加无形效益

有的品牌联合项目并不对外公开，出于保密考虑，暗中联合实为一种上策。例如，雀巢和可口可乐公司决定联手对付联合利华的利普顿（Lipton）冰茶产品，由雀巢负责产品创意、设计，可口可乐负责销售，共同推出"雀茶"，这个产品并未标明是联合品牌，可口可乐的大名也只是在产品包装上一带而过。

诸如此类的暗中联合并不妨碍合作双方在联合中发挥各自的资源优势，同时还避开了竞争对手的注意和一些联合经营的风险。

三、联合品牌策略的缺点

（一）企业的控制力降低

企业在与另一个品牌结成联盟时，如果联合品牌出现问题，任何一方都难以保证及时和圆满地予以解决，因为这涉及到各自的认识、判断和处理方式；同时，消费者对于联合品牌的介入度和期望值通常都很高，不当的表现会对相关品牌产生不利的影响。

（二）联合双方的株连效应

作为联合品牌，其中的任何一方出现的问题都会波及另一方。有着充分的事例表明，联合品牌中的一方如果申请破产，另一方就会受到牵连，产生连锁反应，出现股价下跌、失去投资商和消费者信任等危机。

（三）淡化品牌的原有联想

企业品牌加入了联合品牌协定，不可避免地会使原有的品牌联想被弱化，消费者原已形成的品牌忠诚受到冲击，品牌的原有意义受到淡化。

四、品牌联合的方式

品牌联合的方式很多，主要有以下五个类型的联合品牌：

（一）中间产品联合品牌

在产品中将其他著名品牌的部件嵌入其中。例如：富豪汽车公司的广告说，它使用米其林轮胎；固特异公司称，它生产的车胎是奥迪和奔驰车推荐使用的部件；IBM公司则在其计算机产品上标注"Intel Inside"（内置英特尔）。

（二）合资联合品牌

由不同的出资方共同组成的品牌联合体。例如：有一个著名的广告语："上上下下的享受"，其产品上海—三菱电梯就是一个合资联合品牌；日立生产的一种灯泡使用"日立"和"GE"联合品牌。

（三）多持有人联合品牌

通常表现为技术联盟形式，例如托利金德（Taligent）苹果公司，IBM公司和摩托罗拉公司技术联盟下的品牌。

（四）地区联合品牌

地区联合品牌策略的成功需要两个条件：其一，该产品的市场具有很强的区域性，或者受到严格的地方保护；其二，这种合作必须是强强合作，即一方是著名的生产商，而另一方拥有强大的渠道优势。

企业进行地区联合的目的就是利用地理地域的优势，加上知名品牌的影响，在少投入或不投入的情况下，尽快打开当地市场。五粮液的京酒就是一个典型的地区联合品牌。京酒是北京市糖业烟酒公司申请商标注册并拥有全国独家经销权、由五粮液按照其要求进行生产的。对五粮液来说，此次"联姻"使得京酒在一夜之间就摆上了北京人的餐桌，而且京酒在和同档次产品的竞争中，很快取得了主动。如果没有北京市糖业烟酒公司的销售渠道，仅凭五粮液要想在短期内取得这样的销售业绩是不可能的。

（五）跨行业联合品牌

将两个不同行业的知名品牌合成一个概念推出，在彼此产品不交叉的前提下，两个品牌都能够获得新的形象魅力，同时也为两个不同领域的产品联合销售开创新的模式，使产品知名度和市场占有率达到最大化。

案例分析

佳洁士：将品牌延伸到极限

佳洁士是第一个含氟的牙膏品牌。此前，高露洁控制着市场。

佳洁士的母公司宝洁认识到高露洁的缺陷：不含氟，这就意味着更多的龋洞和龋齿。佳洁士有宝洁公司的科学家在印第安纳大学进行的广泛研究做后盾。美国牙齿学会赞扬佳洁士具有"有效预防龋齿的优点"，这帮了佳洁士的大忙，让它在与对手高露洁的竞争中占据优势。

20世纪80年代牙膏市场出现了分裂，品牌层出不穷，消费者面前出现了各种选择：有专为吸烟者设计的，美白的，薄荷的，发酵粉的，天然的，儿童的，加味的，老年人的等等。而且，含氟不再是卖点了，毕竟龋齿不再像20世纪50年代那样作为问题而广泛存在。

佳洁士推出了越来越多的品种，最引人注目的是在1985年推出的抑制牙石牙膏，虽然这是第一个比类牙膏，但它已经没有30年前含氟牙膏刚推出时那样的影响了，原因是佳洁士有许多不同类型的牙膏，而抑制牙石只不过是其中的一种而已。

佳洁士不断推出新的衍生品牌，这让消费者感到困惑。与此同时，高露洁推出了高露洁全效牙膏，它有含氟、抑制牙石和保护牙龈的特点，也就是用一种产品就可以完成所有保护。此产品一经推出大获成功，高露洁重新成为市场上的龙头老大。

造成这一结果有多种原因，而其一就是与宝洁创建品牌的方法有关。宝洁在20世纪80年代的品牌战略似乎是：已经推出了50种产品，为什么还要推出另一种产品？当时已经有 52 种佳洁士。它们认为：附属品牌的数量越多，销售量就越大，为什么要冒风险告诉消费者现在有一种佳洁士可以满足他们所有的护齿需求？

但是，选择越多意味着困惑越多，其结果是佳洁士失去了市场份额。按照收益递减规律，佳洁士提供的产品越多，其市场份额就越低。当佳洁士只有一种产品时，其市场份额超过 50%，而当佳洁士有 38 种产品时，份额便下降到 36%，出现了 50 种佳洁士牙膏之后，市场份额则降至 25%，落在了高露洁的后面。

里斯咨询公司为佳洁士解决问题时，它们发现了这样的问题，艾·里斯和劳拉·里斯在《品牌 22 诫》中详述了他们的经历：

当我们开始为佳洁士解决问题时，营销经理这样问道："佳洁士有 38 个仓库，你们认为是太多了还是太少了？"

"你嘴里有多少颗牙齿？"我们问道。

"32 个。"

我们的回答是："没有哪种牙膏所需仓库的数量会超过口中牙齿的数量。"

宝洁最终决定解决它的问题。它发现出售的产品品种过多，于是决定做一件不可思议的事情：削减宝洁现有的产品花名册，要比十年前少 1/3。

它减少了不必要的品种、口感及其他衍生品种，让消费者更容易找到所需。同时，生产商可以倚在商店的货架上得到更多的空间来摆放最畅销的产品。购物者的选择少了，但他们的困惑也少了，与此同时，生产商可以赚取更多的利润。

然而，竞争仍然激烈，虽然宝洁将佳洁士的范围简化到一定程度，销售也得到改善，但这仍然不能占领高露洁所取得的庞大的领地，有品牌专家在分析了佳洁士的失利原因之后对佳洁士曾有的失误作出了这样的断言：佳洁士的品牌形象不十分鲜明而且忽视了自己的科学渊源。

思考与练习

（一）思考题

1. 比较分析单一品牌策略与多品牌策略的异同。
2. 试述主副品牌策略与多品牌策略的主要差别。
3. 试述品牌联合的方式及其战略意义。

（二）练习题

1. 分析"盼盼"安全门的品牌策略的特点。

2. 如果你是一家广告公司的经理，你如何确定公司的品牌策略？为什么？

3. "华润雪花"啤酒所运用的是什么品牌策略？其优缺点是什么？请加以分析。

第十一章　品牌资产管理

学习目标

1. 了解品牌资产的概念及价值。

2. 掌握品牌资产的构成。

3. 掌握品牌资产建立途径。

4. 了解品牌资产保护措施。

基本概念

品牌资产　知名度　美誉度　品牌认知　品牌联想
品牌忠诚

品牌故事

摩托罗拉的品牌维新

著名的移动通信设备制造商摩托罗拉进行的品牌维新，给处于"更年期"的品牌提供了一个生动而值得借鉴的品牌焕发青春的案例。

在中国移动通信市场的启蒙和发展过程中，全球最大的移动通信产品制造商摩托罗拉公司发挥了重要影响。但随着另一个通信产品巨头——芬兰诺基亚公司进入中国市场，它凭着"科技以人为本"的品牌理念，再加上时尚的产品和激情四射的广告，迅速赢得了众多年轻人的追捧，市场占有率节节攀升，风头直逼摩托罗拉，大有后来居上之势。

面对诺基亚的步步进逼，摩托罗拉从最初的市场老大到后来却是反击乏力。尤其让人不安的是，摩托罗拉表现出了品牌"更年期"的某些症状。品牌表现缺乏生机和活力，产品设计、广告风格和推广活动显得沉闷，很多消费者感觉摩托罗拉是30岁以上的人购买的品牌。摩托罗拉逐渐失去了年轻一代的爱戴，而他们却正是手机最重要的消费群体。

品牌的老化现象，成为摩托罗拉巩固市场地位与应对竞争的最大羁绊。摩托罗拉迫切需要对品牌进行年轻化改造，以符合年轻一代的期望，重新占据市场的主动地位。经过一段时间的酝酿，摩托罗拉推出了以"MOTO 全心为你"为理念的新形象，摩托罗拉从严谨有余而活力不足转变为迎合年轻人口味的时尚向导，品牌维新取得了显著效果。这一成功转型得益于下面品牌因素的转变：

（1）新品牌理念更加贴近消费者。摩托罗拉原有"智慧演绎，无处不在"的品牌理念，更多的是企业的视角，而不是"科技以人为本"的消费者关怀，虽然有王者霸气但缺乏亲和力与感染力。而"MOTO 全心为你"的新理念，突出了消费者的中心地位，表现了一个大企业的人性化视角。

（2）新品牌广告风格青春洋溢。MOTO 的形象广告，表现了在庭院、街道、迪厅等不同场合、不同形象的人在同样呼喊"MOTO"的情境，虽然让人有点不明就里，却有十足的年轻人无厘头的味道。广告中出现了各种造型的新人类形象，画面、构图、色彩、语调等都体现了新人类的审美取向，反复的强调使得 MOTO 凝结为一种年轻的象征符号。

（3）新产品设计推广强化新形象。MOTO 新形象集中推广后，MOTO 旗下的新产品设计也很好地体现了"全心为你"的理念，外观时尚个性，功能新潮好玩，不但洋溢着创新精神，还充分表达了目标群体的喜好。品牌与时尚化产品的互相演绎，使品牌释放出无限的青春活力。

同时，广告根据产品的不同特点，塑造了不同类型手机族的形象，情景设置别出心裁，风格前卫大胆，很能挑动新人类的情绪。广告语在体现产品卖点的同时，用 MOTO 加以贯穿，如 MOTO 智慧、MOTO 精英、乐在 MOTO、卡拉也 MOTO 等，既使产品传达了品牌理念，又对理念有了具象的阐释。

（4）新形象的传播大量使用了新媒体。对 MOTO 新形象的传播，几乎是一夜之间在各种媒体全面铺开的，不但打开电视到处是高呼 MOTO 的声音，而且在新人类出没的各大网站，进去之后也是 MOTO 的声音，MOTO 和新人类有了更近的距离和亲密接触。在网站大规模使用带声音的广告形式，这也许是中国网络广告的首次尝试。

MOTO 集中、高密度、全方位的整合推广，使之迅速成为年轻人谈论的话题，MOTO 一下子变得朝气蓬勃、活力四射，成为时尚、前卫的符号。一个曾有高知名度的品牌，通过新的品牌理念，重新获得了消费者的赞誉。

第一节 品牌资产的含义

拥有市场比拥有工厂重要得多，而拥有市场的唯一途径就是拥有具备市场优势的品牌。企业家和投资者都认识到品牌才是企业最珍贵的资产，品牌资产关系到企业的未来与发展。

一、品牌资产概念的由来

20 世纪 80 年代，在市场营销理论中诞生了一个新的重要的营销概念，就是"品牌资产"（brand equity）。它将古老的品牌思想推向新的高峰，它比品牌形象更进一步说明了品牌竞争制胜的武器是建立起强势的品牌资产。并且明确指出，构成品牌资产五大元素是：品牌知名度、品牌品质、品牌忠诚度、品牌联想和其他独有资产。

对品牌资产的关注和研究起因于当时的企业重组和企业并购案例。人们发现企业重组和企业并购最后的成交价格都大大超出被并购方的有形资产价值，例如，1988 年，瑞士雀巢公司以 10 亿多美元的价格买下了英国罗特里公司，收获的是该公司财务报表上从未出现的东西：宝路（Polo）、奇巧（Kit Kit）和八点以后（After Eight）等产品品牌。雀巢的收购使得后者的股价不断上升，从 475 便士上涨到 1 075 便士。雀巢支付的 10 亿多美元是罗特里公司财务账面总值的 6 倍。这意味着雀巢为富有获利潜力的品牌支付出一大笔溢价，从而引发了人们对品牌无形资产的重视与研究。近年来出现的法国达能要约收购乐百氏、娃哈哈，强生要约收购大宝等都存在对于品牌资产的评估和认定等要素。

二、品牌资产的概念

美国营销学研究所（MSI）对品牌资产给出定义：品牌资产就是品牌的拥有者、经营者、消费者等对于品牌所产生的联想和采取的行为。这些联想和行为使得产品可以获得比在没有品牌名称的条件下更多的销售额或利润。可以赋予品牌超过竞争者的强大、持久和差别化的竞争优势。

人们认识到，品牌资产能够为企业和顾客提供超越产品和服务本身的利益之外的价值。品牌资产给企业带来的附加利益，来源于品牌对消费者的吸引力和感召力。品牌给消费者提供的附加利益越大，它对消费者的吸引就越大，品牌资产的价值也就越高。因此，品牌资产实质上反映的是品牌与消费者之间的某种关系，或者说是品牌的一种承诺。那些有助于增加消费者购买信心的体验、记忆和印象以及在此基础上形成的判断与偏好，是构成品牌资产的重要组成部分。

以消费者为导向的品牌资产，具有十分明显的营销意义：一方面，有利于吸引消费者购买和继续购买该品牌产品，既保证了现有产品的未来销售，同时又为新产品的引入、业务的拓展提供了可能；另一方面，有利于提高供应商、分销商、消费者的信心，形成良好的营销环境。拥有品牌资产的企业，既奠定了现有经营领域的中长期稳定发展的基础，同时也创造了拓展业务领域的条件，增强企业抵御风险的能力，保障企业的稳定发展和稳定收益。

三、品牌资产的特征

我国实行的新会计制度，将无形资产正式列入企业的资产负债表中。品牌资产作为一项重要的无形资产，是企业的资产负债表核算的对象，是企业全部资产的重要组成部分。它的具体特征是：

（一）无形性和附加性

品牌资产是一种无形资产。这一特性增加了人们对它予以直观把握的难度，特别是准确评估其价值的难度。

1. 品牌资产具有独享性。品牌资产一般是经由品牌使用人申请品牌注册，由注册机关按法定程序确定其所有权。企业对该品牌资产的使用价值拥有独占权、独享权，其他企业如要占有或使用该品牌资产的使用价值，只有通过该企业转让品牌资产的所有权或使用权来实现。

2. 品牌资产具有依附性。品牌的使用价值没有独立存在的实体，只有依附于某一实体才能发挥作用。当品牌与企业及企业的产品或服务结合在一起的时候，品牌资产就会将自身的使用价值化入产品和服务中，实现其经济价值。

3. 品牌资产体现着"附加价值"。品牌所有者在营销中长期积累的结果，是不断积聚抵抗风险的能力、顺应变化的能力、承受压力的能力、更多的合作支持以及更高的忠诚度等。品牌忠诚度是顾客对品牌感情的量度，以品牌忠诚度为目标的营销意味着从市场占有率的数量转向市场占有率的质量。

（二）特殊性与复杂性

品牌资产反映的是品牌与消费者之间的关系，其构成非常特殊。这一关系的深度和广度是通过品牌的知名度、品牌的美誉度、品牌的忠诚度、品牌的品质形象等多方面的内容来反映的。

1. 品牌资产的成本价值。品牌资产的成本价值包括直接费用和间接费用两部分。直接费用是指企业创建品牌资产的过程中发生的能够具体化的费用。比如，品牌名称和标志的设计费用，品牌商标的注册费用，品牌的广告费用等。而间接费用是企业为提高产品质量而发生的费用。比如企业开拓市场的费用，产品售后服务的费用，宣传企业形象的费用等。间接费用虽然不是直接为品牌资产而发生的,但确实使品牌资产的价值有所增加,应该按一定的比例计入品牌资产的成本价格。

2. 品牌资产的增值价值。品牌资产的增值价值是品牌资产价值与有形资产价值的一个明显区别。品牌资产价值中超过成本价值的部分便是它的增值价值。品牌资产的增值价值是由它的使用价值决定的,与使用价值成正相关关系,使用价值越高,它的增值价值越多,反之亦然。因为存在增值价值,所以品牌资产价值与品牌的市场价值没有必然的关系,这正是品牌资产的市场价值并不取决于其成本价值的原因所在。

3. 品牌资产的获利能力。品牌资产的价值要通过品牌获利能力来反映。这种获利能力取决于品牌的市场地位或品牌在消费者中的影响,如市场容量、产品所处行业及结构、市场竞争的激烈程度等。品牌资产的价值有很强的吸纳功能,在发生生产经营费用时,品牌资产可以自觉地增加价值。

(三)长期性与累积性

1. 品牌资产的长期性。品牌知名度的提高、品牌品质形象的改善、品牌忠诚度的增加,都是长期积累而成的。品牌从无名到有名,从不被消费者所了解到逐步被消费者所熟悉并对其产生好感甚至偏好,其间伴随着企业的不断努力与长期投入。可以说,品牌资产是企业人、财、物的长期投入的沉淀与结晶。

2. 品牌资产的累积性。品牌资产价值的形成,要经历一个从无到有、从少到多的逐步增值的过程。企业累积品牌资产的途径和方法有三种:一是全面质量管理及质量标准导入。全面质量管理及质量标准是企业及产品品牌累积最根本的途径和方法,而且贯穿在企业生产、管理、销售等全部环节中。二是CS战略导入。CS战略考虑问题的起点是消费者,需要建立消费者满意的系统,从经营理念上透射出以人为本、以消费者利益为重的真诚,体现出企业的文化内涵。三是CI战略导入。CI战略注重的则是企业外部形象的塑造,导入CI可以树立品牌形象,完善品牌的社会角色,从而创造或累积品牌资产。

(四)投资与利用的交叉性

品牌资产的投资与利用是相互交叉,无法分开的。比如,广告投资可以视为品牌投资,这种投资部分转化为品牌资产,部分促进产品的当前销售;当前销售的增加既和当前的广告投入有关,又和品牌资产的过去存量有关。所以,广告促进产品当前销售的过程,同时又应视为品牌投资利用的过程。

品牌投资会增加品牌资产存量,品牌利用会减少品牌资产存量,但如果管理得当,品牌资产不仅不会因利用而减少,反而有可能获得增值。一些企业在品牌大获成功后，不失时机地将其延伸到其他产品上，品牌影响力不但没有因此下降，反而有所提升，就说明了这种情况。

（五）品牌资产价值的波动性

品牌资产的价值会随着时间的推移而增加或减少，也会随着空间的变化而发生变化。近年来引人注目的"福布斯财富排行榜"、"胡润财富排行榜"、"年度品牌价值排行榜"每年都在更新，所反映的品牌价值不可避免地存在着波动的现象。

1. 时间因素的影响。品牌资产的价值随时间发生变化有两方面的原因：一方面，品牌资产的价值是一边积累，一边使用，一边增加的，品牌资产价值所具有的累积性使它的价值不断变化；另一方面，品牌资产的价值会产生无形磨损。企业信誉下降、市场竞争失败、品牌宣传不力、不公平竞争等情况都会导致品牌使用价值的降低。

2. 空间因素的影响。品牌资产价值也受到空间因素的影响。品牌表现为一定空间范围的品牌，脱离了一定范围，品牌资产的使用价值就难以实现。即使是世界级的知名品牌，在不同的国家、不同的地方，其知名度和影响力也是不同的。

第二节　品牌资产的构成

品牌资产的关键在于消费者看待品牌的态度，消费者基于某种态度确定自己的消费方式和消费行为。要使消费者对品牌产品或服务形成购买和消费行为，则需要对于品牌形象的建立进行投资，取得消费者的认同和青睐。品牌资产有别于有形的实物资产，它由一系列因素构成。品牌名称和品牌标志物是品牌资产的物质载体，品牌知名度、品牌美誉度、品质认知、品牌联想、品牌忠诚是品牌资产的构成要素，为消费者和企业提供附加利益是品牌资产的实质目的。

一、品牌知名度

品牌知名度是指品牌被公众知晓、了解的程度，它表明品牌被多大比例的消费者所知晓，反映的是品牌与消费者关系的广度。品牌知名度是评价品牌社会影响力的指标，其大小是相对而言的，名牌就是相对高知名度的品牌。

（一）品牌知名度的层级

品牌知名度包括一个连续的变化发展的过程。从低向高一般将知名度分为四个层级：无知名度、提示知名度、未提示知名度和第一提及知名度。四个层次呈金字塔形，从底层向上发展的难度逐渐加大。品牌达到第一提及知名度，意味着达到金字塔的顶端。从品牌管理的角度，产品经理应关注后三个层次。

1.无知名度。无知名度是指消费者没有任何印象的品牌。原因可能是消费者从未接触过该品牌，或者该品牌没有任何特色，根本无法引起消费者的兴趣，消费者一般不会主动购买此品牌的产品。

2.提示知名度。提示知名度是指消费者在经过提示或某种暗示后，可以想起或者说出自己曾经听说过的品牌。这个层次是品牌传播活动的第一个目标，它在消费者购买商品时具有十分重要的意义。

3.未提示知名度。未提示知名度是指消费者在不需要任何提示的情况下就能想到的某种品牌。对某类产品来说，具有未提示知名度的往往不是一个品牌，而是一串品牌。虽然对于这些具体的品牌来讲，它们都不是唯一一个能被马上想到的，但消费者对这些品牌都形成了较深的印象。

4.第一提及知名度。第一提及知名度是指消费者在没有任何提示的情况下，所想到的某类产品的第一个品牌。比如提到咖啡，就会想起雀巢；提到微波炉，就会想起格兰仕。"第一提及知名度"的品牌是市场领导者，它属于强势品牌。在现实生活中，不同消费者的"第一提及知名度"不尽相同。

市场营销的目标就是使品牌进入金字塔的第二层和第三层，力争达到顶层，即具有第一提及知名度。

（二）品牌知名度的资产价值

1.强化品牌资产的基础。品牌资产的拥有者是企业，但赋予品牌资产价值的却是消费者，没有消费者的认同，品牌资产价值就无法实现。大量研究表明，对于品牌的记忆与人们的购买态度和购买行为之间存在某种联系。品牌被记起的先后次序不同，在被优先选择和购买的可能性就会表现出差别。对于经常购买的日用消费品，品牌知名度的作用至关重要，因为购买决策在进入商场之前就已经做出了。人们只会对已经熟悉的品牌产生好感，产生忠诚。综观中外品牌，资产价值高的品牌无一不是知名度极高的品牌。

2.弱化竞争品牌的影响。品牌知名度的高低是相对的，是同类品牌比较的结果。当消费者对某种品牌具有较高的认知度时，就会影响对其他品牌的认知，因为消费者的偏好有限，对信息的存储有限。消费者对信息的接受，要经过"过滤"——也就是"选择"的环节，只有那些对消费者有益的、新鲜的、独特的信息才有可能被消费者"长期记忆"并储存起来。消费者对于知名度高的品牌印象越深刻，竞争品牌进入消费者的"印象领域"的难度越大。

二、品牌美誉度

品牌美誉度是指品牌获得公众赞许、信任、忠诚的程度。相对于品牌知名度这个量的指标而言，品牌美誉度是一个质的指标，只有建立在美誉度基础上的品牌才能真正形成品牌资产。

（一）品牌美誉度的资产价值

品牌美誉度的资产价值体现在"口碑效应"上，通过人们的口头称赞、口口相传引发消费者的赞誉，带来源源不断的销售。调查表明，由口传信息所带动的购买次数是广告引起的购买次数的3倍强；口传信息的影响力是广播广告的2倍、人员推销的4倍、报纸和杂志广告的7倍。品牌的"口碑效应"越明显，品牌的美誉度越高，资产价值也就越高。

（二）品牌美誉度的测量

品牌美誉度的测量包括公众美誉度、社会美誉度和行业美誉度三方面。因为行业内部影响因素比较复杂，所以行业美誉度只作为参考，应重点对公众美誉度和社会美誉度进行考察。

1.公众美誉度的测量。品牌的公众美誉度也可以用简单测量法和复合测量法来考察。

（1）简单测量法。运用一项简单的指标对品牌美誉度进行测量，由消费者从中选择，然后通过计算公式得出品牌美誉度的分值。例如：

您喜欢××品牌的产品吗？　　□ 喜欢　　　□ 不喜欢

品牌美誉度 = 对该品牌持赞誉态度的人数/被调查总人数 × 100%

（2）复合测量法。运用多项指标对品牌美誉度进行全面测量。例如，以下项目可作为测量质量指标的参考：企业规模大；研发力强；技术优良；销售网络完善；国际竞争力强；经营者优秀；风气良好；新鲜感；信赖感；具有清新形象；对社会贡献大；对顾客服务周到；认真对待投诉；想购买该公司股票；喜欢该公司产品；希望到该公司就业。

每一项指标的取值，可以使用二级、三级或五级，根据回答者的实际选择计算得分。该结果可以用绝对数，也可以换算成百分比来表示。

2.社会美誉度的测量。品牌的社会美誉度要通过大众传播媒体对某品牌的定性报道来考察，以正面积极的报道占总报道量的比重来显示结果。

三、品质认知

(一)品质认知的含义

产品品质是指产品的使用价值及其属性满足社会公众尤其是消费者需要的程度。企业、经销商和消费者对产品品质的评价标准存在差异,其评价标准又具有客观性。原因在于评价者作为一个整体,特别是存在同质性的群体,由于自身共同的利益因素,所采取的共同或类似的品质评价标准,对产品品质的判断会呈现某种共同的趋向,同时,又难免掺杂个性、心理、环境等方面的因素。

不同品牌产品的客观品质可能完全相同,也就是产品同质化的客观性,但消费者对不同品牌产品的品质认知却相差甚远。许多产品在贴上名牌商标后,身价倍增。这也是发展中国家广泛存在的"贴牌"企业因而成为"世界加工厂"的主要原因。显然,消费者形成品牌偏好和品牌忠诚的原因并不是产品的客观品质,而是产品的认知品质。它不仅包括产品自身的品质,还包括产品服务的品质。品质认知的内容有产品功能、特点、实用性、耐用性、外观、包装、服务、价格、渠道、可信赖度等。

(二)品质认知的资产价值

产品品质是品牌资产的基础,对于品质的认知是品牌维系、发展与消费者长期稳定关系的重要条件。其资产价值是:

1.提供购买理由。产品使用价值是消费者选择产品的基本理由,产品品质体现产品的实际价值。由于强势品牌的产品品质具有卓越的品质保证,因此会受到消费者青睐。

2.增加产品溢价。不同品牌产品的客观品质存在诸多相同之处,然而消费者却愿意支付更高的价格购买名牌产品,他们认为名牌产品会带来高品质的额外享受。例如,消费者对 NIKE 的高品质认知,使得他们愿意花高于其他产品若干倍的价钱购买 NIKE 产品。

3.提高渠道砝码。具有高品质产品的企业在与代理商、分销商、零售商谈判时拥有优势。零售商乐于经销消费者青睐的品牌,因为名牌产品具有市场竞争力,表现为:一是销售量有保障;二是交易费用降低;三是可以提高自身形象。

4.提高品牌延伸力。品牌延伸是企业的必由之路,延伸是否成功受诸多因素的影响,消费者往往认为延伸的产品与原品牌的产品具有同样的品质。拥有高品质印象的品牌在品牌延伸上必将产生较大的辐射力。

四、品牌联想

（一）品牌联想的内涵

品牌联想是消费者对某一品牌所产生的感觉、印象、联想和意义的总和。品牌联想包括产品特点、使用场合、品牌个性、品牌形象等。

（二）品牌联想的层次

1. 品牌属性联想。是指对于产品或服务特色的联想。品牌属性可分为与产品有关的属性和与产品无关的属性。与产品有关的属性联想是指产品的物理结构、服务方式和使用效果；与产品无关的属性不影响产品性能，但它影响购买决策或消费过程。

（1）品牌名称联想。消费者首先接触的就是品牌名称，由于文化背景、风俗习惯、宗教信仰的影响，由品牌名称带来的联想会形成消费者对品牌的偏好。奔驰、乐购、联想等品牌名称就比较符合中国人的价值取向。

（2）产品价格联想。通常，产品价格体现价值，它是营销的重要环节，虽然它与产品特性或服务功能无直接联系，但它对购买产生重大影响。消费者常常将价格与产品质量直接挂钩，并根据价格来判断品牌的档次。

（3）品牌使用者联想。消费者对品牌的感知在很大程度上受品牌使用者的个性、形象、地位的联想。在此环节，广告模特的象征意义、品牌代言人的感召力将会起到出乎意料的作用。

（4）品牌标志联想。负责任的品牌都会在品牌标志上做足功课，因为这是一项功在当下、利在长远的事情。成功的品牌标志就是一面旗帜，能够使消费者聚集在它的周围。第一汽车、华为电子修改标志的意义就在这里。

（5）品牌原产地联想。这里可以用得上一句俗话：一方水土养一方人。品牌的原产地必然会打上地域的烙印。德国汽车使消费者有质量稳定可靠的联想，美国汽车让消费者觉得大气和动力十足，购买日本汽车的消费者看中的是精致的外形及省油。

2. 品牌利益联想。是消费者主观感觉某一品牌的产品或服务所带来的价值和意义。

（1）产品功能利益联想。是消费者购买该产品的基本动机，是产品或服务固有的可以提供的利益。比如购买汽车既可以代步，又可以提高单位时间效率；购买手机除了方便沟通，还可以享受存储资料、无线上网等乐趣。

（2）产品情感利益联想。是品牌产品或服务提供给消费者的产品功能以外的利益。这种情感的利益可以补足消费者在社交、自尊等精神方面的需要，消费者根据自我需求可能认为某一品牌会使自己很显赫或是很潇洒，很时尚或是很睿智。

（3）产品体验利益联想。是消费者消费产品或接受服务后的感受。这些利益能使消费者获得感官愉悦或激励。正如一段广告文案："用过兰蔻（LSNCOME）香水在第五大道走过，在感受众人驻足品味的瞬间，优雅与自信也会不经意地写满她的面庞。"

3. 品牌态度联想。品牌态度是消费者对品牌的总体评价，是最抽象的品牌联想。品牌态度直接影响消费者对品牌的选择，它通常建立在品牌属性和品牌利益之上。品牌态度有一定的幅度范围，从排斥到喜欢只有几个层次。要想改变消费者对品牌的态度，企业需要付出极大的努力。

（三）品牌联想的资产价值

积极的品牌联想意味着品牌被消费者接受、认知，进而可以形成品牌偏好和品牌忠诚。品牌联想的资产价值包括如下几个方面：

1. 促进品牌认知。帮助消费者认知品牌联想，有助于提高品牌认知度，扩大品牌知名度。

2. 体现品牌差异。品牌联想的独特性能够在产品同质化的市场中对消费者产生足够的吸引力。品牌联想的差异造就了一道有效的自我保护屏障。运用品牌名称、定位、广告传播等都可以创造差异化的品牌联想。

3. 提供购买理由。无论是品牌属性联想、品牌利益联想、品牌态度联想，都与消费者利益直接相关，从而提供一个特别的理由促使消费者购买或使用这一品牌。

4. 保障品牌延伸。品牌所具有的联想可以运用于品牌延伸的其他产品上，可以与延伸的新产品共享相同的联想。

五、品牌忠诚

（一）品牌忠诚的含义

消费者长期选择同一品牌并形成重复购买的倾向与行为，就是品牌忠诚。这包括态度忠诚和行为忠诚两个方面。

品牌忠诚度是品牌资产的重心，拥有忠诚的消费者，既可以确保品牌自身的稳健发展，又能阻挡竞争对手的刻意模仿和恶意竞争。它是品牌追求的终极目标，也是品牌资产最核心、最具有价值的部分。

（二）品牌忠诚的类型

按照品牌忠诚的形成过程可分为这样几个步骤：首先是产生认知忠诚，

其次是情感忠诚，再次是意向忠诚，最后是行为忠诚。

1. 认知忠诚。它是经由品牌相关信息的影响，消费者认为该品牌优于其他品牌而形成的忠诚。具有认知忠诚的消费者，仅仅是认可该品牌产品或服务的相关品质，一旦其他竞争品牌产品的品质更好，或者性价比更优越时，这类消费者就极有可能转向其他竞争品牌。认知忠诚是最浅层次的忠诚。

2. 情感忠诚。它是消费者在使用某品牌产品并获得满意后，形成的对该品牌的偏爱和情感。这种情感忠诚所包含的情绪化成分比较多，其理由十分单一，仅仅就是因为"我喜欢"。需要指出的是，喜欢某个品牌的消费者不一定购买这个品牌的产品和服务，比如消费者的习惯和高昂的价格很可能就会让消费者退缩止步。

3. 意向忠诚。它是消费者十分向往再次购买的某个品牌，经常会有重复购买的冲动，但是这种冲动还没有转化为行动。消费者的意向忠诚既包括消费者与品牌保持关系的意愿，也包括消费者还没有转化为行动。企业可以根据消费者与品牌保持关系的意愿和消费者的行为意向，来衡量消费者的意向忠诚，以预测消费者将来的购买行为。

4. 行为忠诚。它是消费者将意向忠诚转化为购买行动，甚至是克服障碍后实现的购买行为。行为忠诚的消费者反复购买某个品牌的产品和服务，他们的购买决策行为是一种习惯性反应行为，他们不留意竞争对手企业的营销活动，不会特意收集竞争对手的企业信息。行为忠诚反映消费者实际的消费行为。需要加以区别的是，出于消费者惰性或因品牌的市场垄断而重复购买某品牌的消费者并不是真正的行为忠诚者。

（三）品牌忠诚的资产价值

品牌忠诚是一项战略性资产，对它进行持续合理的经营开发，就会给企业创造丰厚的资产价值。品牌忠诚的资产价值表现为：

1. 降低营销成本。留住消费者比争取新消费者的成本小得多，吸引一个新消费者的成本是保持一个已有消费者的 4～6 倍；而竞争者要说服本品牌忠诚者购买它们的产品需付出更大的营销代价。为争夺本品牌的忠诚者，竞争者的营销成本要增加很多。

2. 增加渠道谈判力。经销商十分清楚，销售拥有大量忠诚者的品牌产品比经销其他品牌的效益要好得多，这对于商场、超市的进货决策产生了明显的影响和控制作用。尤其是在企业推出新规格、新种类的产品或进行品牌延伸时，品牌忠诚的作用非常明显。

3. 吸引新消费者。品牌忠诚具有一个意料之外的效果：每一个消费者都是一个活的广告。品牌忠诚可以使消费者成为一个品牌的倡导者，以生动的体验和称心的使用经历对于潜在的购买者和高关注度的产品形成口碑，口耳相传，吸引并扩大新的消费者的队伍。

4.减缓竞争威胁。品牌如果拥有一批忠诚的购买者，则该品牌抵御竞争产品攻击的能力会大大增强，这给竞争者造成了市场进入阻力，削弱了竞争者的利润能力，还为企业争取到了对竞争做出反应的时间。

（四）品牌忠诚度的测量

品牌忠诚度的测量方法可以分为六类：

（1）购买比例。

（2）重复购买次数。

（3）购买决策需要的时间。

（4）顾客对价格的敏感程度。

（5）顾客对竞争产品的态度。

（6）顾客对产品质量的承受能力。

对于品牌忠诚度进行深入研究，可以指导企业更好地制定相关的营销策略以及品牌建设策略。要按照一定的标准和程序将消费者的品牌忠诚度进行量化，以便于品牌战略的施行。

第三节　品牌资产的建立

品牌资产的诸多要素揭示了品牌管理的任务，就是要建立并提升品牌知名度、品牌美誉度、品质认知度、品牌联想度、品牌忠诚度。这是一项没有边界、没有尽头的长期持久的工作。

一、建立品牌知名度

运用各种途径强化消费者对于品牌的识别和记忆，通过品牌的有效传播促使消费者主动去识别品牌和记住品牌。营销传播方式多种多样，应根据情况加以选择组合运用。其主要途径是：

（一）广告传播

1. 标新立异的广告创意。广告传播的到达率是创造品牌知名度的有效途径。要想让消费者在浩如烟海的广告中对品牌引起兴趣，新颖、独特、与众不同的创意是关键。雨润阳光劲火腿的广告是一个有效传播的例子。其场景：出租车内，一个大男生正在津津有味地大口吃着夹有雨润阳光劲火腿的汉堡包。人吃饱了，车也到了。下了车，大男生随手带上车门，力量似乎大了一些。但不可思议的是，这一带车门，竟然使出租车原地转了个120度。大男生对自己的力量之大也惊讶不已。这个创意所表现的核心就是在传达这样一个概念："雨润阳光劲火腿能够带给你意想不到的力量。"雨润阳光劲火腿通过略带幽默的创意，表明了雨润阳光劲火腿的承诺：它使你充满力量，让你的表现出乎意料，它是你表现优异的关键，它值得信任。这种创意的效果是非常具体和实际的。

2．脍炙人口的广告语。广告语的特点是加强消费者对广告的记忆。广告语能够创造出一种意想不到的沟通效果，它能促进消费者对品牌的认知。生动贴切的广告语使产品形象化，琅琅上口的广告歌曲使品牌深入人心，独特的创意、精练的口号有助于品牌的识别。例如人们熟悉的海尔"真诚到永远"，万科的"科学筑家"，雀巢咖啡的"味道好极了"等，让消费者从中记住了品牌。

3．恰到好处的标志。品牌标志是以视觉为中心的识别系统。通过符号、图案、色彩等展示的标志更容易使消费者识别和记忆。发掘一种与品牌紧密相连的符号，可以在创造品牌知名度的过程中发挥重要的作用。一个符号是一个生动的形象，比起文字或语言更容易被人了解和记忆。美国苹果公司被咬了一口的苹果，象征着愉快、变革和希望。这些标志都强烈地传达着品牌的象征意义，折射着品牌的个性和文化，给消费者带来视觉上的冲击。

4．持续不断的重复。重复是记忆之本。要持续不断地用信息刺激消费者的大脑，加深消费者对品牌的记忆。恒源祥就是国内率先使用重复手段传播其品牌而建立其知名度的。1994年恒源祥在中央电视台新闻联播后的黄金时段播出其广告，在广告中连续三遍重复广告内容。广告构成也是颇为简单的三部分：先是徐缓而清晰地表述品牌名称"恒源祥"，之后介绍它所属的产品类别是"绒线羊毛衫"，最后是小女孩连续三遍稚嫩的童声"羊、羊、羊"。这种重复三遍的形式为中国电视广告开了先河。此后，恒源祥广告的模式一度引来许多企业竞相仿效。恒源祥广告的成功之处就在于抓住知名度广告的基本要素：品牌名、产品类别、联想的关键点。

（二）强势公关

在创建企业品牌的知名度时，需要综合运用多种公关手段。精心策划的公关活动有时比广告更能让消费者信赖，与广告的高额费用相比，公关活动的成本优势非常明显。比较常见的公关活动有赞助、竞赛、展览、新闻报道、电视或广播访谈、受众参与的互动节目、冠名娱乐节目、设立奖励基金等。

企业与社会公众的关系也会对品牌形象有所贡献。麦当劳深切了解公共关系对品牌形象的重要性，它在北京开业伊始，每周六下午组织员工在附近地铁站清洁扶手护栏。此举虽然很难用获利标准来判断它的社会效益和经济效益，但北京媒介的广泛报道使麦当劳树立了一种关心环境、关注民生的有远见的国际化公司形象。

（三）消费者的口传效应

品牌的自我推销有时很难打动那些对广告怀有戒备心理或对广告持有怀疑态度的消费者，而消费者的口传则是以熟知的"证人"、眼见为实的"证物"和信得过的"证词"三者相结合的优势，影响或促进亲朋好友、同事邻居对该品牌的尝试和购买。在营销界有一句谚语"满意的消费者就是最好的推销员"，十分形象地反映了口传对消费者行为的影响力。从文化背景来看，口传产生信任的基本前提是情感上形成的共鸣，然后形成确信。

全世界所有使用搜索引擎的网民，对于 Google 几乎无人不晓。这个几年前还是一个名不见经传的小公司，如今市值已经超过雅虎，甚至于在搜索领域敢于同微软叫板，成为全球最受欢迎的网站之一。沿着 Google 成长的历程梳理，就会发现 Google 地位的确立竟然得益于消费者的口传效应。Google 在"没有做过一次电视广告、没有张贴过一张海报、没有做过任何网络广告链接"的情况下获得了成功。消费者对品牌的赞誉，在周围群体传播中所形成的口传效应，是其他任何方式都不能代替的。

二、建立品牌美誉度

有的产品质量过关，广告投入也很大，有一定的市场占有率，但在市场竞争中却败下阵来。究其原因，主要是品牌在具有一定市场份额后，忽视了品牌美誉度的建设，品牌缺乏吸引力，在消费者心目中形象不够完美。可见，当一个品牌具备一定的知名度后，还要继续充实品牌内涵，提升品牌的美誉度。建立品牌美誉度的主要途径是：

（一）保证产品质量

1. 提高设计质量。如果只依靠广告和媒体的传播作用，品牌的知名度、第一提及度也能相应增加，但是广告及媒体对于品牌美誉度的贡献也相当有限。广泛的知名度如果没有优秀的产品令消费者心仪，那么知名度的提升也很难以带来消费者切实的购买行动，因此，企业就必须设计、提供给消费者与众不同的好产品，以满足消费者的需求。

2. 确保品质稳定。在广告的强势拉动下，某些品牌的市场迅速扩大，产量销量急剧膨胀的压力让产品品质控制得不到有效保证。很多保健品之所以短命，就是采取了"掠夺式"的市场进入方式，利用消费者盲目跟风的心理赚取第一笔钱，却因产品没有稳定的品质，弃之而去的人日渐增多。如果想保有市场，就必须时刻注意确保产品品质的稳定和提高。

3. 改进更新产品。没有产品的质量，品牌的美誉度就成了无源之水、无本之木。产品进入市场后，消费者在新奇之中可能暂时顾不上其他方面的问题，但在使用过程中就会逐渐发现产品的不足。作为品牌需要及时了解消费者的所想所需，不断地进行改良和更新，否则就会引起原有客户的不满，也会由于产品落后于对手，而在竞争中落败。

(二) 提供优质服务

良好的售后服务是产品质量的延伸，是品牌美誉度的重要组成，谁能提供优质的售后服务，谁就能在市场的征战中大有斩获。在产品性能、功能、质量大体接近的情况下，谁能搞好售后服务，谁就可能赢得良好的美誉度。在这方面，海尔是先行者。它们在售后服务方面做了很多功课，取得了良好成效。例如，维修人员上门维修时，统一穿着印有海尔标志的工作服。进门后，先向用户问好，穿上自备的鞋套，拆卸的零件放在专用垫布上，维修完后，带走产生的垃圾，为客户建立维修档案，并请用户签字确认。海尔的星级服务为企业赢得了巨大的市场份额，同时也为海尔品牌赢得了巨大的品牌美誉度。

(三) 加强客户管理

1. 实现消费者满意。消费者尝试购买后，总会根据自己的期望对商品进行评价，从而形成品牌美誉度的梯级。如果该品牌产品的可感知效果超过期望，消费者就会很满意；如果可感知效果与顾客的期望值相匹配，消费者就会满意；如果不符合期望，消费者就会不满意。

2. 促进人际传播。先期购买品牌的消费者，会根据个人体验对品牌形成某种看法，他们出于各种各样的需要，总会有意无意地把自己对于品牌的体验与结论告诉别人。这些以非正式形式向别人提供品牌意见、影响别人的品牌选择的人在传播学上被称为"意见领袖"或"舆论领袖"。意见领袖对所选品牌的好感，会使品牌形成有口皆碑的效应，这种口头传播对品牌选择具有强有力的影响。因为口头传播是面对面的直接交谈，受传者不但接受传播者传来的信息，同时能够听到传播者的语音语调，观察其面部表情、手势及其他细微的身体语言，深受感染而且印象深刻；尤其是口头传播发生在彼此关系良好的人际之间，因而具有更强的可信度。

（四）建立企业信誉

市场经济是信用经济，良好的信誉是企业的无形资产。世界500强中很多是"百年企业"，它们之所以经久不衰，关键是在长期的经营过程中形成了良好的信誉。产品承诺和服务承诺是否有力，是建立良好的企业信誉最基本的条件。好品牌要靠良好的信誉支撑。只有持之以恒地提供优质产品和服务，才能赢得顾客对品牌的信任，才能建立良好的企业信誉，从而提升品牌美誉度。

三、建立品质认知

在营销中有一种现象，消费者往往购买他们所熟悉的品牌，他们并未受到广告的影响。这说明消费者对品牌品质的肯定仅凭广告是无法做到的，人们对于自己了解的和较为熟悉的东西更容易产生信赖感。因此，消费者对品质的认知会直接影响品牌的价值。

（一）确保内在品质

产品的客观表现是品牌最直接的品质表现，保证产品的高品质是建立品牌认知的基础。质量决定消费者的满意程度，它贯穿产品生命的全过程。消费者对品质的肯定，是品牌资产的一部分。20世纪80年代海尔还是一家濒临倒闭的企业，如今，海尔品牌成为中国最有价值的品牌。截至2007年，海尔的品牌价值已达730亿人民币。"高品质，零缺陷，星级服务"是海尔成功的关键。曾有人说，海尔的成功是张瑞敏用锤子砸出来的。这把锤子砸出来的是质量。

（二）展示内在品质

产品的内在品质通过外在的展示才能得到消费者的认可。运用广告展示品牌的品质，有助于消费者认知产品品质。在传达品质信息时，除了表达感性影响的内容外，更要使用理性诉求的方式，解释并展示产品的原理、生产过程、质量保障等方面的信息。一些细节对品质的表现作用很大。例如，食品的外包装袋上都有方便消费者撕开的锯齿，如果哪个品牌忽略了这一点，它的产品质量和信誉将免不了受到质疑。由赵本山做广告的"藿香正气液"，除了突出"液"之外，又特别强调"玻璃瓶的"。在这里明确了产品形态，并标明了包装材料。

（三）利用价格暗示

价格往往是产品品质的一种重要暗示。在消费者对产品质量缺乏应有的辨别能力的情况下，消费者的主观感知对产品品质认知的作用尤为明显。

　　在四种情况下高价位意味着高品质：一是消费者除了以价格作为衡量标准外，别无其他标准可循；二是消费者不具有使用该商品的经验；三是消费者感到存在购买风险时，容易以高价位作为决策标准；四是消费者认为品牌之间存在品质差异。

　　价格暗示对于企业营销活动极具指导意义，高品质产品高价位策略的重要意义是，在消费者心中树立高品质的品牌形象。

（四）提供品质认证证书

　　一份具有实际意义的保证书能够给品质提供可信的支持。关键的是保证书本身要做得精致，让顾客感到这是一种信誉。一份有效的保证书应该做到：它是无条件的，易懂的，易执行的，有实际意义的。现在国内好多企业逐渐意识到这一点的重要性，那些诸如产品通过 ISO9000。体系质量验证、产品由保险公司承保等之类的声音也渐渐在消费者耳边多了起来。还有的品牌对产品实行编号、总裁签名等方式以示承诺。

四、建立品牌联想

　　所有与品牌相关的事情都能成为品牌联想。其主要因素有品牌名称、产品性能、包装、价格、销售渠道、广告、促销、产品的服务、企业形象等都能使消费者产生相应的品牌联想。

（一）品牌联想的因素

　　1.品牌名称。当听到品牌名称时，消费者先入为主的联想对一个品牌能否在市场竞争中站稳脚跟至关重要。农夫山泉很形象、很直接地反映了其定位"天然水"的概念；完达山就给人以"来自于高高的兴安岭"之类的联想，通俗易懂，富有地域特色；一个好的品牌名称要能形象地反映品牌定位，要能引发目标受众一定的、正面的联想。

　　2.产品价格。大多数消费者常以价格高低作为判断产品质量的参照物，即"一分钱一分货"，认为价格高的产品质量好。因此，竞争品牌之间就可用价格来影响消费者的知觉质量。如果品牌间价格相近，那么，就要采取其他的定位途径以创造差异。SONY 的高品质、高价位策略吸引了无数消费者的关注和购买行为。

　　3.识别对象。羽西化妆品品牌在进入中国市场时，强调产品特别适合东方人。许多品牌希望建立与名人的联系，因为名人经常能带来强烈的联想。以休闲服饰为例，班尼路请出了人气依然不减当年、雄风依旧的刘德华；美特斯·邦威则让"人气王"周杰伦用"不走寻常路"来号召年轻的个性化的一代。

4.品牌标志。品牌标志是传达品牌特性的直接载体。为了以活泼时尚的姿态出现在消费者面前，著名移动通信制造商摩托罗拉将英文标志缩短为更加琅琅上口的"MOTO"；联想启用英文新标志Lenovo，其中"Le"取自原先的Legend，承继"传奇"之意，"novo"则代表创新，整个名称的寓意为"创新的联想"。

5.品牌原产地。一个国家或地域的自然环境、资源、文化和传统等与某些类别产品的品质联系非常密切，因而品牌的原产地也会影响消费者的品牌联想。从国家的层面上看，人们对法国的葡萄酒、时装和香水，德国的啤酒和汽车，日本的家电，意大利的皮制品，比利时的巧克力，韩国的偶像剧情有独钟。这些联想都可以将品牌与品质联系起来而受益。

（二）品牌联想的传播工具

1.包装。美国杜邦公司有一个十分著名的"杜邦定理"——63%的消费者是根据商品的包装而做出购买决策的。有学者说，能抓住消费者情感的因素有三个：品名、包装和定位。一个好的包装决策包括包装材料、样式、成本、色彩、容量以及对环境的考虑等。对于中国制造的产品，曾被评价为"一流的品质，二流的价格，三流的包装"，促进了中国产品在包装上的改进。但是近年来"中秋节"月饼的过度包装又让人觉得过犹不及。可见，包装是个大学问。

2.广告语。广告语是品牌、产品、企业在市场营销传播的口号、主张、宣传主题及理念。品牌的所有主张或服务承诺就是通过广告语来承载、体现的。广告语按其性质可分为理念、科技、服务、品质、功能五大类。海尔的"真情到永远"当属理念类；诺基亚的"科技以人为本"在诉求科技；农夫山泉的"农夫山泉有点甜"在诉求功能；碧桂园"给您一个五星级的家"属于服务承诺等。常见的知名品牌广告语有口语化的趋势。比如耐克的"尽量去做"，百事可乐的"新一代的选择"，麦特的"就做我自己"等。一句有穿透力、有深度、有内涵的广告语的传播力量是不可低估的，往往成为目标消费者的某种生活信条，直至成为生活方式。

3.形象代言人。形象代言人是品牌的形象标志，它最能代表品牌个性及诠释品牌和消费者之间的感情、关系，从而致使许多形象代言人成为该品牌的代名词。穿着耐克运动鞋的迈克尔·乔丹值得世人欣赏的不仅仅是篮球。美的北极熊、海尔小兄弟这些形象拉近了品牌与消费者之间的关系：像朋友，像邻居，像家人一样毫不陌生、亲切熟悉。一般情况下，名人适合推荐心理和社会风险大的产品；专家适合推荐经济、功能和生理风险大的产品；

各种风险都小的日常用品则适合用典型消费者来推荐。作为形象代言人只要是个性化人物就行,并非一定要动用名人明星,关键是人物要与产品个性相吻合。由于明星代言的风险大,成本高,明星如果同时代理若干产品,又会使明星效应稀释、弱化,因而,自制卡通逐渐成为许多企业采用的办法。

4.促销。促销(营业推广)的核心作用是为消费者的购买决策带来短期的刺激作用。它的一个明显的负面作用是,过度地运用促销,往往会降低品牌的身份,损坏品牌形象。但这并不是说促销不能建立或创造积极的品牌联想,关键是要选择恰当的促销手段,使它增加而不是削弱品牌价值。

5.公共关系。良好的公共关系活动具有可信度,而且吸引人。20世纪80年代中期,日本的健伍(KENWOOD)为了舍弃其"在家里听音乐"的旧有形象,开发为F1汽车大奖赛赞助提供无线通讯设备,并成为快艇竞赛的主要发起人,结果健伍成功地塑造了其充满青春活力的形象,在年轻人脑海中深深地烙下了"汽车音响的健伍"的品牌形象联想。

五、建立品牌忠诚

提高消费者品牌忠诚的办法,就是设法加强他们和品牌之间的关系。高知名度、受肯定的品牌、强有力的品牌设计及丰富的品牌联想都是实现这个目标的有效途径。

(一)超越消费者期待

让产品超越消费者的期待,是争取众多消费者、培养品牌忠诚的有效方法。例如,日本汽车的平均交货期为两周,而丰田公司为缩短这一周期而着力研究如何在一周内交货。缩短消费者原先以为要等待的时间,便是超越了消费者的期望,这在同类产品中无疑是一种创意。这种创意对消费者来说,等于提供了额外利益,因此会毫不犹豫地将此作为选择对象。市场调查表明,在其他品牌汽车的品牌忠诚度平均不到50%时,而丰田车已高达65%,这也是在情理之中的了。

(二)完善售后服务

品牌忠诚度集中体现在消费者的重复购买率上,要保持较高的重复购买率,就需要高水平的售后服务,它是企业接近消费者、取得消费者信赖的最直接的途径。根据IBM公司的经验,若对产品销售所发生的问题能迅速而又圆满地加以解决,消费者的满意程度将比没发生问题更高,它能够使"回头客"不断增加,市场不断扩大。售后服务这个系统工程,包括送货上门、安装调试、人员培训、维修保养、事故处理、零配件供应以及产品退换等环节,需要用完善的售后服务体系加以保证。企业如果真正想打好"服务牌"，赢得消费者的首肯，就要使消费者从购得产品的那一刻起，使消费者在每一个环节都处于满意状态，感到放心、舒心、开心。

（三）注重消费者关系管理

1. 建立消费者数据库。收集、积累丰富的消费者资料是企业发展的需要。消费者的生活正向着个性化和多元化发展。人们的自我意识逐渐增强，希望通过品牌消费表现出自己独特的个性和品位。强化品牌与消费者的关系，就必须了解消费者的需要及其变化，建立消费者资料库，进行个性化营销。

消费者资料主要包括如下内容：消费者的基本信息（年龄、职业、收入等）、购买习惯、重复购买率、品牌转换率、生活方式、品牌认知、品牌联想等。

2. 建立常客奖励计划。对经常购买本品牌的消费者给予相应的让利，是留住忠诚消费者最直接而有效的办法，它能使消费者感觉到自己的忠诚得到了品牌的认可与回报。许多大型商场超市为经常在本商场购买产品的消费者累积分数，达到一定分数便给予消费者相应的折扣或奖励，此举留住了大量的常客。常客奖励不但可以留住忠诚消费者，它还能提高一个品牌的价值。

3. 成立会员俱乐部。与常客奖励计划的静态相比较，会员俱乐部则充满了动感，能让消费者有较高的参与度。它给消费者提供了一个途径，表达他们对品牌的想法和感受，同时还可以与其他和自己有相同品牌嗜好的人分享经验。

用会员俱乐部的促销方法，能不断加强品牌与忠诚消费者的关系。而且，在会员俱乐部内部，各会员之间还可相互交流、沟通、分享有关品牌的信息，核心忠诚会员叫进一步带动其他消费者的品牌忠诚。

思考与练习

（一）思考题

1. 品牌资产的含义及其内容是什么？

2. 简述品牌资产的五大特征。

3. 如何建立和提高品牌知名度？

4. 建立良好的品牌联想需做好哪些工作？

5. 品牌资产管理的主要任务是什么？

6. 企业怎样建立品牌认知？

(二)练习题

1. 结合自身体会，谈谈品牌知名度的建立过程。

2. 谈谈你所忠诚的某个品牌带给你的感受。

3. 在你的生活圈子里，最具美誉度的品牌有哪些？为什么？

第十二章　品牌国际化

学习目标
1. 掌握品牌国际化的内涵和意义。
2. 了解品牌国际化的模式。
3. 理解并掌握品牌国际化的对策。
基本概念
品牌国际化　文化差异　市场环节　产品环节　品牌环节

品牌故事

皇家壳牌

壳牌的标志是一个扇形贝壳的对称几何图形，基本色是红色和黄色，边框配以轻快的白色。整个标志像一轮富有生命力、充满力量和光照一切的蒸蒸日上的朝阳。标准色红色代表热烈、热情、活力、实力和勇气；黄色代表诚实、发展、智慧和王者之尊，给人一种强烈的冲击，代表企业永远充满活力、稳步前进和雍容华贵的气质。集团几乎所有的子品牌、副品牌中都有该标志和英文"Shell"或中文"壳牌"，字体常为红色粗体。

英国壳牌石油运输公司由英国人马科斯·萨缪尔在1897年创立。1903年，为了和美国标准石油公司竞争，公司与荷兰皇家石油公司合并，成立了名为"亚细亚火油公司"的新公司。1907年1月1日，两家公司全面合作，即后来的荷兰皇家壳牌石油集团。

荷兰皇家壳牌石油集团早期的竞争对手主要是美国的标准石油公司（即后来美孚石油公司），现在主要的竞争对手是美国埃克森美孚石油，它们的年营业收入都超过1 000亿美元。其中埃克森美孚是2 103.92亿美元，壳牌是1 491.46亿美元。

世界大战给壳牌公司带来了前所未有的挑战。第一次世界大战期间，由于战争的影响，开发委内瑞拉油田的工作几乎停顿；1915年计划在荷兰安德列斯省库拉索岛兴建的炼油厂，不得不等到1918年战争结束后完成；在罗马尼亚的财产被战火摧毁；在俄罗斯的家业则被十月革命后的苏维埃政府没收。第二次世界大战期间，荷兰被蹂躏于法西斯铁蹄之下，位于荷兰的公司总部不得不迁往库拉索岛，公司的核心人员则去了伦敦。整个二战期间，公司的所有油轮都在政府的管制之下，壳牌共损失 87 条油轮。但战争也给壳牌公司提供了发展良机，壳牌充分利用在战争时期与政府建立的良好的合作关系，抓住机会，四面出击，稳定地占领了欧洲市场，壳牌进入了快速发展时期。

一个品牌要在激烈的品牌竞争中立于不败之地，必须有自己的核心竞争力。壳牌这个有着皇室血统的品牌之所以在百年风云中力挫群雄，一枝独秀，是因为它形成了自己的核心竞争力，即其危机管理模式：时刻保持警惕，并在可预见的危机来临之前做好应对的准备。

石油公司面临的种种风险中，以局势的不稳定最难对付。壳牌集团为此制定了三道"防线"：地理上的分散；产品多样化；迅速适应变化。

荷兰皇家壳牌石油集团是所有能源公司中最具全球性的跨国公司。它在大约 50 个国家中勘探石油和天然气，在 34 个国家提炼石油，在 100 多个国家销售石油。因此，一个地方发生政治或经济危机对公司的其他部门不会有很大的影响。

在政治气候特别微妙的国家，壳牌通常都要对市场取得垄断或近乎垄断的权利，这样做便能确保自己获得极高的收益。而在风险大的国家里，如果不能获取高利，便干脆撤走了事。

壳牌公司之所以取得如此巨大的成功，与它能够吸引最有才华的人才、充分发挥他们的才能、使他们为公司做出最大的贡献分不开。壳牌长期稳定的商业成功使得公司具有吸引人才的魅力和基础。

公司在奖励员工和决定薪酬的工作中始终贯彻机会均等的原则，无论雇员的国籍、性别、宗教信仰或政治态度如何，在工作和奖励方面一视同仁。目前，壳牌拥有来自 76 个国家的雇员在 135 个国家工作，这种人才汇聚的局面使壳牌的经营和管理达到了国际标准。

可以说，壳牌令人瞩目的成就是壳牌人全心全意、心情舒畅的工作和公司为发挥雇员们的才干所付出的艰辛劳动和精心管理的结晶。

第一节　品牌国际化的概念

在全球经济一体化和中国成为 WTO 的正式成员后，国内竞争国际化和中国企业参与国际竞争已成为必然。在国际市场上，虽然大量的产品打上

Made in China(中国制造)，但用的却是外国企业的品牌(如 GE、LV、梦特娇)。产品可以在不改变当地市场品牌的竞争格局的情况下，借牌占领市场。产品出口也会改变市场格局，但这是在市场不知不觉中悄然改变原有品牌的格局，挤入已有的市场。它面临着消费者的认知、评价和接受问题，还面临着其他竞争者的反击，以及品牌自身的国际适应性等。而品牌的国际化要比产品的国际化复杂得多，需要面临更多的困难。

品牌国际化和产品国际化是两个不同但又密切相关的概念，所以，在探讨品牌国际化之前，有必要澄清一些基本概念。

一、品牌全球化

品牌全球化是指将单一的品牌识别和定位及其支持这一品牌识别和定位的营销组合延伸到主要的几个地区甚至全世界。全球化品牌成功的典范有可口可乐、麦当劳、万宝路、夏奈儿、奔驰、飞利浦、索尼、IBM、英特尔等。这些品牌几乎以无差异的品牌识别和定位，覆盖全球，吸引相同偏好的目标消费者群体。

不过，这样的品牌毕竟并不多见，著名品牌专家大卫·奥格威指出，创造像可口可乐这样的全球性品牌虽然令人向往，但是却不现实。奥格威认为，与其去追求不切实际的全球品牌，倒不如去追求全球化经营品牌。这里的区别是，品牌全球化的目的是试图最终产生出一个全球品牌。而品牌的全球化经营，则是指根据全球经济一体化的大势，要求企业的品牌经营从全球范围内来思考。即在一个国家内，品牌目标不为当地机构决定，而是由全球品牌经营体系所决定；反之，一个国家内的品牌策略，不仅要考虑对当地市场的影响，而且要考虑对品牌在全球经营可能造成的影响。

因此，全球品牌及品牌全球化未必可行，但品牌经营全球化却是必要的，值得推崇。

二、品牌国际化

品牌国际化是通过品牌营销的区域延伸，把国内的知名品牌推向国外的行为。

品牌国际化应遵循先易后难的原则，先向周边地区扩展，再向更远的地区扩展。如海尔公司就在东京银座矗立了巨型广告牌，对于这项国际经营运作，海尔自己宣称，它走的是"先难后易"的道路：先进入欧洲市场，再转向东南亚和拉美国家。不过，客观研究表明，这并不完全符合事实。海尔的海外生产基地建设，还是遵循了"先易后难"的程序，先在东南亚、拉美地区，然后是美国和欧洲，最后才进入日本这个家电王国。

品牌国际化与产品国际化是两个不同的概念。产品国际化是指在不同国家推出完全相同的产品。如英特尔的芯片、微软的软件、索尼的家电都是产品国际化，甚至是全球化的产品。

品牌国际化的关键在于：品牌区别并独立于产品，品牌的附加利益要适应当地独特的法律和人文环境。因而，在品牌国际化中需要对品牌进行调整或对产品进行调整。

三、品牌国际化的驱动力

品牌国际化是一种越来越被人们接受的普遍现象。从20世纪80年代以来，中国市场上的国际品牌越来越多。最先进入的是日本品牌：松下、三洋、东芝、日立、丰田、本田、尼桑等；接着是美国品牌：海飞丝、潘婷、福特、摩托罗拉等；后来欧洲品牌大举进入：飞利浦、诺基亚、奔驰、皮尔·卡丹、西门子、阿尔卡特等。目前，东南亚的生活用品和农副产品也开始进入中国。欧美日品牌的国际化十分普遍，面对中国市场的巨大吸引力，它们之间的竞争战场转移到了中国。与此同时，中国的著名品牌也在试图走出国门，通过并购、建厂实现品牌扩张，到欧美、日本参与竞争。

品牌国际化的动因不在于市场需求，而在于企业的愿望。品牌国际化是供给推动型，而不是市场拉升型。消费者就其本意而言，并非为了购买一种国际化和全球性的品牌，而是特别的个性品牌才能满足他们的特殊需要。消费者也不会因为品牌的全球性而选择它，而只是对品牌的承诺和产品的个性感兴趣。不成熟的消费者可能会被国际化品牌的光环所迷惑，但长此以往是不可能造就成功品牌的。因此，品牌的国际化是企业推动型的，它给了消费者提供了一种新的选择。

品牌国际化的成功是有条件的。当不同国家的消费者群体对一种品牌产生兴趣，并且当该产品与其他产品相比具有的某种优势并引起消费者兴趣时，就产生了品牌国际化的好机会。这样，在进入国际市场过程中品牌国际化就是不可避免的了。全球性品牌在高科技产品、奢侈品等领域表现尤为突出。但是更为众多的产品及其品牌则无法由此取得成功。对不同国家的消费者来说，他们并没有所谓相似的需要，他们的选择是以自我为中心的个性化选择。

第二节　品牌国际化的原理

一、品牌国际化的动因

品牌国际化是品牌的跨越区域发展与延伸的需要。促使品牌进行延伸的因素是复杂的，其关键是品牌在国际化的市场环境中不进则退。

（一）发展动因

品牌的成长必然经历着由小到大、由弱到强，先在熟悉的环境中生长，逐步发展壮大，并开始走出摇篮，走向广阔的世界。很少有品牌一开始就是国际化的，只有当品牌在国内市场趋于饱和、发展潜力受限制时，才会去突破国界，寻求国际发展空间。品牌持续发展的需要，促使企业走向海外，从产品出口转向海外投资，从产品经营走向品牌的国际化经营。

例如，国内家电品牌迅速成长，并相互渗透，品牌战、价格战此起彼伏，由于国内市场无法使企业达到所期望的规模，于是它们便把目光转向海外市场。华为、康佳、海尔便是实例。

（二）利润动因

大多数中国企业的品牌国际化之路，是从为国外知名品牌加工制造产品（亦称"贴牌"）开始。贴牌生产的企业利润微薄，而品牌企业获取的丰富利润，是生产企业的几倍甚至几十倍。这充分表明，产品的国际化经营利润远低于品牌的国际化经营利润。这也是我国企业努力实现品牌国际化的重要动因。

对一些已经具有品牌国际化经验的欧美日品牌而言，品牌国际化已带来丰厚的利益，因而，更坚定了其国际化的步伐，如可口可乐的全球扩张，日本电子、汽车产品的国际扩张。它们在国内市场饱和的情况下，通过品牌的国际化经营，借助其已经形成的优质信誉，获取了巨大的利益。

（三）规模经济动因

规模经济是企业永远的目标。以进入世界市场为目标的公司比定位在本地市场的公司更注重在竞争中扩大规模。理由说来简单：本地市场比世界市场小得多。品牌国际化后，同样的研发费用可以在众多的市场分摊，大规模的市场运作可以大大降低制造成本，使品牌产品更具价格竞争力。

在品牌国际化经营中，还有一个重要的成本节省点是营销创新的国际化推广。品牌的国际化可以将在某一国获得的成功营销创新经验及时迅速地推广到其他国家的市场，以获得规模效益。

品牌国际化可以减少和消除重复性的工作。比如可以在销售地区使用同一个广告，而不必在每一个国家制作不同的广告。其节约额度是非常可观的。例如，在过去的 20 年中，可口可乐节约了 9 000 万美元的广告制作成本。

（四）时效动因

由于信息和技术传播速度的加快，如果品牌产品不能在主要消费国同时推出，就会给竞争对手以充裕的时间做出对策，推出相似或相同的产品。国际化就是要在品牌及其营销组合确定后，迅即覆盖目标市场，不给竞争者留下任何机会。比如微软的视窗产品的上市、英特尔芯片的推出等，都采取了国际化的品牌营销策略。

（五）化解风险动因

在全球经济一体化的环境中，化解风险，获得市场均衡已经成为品牌的常规课题。由于世界经济发展的不平衡和各国经济周期的不同步，因此，品牌国际化可以分散市场风险，求得市场需求的相对均衡，避免因一个国家或一个地区的需求波动而危及品牌或使品牌陷入困境。本章篇首的"皇家壳牌"案例可谓有力的佐证。

（六）展示实力动因

通过品牌国际化可显示企业实力，增强市场影响力，增强消费者的信任度。当一个品牌进入多个国家市场时，通常会被认为品牌具有实力，产品高质量，说明该品牌不仅为国内消费者接受，而且为国外消费者所认可，反过来又增强了品牌在国内市场的影响力。海尔、海信、春兰等即属此类。最近，美的品牌通过了欧美等国的权威机构认证，其广告语说"美的空调，全球信赖"；海尔"向各国经销商授权"，"春兰，走向世界的品牌"等均是为了显示实力，并反过来促进国内销售。

日本、韩国甚至欧美的一些品牌为了显示实力和体现世界级的地位，大都以进入美国市场为标志，一旦获得成功，品牌就较易为世界其他国家所接受。

二、品牌国际化的可能

实现品牌国际化，既取决于品牌是否具有这种愿望并付诸有效行动，也取决于国际市场是否具有这样的市场机会。促进品牌国际化的外在条件很多，常见的有如下几种：

（一）旅游业的促进

旅游业是无成本企业、无障碍企业、无烟工厂、时尚之旅等等，这是人们对旅游业的评价。在全球经济一体化的时代，旅游业作为朝阳产业，也为品牌的国际化提供了助力。各国的旅游者把他们对品牌的偏好带到世界各地，商人们便设法去满足他们的不同需要。这种情况在不同的行业其明显性也不同：食品比服装更明显，汽油比食用油更明显，旅游服务业比百货超市更明显。无论是单纯的观光旅游还是商务旅行，都有助于相互之间的文化交流和观念沟通，因而有助于形成跨越国界的共同消费群体，为品牌的国际化提供了市场基础。

（二）媒介传播的影响

大众传播所造成的"地球村"效应，为品牌建立国际性知名度搭建了良好的平台。如今，在世界的任何地方都可看到任何品牌的宣传，因此麦当劳说，南非开普敦与波兰华沙近郊的麦当劳的品质完全相同。再比如分布在世界各地的华裔可以通过中文互联网了解中国的知名品牌，这为中国品牌的国际化提供了机会。

国际化的大型体育比赛更为品牌国际化提供了机遇。如 NBA、奥运会、世界杯、澳网、汽车拉力赛、一级方程式等赛事需要大量赞助金，因而也为品牌的国际化提供了可能。一些品牌凭借赞助一举成名，由国家品牌变为国际品牌。

（三）消费群体的迎合

由于国际的交流与文化的融合，遍布在不同国度并且具有相同偏好的消费者群体在日益增加。消费者地域性的差异，退居于社会阶层的差异和收入的差异之后，中高收入者和受到良好教育的社会阶层，具有更为宽广的国际视野，拥有更为相似的物质和心理需求。

科学技术的进步改变着人们的生活状态和消费观念。品牌不再仅仅属于地域文化，而是属于世界，属于时代。李维斯牛仔服、诺基亚手机、大众汽车、海尔电器等品牌，美国人信任，芬兰人信任，德国人信任，中国人也信任。它们跨越了国界，因为它们是品质的象征，值得信赖。

（四）社会差异创造了可能

消费者有两种相反的思维方式，一种是求同，另一种是求异。当消费者大都拥有本地品牌时，部分消费者为了表明自己的独特，转而寻找异国情调。这是品牌国际化的契机。人们在喝可口可乐的时候，好像是在看美国神话——鲜活的、开放的、兴奋的、年轻且充满活力的美国形象。

意大利的时装、法国的香水、巴西的咖啡等品牌，无不体现其独特的文化内涵，为其品牌的国际化和全球化创造了机会。

（五）传统产业造就了机会

品牌国际化本质上是品牌的对外交往，它与品牌所在国的实力地位紧密相关，一旦国力衰退，品牌的对外影响就会减弱。由于经济实力的作用，当今的国际化大品牌，美国最多，日本、德国紧跟，其他一些发达国家也有一些，发展中国家几乎没有什么世界级品牌。原因很简单，一旦国力强盛，其品牌在国际化上就有号召力。

在品牌的国际化方面，独特的产业也很重要，比如瑞士的钟表、法国的香水、意大利的服饰、德国的电器品牌，如果变换一下成了瑞士的服饰、法国的电器、德国的香水、意大利的钟表，那么，这些品牌至少有95%不可能成为国际性的品牌。

品牌与国力相辅相成。品牌强势可以支持国力，国力强又能够提升品牌的国际竞争力。当一个国家的国力日趋强盛时，品牌国际化的机会也就来临了。

三、品牌国际化的障碍

在品牌国际化的过程中，需要强化品牌营销策略与其他营销活动的协调，越是协调一致，收益就越是显著。但由于不同国家的法律、文化和竞争环境不同，消费者对品牌的了解、认知和理解也会出现差异，而且其需要和使用目的也不尽相同。因此，品牌国际化也存在着各种障碍。

（一）环境性障碍

1. 法律环境。各个国家有各自的法律体系，在某一国家是合法的营销行为、品牌内涵和定位的表达方式，在他国却有可能是非法的。如在欧美国家，性（sexy）诉求是合法的，但在我国是不允许的，在伊斯兰国家则是严格禁止的。在英国不允许用英雄人物作为烟草广告的代言人，即使是万宝路中的牛仔（Marlboro Man）也不允许。在新加坡、中国不允许做对比性的广告，以显示品牌优势。在奥地利，不允许用儿童做广告。立邦漆那一幅在整整一排婴儿的小屁股上涂满各种颜色涂料的非常吸引人的著名平面广告，到奥地利便没有了用武之地。这就可能使极为成功的品牌及其营销组合无法延伸到某一国。

2. 竞争环境。一些在本地已牢牢地占据了某种地位的品牌却难以把品牌定位和联想移植到他国，这是因为不同的国家具有独特的产业发展环境，从而使品牌国际化遇到阻力。品牌国际化试图改变这种格局，原有的品牌定位及营销的组合策略就有必要做出相应调整。要根据当地的竞争格局，适当调整品牌定位、品牌促销模式和品牌联想的建立方式。

品牌竞争的市场环境主要包括竞争对手的数量和实力、品牌知名度、分销类型和水平、产品生命周期阶段。这些因素都可能要在品牌国际化过程中做一定调整，除非这种产品没有任何竞争对手，是一种独特的超群的产品。如微软的视窗、英特尔的处理器，能刺激并满足跨国界的需要。

3．社会文化环境。社会文化环境是阻碍品牌国际化的关键因素，有时甚至会完全阻碍品牌的国际化。如娃哈哈非常可乐，如果按照其广告语的表述，定位于"中国人自己的可乐"，那么，运用这一定位，品牌在国内虽然有了市场，到国外就无法打开市场。由于它根植于特定的文化环境，因而在进入国际化后潜力有限。品牌要想国际化必须淡化民族性，甚至脱离民族性。

社会文化中的语言因素对品牌国际化的影响也是明显的。日本品牌在这方面付出了极大的努力。最知名的是 SONY，它是为了国际化而从原来的"东通工"改变而来，因为，"东通工"这个日本名在世界各地难有作为。类似的改名有松下→Panasonic，樱花→ Konica，还有 Mazda、Nissan 等。它们若不改名就难以成为国际化品牌。

4．品牌认知环境。一个品牌在不同的国家可能会处于不同的生命周期阶段。在本国某品牌可能早已家喻户晓，不需要强调品牌产品的性能和利益点。但在国际化过程中，刚进入某一新国度时，其推出就需要多个层面地介绍产品特征，甚至借助定位和广告来改变消费者的观念，才能促销这一产品。如宝洁公司著名品牌之一的海飞丝，在推向英国、荷兰市场时取得了成功，然而，当把这一模式推广到法国时，只取得了不足 1％的市场份额。原来，法国人习惯在药店购买洗发香波，以便保证产品的护理作用。但海飞丝却强调有去屑功能而且又在超市销售，结果，消费者对海飞丝不予信任。此外，在法国，头屑被认为是社会问题，对有头屑者应予以同情，而海飞丝的促销中对有头屑者表现为批评态度，结果海飞丝在法国失败了。可见消费者的品牌认知和消费习惯也会阻碍品牌国际化。

（二）品牌性障碍

品牌性障碍是指由品牌的元素（文字、图案、色彩、名称等）带来的品牌国际化障碍。如某种文字或图案在不同的国家有不同的含义和不同的理解，在某国可能是一个非常优秀的品牌元素，然而在国际化时却是不利的因素。

1．品牌图案。品牌图案是品牌基本而又重要的元素。品牌图案虽然是品牌国际化中最易于被接受的要素，但并不是没有任何障碍。一个图案由造型和颜色两部分组成。作为造型的图案，有简单的几何图形，也有动物、花草树木等，在不同的国家，它们会有不同的象征和联想，有的图形甚至成为禁忌。

比如兔，在我国是一种深受小朋友喜爱的动物，因而，用兔作为品牌图案对产品的销售是很有利的。但在澳大利亚，由于经常遭到兔害，庄稼被毁坏，因此，有"兔"标志的品牌图案就会在澳大利亚遇到麻烦。可见，品牌图案有可能成为品牌国际化的内在障碍。

2. 品牌名称。一个企业的发展进程中总会有着某种文化背景和个人价值观念，因此，为其产品选择品牌名时，未去考虑其未来的国际化经营需要，往往取了一个很有当地文化色彩的品牌名称。这样的品牌在当地可能会非常成功，然而在国际化时就有可能遇到严重阻碍。如日本的"小西六"是一家老字号公司，始创于1873年。1900年后，小西六开始从事照相器材的生产经营，产品取名为"樱花"。樱花是日本的国花，有春天、温暖、阳光、美丽等积极的联想。樱花在日本随处可见，但在其他国家却并不多见。樱花是粉红色的，远看模模糊糊一片，这对讲究清晰度和分辨率的照相器材很不利。"樱花"在1980年前后在日本几乎可以与富士媲美。然而，"樱花"的国际化却远不如富士成功，再加上"樱花"的公司名"小西六"，更加难以国际化。为此，公司在1986年对品牌和公司名进行了彻底改变，取名为Konica（柯尼卡），"樱花"之名则不复存在。

亚洲文字与欧美文字相差较大。这对双方而言都是沟通的一大障碍。欧美国家的品牌在进入亚洲国家时，也时常为名称的翻译大伤脑筋，反过来亦然。因此，品牌名称是品牌国际化中必须面对和跨越的一道障碍。品牌可能不得不为了寻求形式一致而放弃品牌最初的意义，或者保留意义换用不同的品牌名。

3. 品牌色彩和包装。一个好的品牌总是借助于一定的色彩和包装来传达其内涵。如可口可乐以其特有的外形和红颜色遍布全世界，即使略去可口可乐的字样也能迅速被认知。每种色彩都能表达一种意义，而不同国家的国民对色彩又有不尽相同的认知和感觉。所以，品牌国际化中的色彩应适当注意。包装的大小，尤其是色彩图案，是品牌国际化的有机构成部分，是品牌视觉识别最有力的因素。

4. 品牌的含义。品牌的含义是品牌国际化的又一内在障碍。以健康为例，"健康"意味着什么？在欧美等发达国家，由于摄入过量的脂肪和糖分，肥胖已成为影响消费者健康的一大公害。对他们来说，健康食品就是低热量食品。因此，节食类食品成了健康食品。但对发展中国家的消费者而言，健康则有完全不同的内涵，它要求营养丰富，含有较高热量。这样，在欧美国家，健康强调其低脂肪低热量，而在发展中国家则要求有足够的营养价值。

再如"张小泉"在我国已有 340 余年历史，是剪刀的代名词，两者有着强烈的联想。但是，"张小泉"对外国人而言可能毫无意义，没有任何联想。因此，对不同国家的消费者而言，同一个品牌在消费者眼里有不同的意义。这就决定了品牌国际化过程中，需根据情况调整品牌的含义。

四、品牌国际化的文化障碍

文化因素从不同方面对品牌国际化产生着重要的影响。文化作为一种沟通体系，以人类富有表现力的语言及非语言体系，使人类社会得以存在和发展。人类社会在拥有丰富文化种类的同时，也产生了不同文化种类下人们行为方式的差别。文化通过这种差别对企业的营销活动产生巨大的影响，也成为了决定品牌国际化成败的重要因素。

（一）文化的含义

文化的含义和文化本身的内容一样复杂，不同的人在不同的时期对文化有不同的认识。英国人类学家爱德华·泰勒认为"文化是包括知识、信仰、艺术、道德、法律、习俗和任何人作为一名社会成员而获得的能力和习惯的复杂整体"。人类学家克拉克·霍恩提出"文化是人类社会的组成部分，是人在某一群体中学习其他人共有行为的结果，它是人类社会的遗产，而不是个人的遗传因素"。

从企业管理的角度看，霍夫斯塔德将文化定义为"影响一个群体对环境所做反应的各种共同特征的总和，它表现在价值观念、信仰、态度、行为准则、风俗习惯等方面"。从以上定义可以看出，泰勒和克拉克·霍恩从社会学的角度给出了文化的定义，而霍夫斯塔德则是从管理研究的方面分析了文化的定义，因此，霍夫斯塔德对文化的分析被广泛运用到各种营销研究之中，成为指导营销管理的理论依据。

（二）社会文化的差异

霍夫斯塔德对 40 个国家 116 000 名在跨国公司工作的员工进行了调查，在实证和折中分析的基础上，他提出了 4 个社会基本问题（个人和集体的公司、社会平等性、不同性别的地位、对不确定性的态度），并归纳出 5 个对不同文化的衡量维度。

1.个人主义与集体主义。个人主义文化是指群体内各个成员之间的关系松散，每个人都重点关心自己的利益。而集体主义则是指群体内成员之间关系相对紧密，个人对群体利益及群体内其他成员的利益也表现出较高程度的关注。霍夫斯塔德认为美国、英国等富裕国家的个人主义特征比较强，而巴基斯坦、哥伦比亚等穷国的集体主义倾向比较强。

2.权利距离。由于身份和知识方面的原因，人与人之间存在财富和地位上的不平等。权力距离表明了社会公众对这种不平等的接受程度，即权力影响力的大小。在权力距离比较大的国家中，组织中的不平等比较普遍，成员表现出对权力的高度尊重，头衔、地位和等级对其他成员有较大的影响力。而在权力距离比较低的国家里，组织内成员间的关系较为平等，成员对上级的敬畏程度较低，地位和等级的影响力也较低。在现实生活中可以看出，受儒家文化影响的国家和地区，其权力距离都比较明显，西方发达国家的权力距离比较低。

3.不确定性回避。不确定性回避是指人们对未来不确定性的态度。在有的国家人们习惯于接受风险，人们对与自身不一致的行为和观点也有更高的容忍度。因为他们认为这些并不对自身构成威胁，这种文化的不确定性回避程度较低，如新加坡、瑞士和丹麦就属于这种类型。在不确定性回避程度较高的国家，人们非常厌恶风险，对与自身不一致的行为和观点有很大的排斥性，倾向于接受正式的各种规则，如日本、葡萄牙和希腊就是这样的文化。

4.长期导向与短期导向。不同国家的投资者和经营者对企业经营效果的看法是不一样的，有的国家重视短期效果，希望迅速得到明显的回报，而在有的国家，人们更看重长期回报，重视长期投资效果，即使短期亏损也并不在意。这两种导向比较有代表性的是美国和日本。

（三）文化的影响

文化对品牌国际化的影响是多方面的。这种影响主要表现在以下几个方面：

1.品牌名称和标志要与文化相融合。企业品牌要进入不同国家的市场，其品牌名称必须能够在当地消费者心中产生积极的意义，否则，就会产生反感，给市场开拓带来不利的影响。如："快乐绿色巨人"翻译成阿拉伯文却成了"令人可怖的绿色妖魔"。福特公司向墨西哥推出由其最先进生产线生产的汽车，并为之取名"Caliente"，但是这个名字在墨西哥俚语中是指妓女。奥林匹亚公司的"Roto"牌激光复印机在智利销售一直不好，是因为在智利有"末流"的意思。

2. 广告语应考虑消费者的理解能力。在企业促销活动和广告宣传活动中，文化差异对于消费者理解广告语的意义有着重要的影响。促销和广告用语通常不是一句完整的话，或虽然是完整的一句话，但是正确理解必须有相应的文化背景。中国有五千年的文明史，文化传承度极高，在国内十分有效的一句广告口号，到国外可能毫无意义。如"愿君多采撷，此物最相思"这句广告语，许多中国消费者都能理解其含义，但是缺乏我国文化背景的国外消费者就很难理解。

3. 文化差异给管理沟通造成障碍。不同文化中人与自然的关系、不同文化的生活哲学、人与人的关系等许多方面都有明显的区别。如与他人的关系，美国文化认为"应该开放地、率直地与人相处，直言不讳地沟通，尽快了解别人的观点，不拘礼节是好的"；中国文化认为"如果放开地、率直地与人相处是危险的，为保持和谐及避免麻烦，间接和不明确的语言是必需的，讲究礼节是好的"。这种明显的差异，给中国品牌国际化(进入欧美市场)会带来大量管理上的问题。

4. 品牌地位对当地消费者的文化意义。美国、欧洲、日本等许多国家的企业品牌纷纷进入了中国市场，但是，在这些品牌中很少有白酒品牌、中药品牌。造成这个结果的根本原因是，在我国消费者心中有许多知名的国内白酒品牌，有的品牌已有上千年历史，具有丰富的中华民族的文化内涵，在这样的市场上，外国品牌很难有所作为，只有追求异国情调的人才偶尔会对国外的品牌感兴趣。中药更是如此，一般的中国人不会相信外国品牌的中成药。

可以看出，文化对品牌国际化的影响是全方位的，中国文化与欧美等国家文化有很大的差距，因此，中国企业在实施品牌国际化战略的过程中将会面临很大的文化障碍。

第三节　中国品牌的国际化

2001 年 12 月，中国成为 WTO 成员国。中国市场成为世界市场的一个组成部分，国外品牌进入中国市场的壁垒将逐步被拆除，国内市场竞争必将更加激烈。与此同时，中国品牌进入世界市场的大门也将进一步敞开。中国品牌的国际化障碍会逐步减少。

一、中国品牌国际化的优势

除了品牌国际化的一般有利条件和机会外，中国品牌国际化还有一些特别有利的条件。

（一）国家实力持续提升

改革开放 30 年以来，中国经济持续高速发展，GDP 年均增长 7% 以上，经济总量增加五倍。20 世纪 80 年代，日本和欧洲经济的低速增长和停滞，1997 年东南亚的金融危机，都未能动摇中国经济的快速发展。即使是在 2008 年全球性的金融危机中，中国经济仍然走出了独特的步伐，保持了 9% 以上的增长率，成为全球经济的一大亮点。随着中国经济的持续增长，经济实力已跃居为美、日、德后的第四经济大国，在国际经济中的影响力与日俱增。"中国制造"（Made in China）对国外的消费者已不陌生，中国品牌逐渐被以欧美为代表的国外的消费者认知、了解和接受。

从世界范围看，国力的强盛是品牌走向世界的坚强后盾。以韩国为例，在东南亚金融危机之前，韩国经济发展势头强劲，LG、三星电子、大宇汽车是其典型代表。但危机冲击后，大宇破产，LG 和三星也失去了往日的风采。可见，国力是品牌走向世界的强有力的后盾。中国经济的强势为中国知名品牌的国际化提供了强有力的支持。

（二）中国品牌日趋成熟

多年来，电子产品的发展最为迅猛。上千家企业经过价格战、质量战、技术战、服务战和多元化扩张兼并等多次洗牌，留下的都是品牌中的佼佼者，如海尔、春兰、长虹、美的、格力、海信、TCL、康佳、容声等，至少是某一类产品中的领导者。各品牌逐步找准品牌的定位，逐渐形成了自己独特的品牌文化、品牌个性和品牌形象。这些中国品牌经过多年的市场磨炼日趋成熟，基本上走过了产品竞争到品牌竞争之路，品牌意识和品牌经营的观念已深入这些知名企业的经营者头脑之中，并已成为企业理念的组成部分。品牌经营从国内走向国外的时机渐趋成熟。

（三）品牌国际化迈出坚实步伐

中国品牌在国际化经营中都有一些经验和教训，有的中国品牌在国际市场已取得一定成功。特别是海尔品牌的产品出口到了世界 160 个国家和地区，海尔的冰箱、空调等在国际品牌中的排名已经渐趋显赫。此外，奇瑞、海信、TCL、春兰也以自己的品牌进入世界市场。它们不仅在国内生产海外销售，而且进行跨国投资，实现了当地生产当地销售。尽管有人怀疑这样做的经济性，但毕竟为品牌国际化迈出了坚定的步伐。

（四）WTO 提供了顺畅通道

过去，中国作为非 WTO 成员国，在与世界各国的经济交往中，总会发生这样那样的问题，如美国单方面的制裁或以制裁相威胁、配额限制、反倾销判罚等。这会严重影响中国企业走向国际市场的信心和决心。如今，可以在一个相对公正和平等的经济框架下参与竞争，中国品牌在世界市场的性价比优势得到充分显示。中国品牌走向世界的机会比以前任何时候都要好。

二、中国品牌国际化的障碍

中国品牌走向国际化与欧美日等相比存在明显困难，这种困难与我国的文化和语言密切相关，也与西方国家的消费者对中国的了解不够多有关。

（一）国外对中国缺乏了解

中国虽有五千年的文明史，但总体上外国对中国的了解远不如中国对欧美日等国的了解多。加之近代中国国力不足，国际地位不高，西方国家对中国的关注不够，致使中国品牌走向世界时，许多消费者怀疑中国品牌的质量。

中国有着悠久的历史和文化传统，我国的一些著名品牌，要想走出国门仍然困难重重。如张小泉剪刀有 340 多年历史，同仁堂药业有 100 多年历史，泸州老窖有 500 多年历史，但国外不了解这些品牌的历史，因而品牌的文化积淀和优良口碑在西方国家几乎为零。不像美国的 AT&T、GE，德国的西门子、奔驰等，在这百来年中到处宣传，在中国也广为人知。当它们来到中国时，受过一定教育的人都有所了解。中国文化传播的迟滞，给中国品牌国际化平添了一定的障碍。

（二）文字差异沟通困难

西方国家文字与汉语言文字最大的区别是，前者是字母拼读式的，而中国是方块表意式的，西语系是一个字母一个字母组合起来认知的，而中文是以一个字一个字来认知的，中国品牌名称就很难让欧美国家的人辨认和识记。

目前，中国品牌在注册其中文商标的同时，也注册了拼音商标，这样便于在国内市场可主打文字品牌，比如长虹、春兰；进入国际市场后可主打拼音字母式品牌。这当然是可以选择的策略，但问题仍然存在：一是拼音字母组合模式，与英语为代表的西语明显不同。二是很难正确发音，如果无法正确发音和指认商标，那么该品牌就难以成功。

（三）品牌联想丧失

对于中国品牌来说，品牌名称丧失原有含义以及联想的问题尤为突出。如"长虹"作为彩电的品牌名称，"天上彩虹，人间长虹"的广告语给人带来

"色彩斑斓，逼真再现"的美好联想。然而翻译成西文，如用拼音，即音译"CHANGHONG"，则由其品牌名产生的美好联想立刻消失殆尽。

又如"娃哈哈"，作为国内当红的儿童饮料品牌，有着十分理想的特征：①琅琅上口，两个叠字，十分响亮；②富有特点，易于记忆；③能产生美好联想——儿童们开心快乐的情景。然而一旦进入国际市场，则"Wahaha"的美好联想荡然无存，尤其是在外形上与日本的"Yamaha"又很相似，容易产生误解。

三、中国品牌的国际化策略

中国品牌国际化过程中，有几个问题必须进行思考。一是先进入哪一个市场？是采用先难后易策略，还是采用先易后难策略？二是采用出口导向型的进入策略，还是采用当地化生产的策略？三是若采用出口导向型策略，是一开始即采取自有品牌策略，还是先从 OEM 做起？目前可谓是八仙过海，各显神通。

（一）进入市场选择：先难后易还是先易后难

先难后易是先攻下相对较难进入的市场，然后再借势迅速覆盖其他市场的策略。采用这种策略的风险较大，通常认为不合常规，企业一般不采用这种策略。因此先难后易的困难很多，是对经营者信心、能力、耐力的一个极大考验，一旦失败将是毁灭性的。但海尔的国际化，特别是从冰箱向洗衣机等家电发展时，国内还未销售就把目标瞄准欧洲，一举进入欧洲市场。这为其在国内洗衣机市场攻城略地创造了极大的优势，也使其产品在东南亚、中东地区赢得了广阔的市场。

（二）进入方式选择：出口导向还是当地化生产

我国品牌国际化的过程中面临的又一个选择是国内生产国外销售，还是国外投资当地生产销售。对此已形成截然相反的观点。一方是以美的、格力为代表的品牌认为，海外投资、当地化生产和销售是放弃品牌的成本价格优势，不值得效仿。另一方是以海尔、海信为代表的品牌认为，品牌国际化必须走海外投资、当地化生产和经营之路，否则中国品牌的已有优势将荡然无存。

（三）出口导向策略：用自有品牌还是先做 OEM

出口导向型的品牌国际化是品牌国际化的初级阶段。但就是这个初级阶段，也有两种不同的选择：自有品牌出口还是做 OEM（贴牌出口）。在国内越来越多的企业，乃至一些知名企业都在做 OEM。这些企业中，很大比例的出口都是通过贴牌进入国际市场的，这些品牌企业的出口额大多超过 1 亿美元，但其品牌在国外鲜有知名度。

从根本上讲，OEM 不能实现中国品牌的国际化。OEM 的特征是：技术在外，资本在外，市场在外，只有生产在内。因此，OEM 的生产厂家只能赚一点加工费。如果通过 OEM，让企业能够更好地了解国外技术标准和市场需求，倒也算是一种进步。但是 OEM 有两个十分有害的结果：①国内一些知名品牌，本想利用富余的生产能力为外资品牌贴牌，结果是订单越来越大，自有品牌产量越来越小，自有品牌几乎从市场上消失（如澳柯玛、乐百氏）；②更为可恶的是这些国外品牌在中国制造业上不投一分钱，却获得了巨大的生产能力，而生产的产品就地在中国市场销售。结果，既消灭了 OEM 厂商的品牌，又占领了我国的市场。所以，OEM 不可能让国内品牌走向国际化，除非出于了解国外技术和市场需求及其变化的目的，可以先做一些OEM，但经过一段时间后必须将自己的品牌打进国际市场。

OEM 在使企业的品牌永无出头之日的同时，给经销商和消费者是一种什么样的印象呢？海尔美国公司的总经理贾迈尔原先是一个叫"Wiebilt Appliances"的美国家电经销公司的老板，他说他第一次来中国，同中国的其他工厂（指除海尔外）商量进货的时候，中国厂商往往只是想方设法把东西卖给他，至于挂不挂牌子，他们无所谓。他的结论是，他们躲在别人的品牌后面，自己不想承担任何责任。在经销商眼里，做 OEM 是逃避责任的表现。因此，这样的品牌企业，既不能得到经销商的信任，也不能获得国外的消费者的认可。因此，出口导向型的品牌国际化，必须用自有品牌。只有在对当地市场需求、技术要求缺乏了解的初期可采用 OEM 作为过渡，经过一段时间后必须用自有品牌。

总之，我国品牌的国际化要有长期眼光，在初期可以做一些 OEM，但是必须尽快用自己的品牌出口，当取得足够的市场份额后，要不失时机地进行海外投资，实行当地化经营。只有这样才能真正创出我国自己的国际化品牌。

案例分析

恒源祥：真的想自杀

用"恒源祥，羊羊羊"广告语开始打响品牌知名度的上海万象（集团）股份有限公司，对外公开宣布，准备"消灭"自己多年来苦心营造的知名品牌"恒源祥"，再创造一个全新的品牌来替代它。

原因是此品牌不宜国际化，可能影响公司的全球战略。在外国人眼中，"恒源祥"三个字只是三个无任何意义的图案，难于被记忆和产生联想，肯定会给品牌推广造成障碍。所以，需要重新创造一个适于开拓国际市场的全新品牌。同时万象集团强调消灭"恒源祥"指的是国际市场，在国内市场"恒源祥"品牌将会继续存在。

一、品牌经营起家

恒源祥创立于1927年，原来是上海南京路上经营毛线的老字号商店，仅有百余平方米的面积。1987年刘瑞旗到此担任经理，将"恒源祥"三个字由店名注册成了商标。之后，就用"恒源祥"三个字作为无形资本与生产企业联营。恒源祥与其联营的生产企业迅速地壮大起来，毛线产量从1991年的75吨增长到1997年的1万吨，成为全国乃至全世界最大的手编毛线生产基地。恒源祥是靠着品牌经营起家的。

在拥有一定程度的规模化以后，恒源祥尝试品牌的国际化。1997年恒源祥曾与英国蜂巢绒线公司谈过联合事宜，蜂巢年产量仅1 500吨，却在全球40多个国家销售。但在谈到品牌问题时，出现了问题。刘瑞旗建议将两个商标联合排列使用，在英国市场是蜂巢在上恒源祥在下，在中国市场是恒源祥在上蜂巢在下。但是当蜂巢听到恒源祥年产量超过10 000吨时，就表示不愿联合了，因为它们怕被恒源祥吃掉。国外企业对品牌经营如此慎重，充分说明了联合是品牌经营的有效方式之一。科龙战略策划总监宋新宇博士分析说："中国企业品牌国际化，目前还不具备拼资金打广告战的实力，在营销方式上要依靠当地经销商，投入广告要多听他们的建议，最好形成某种利益上的联盟，这种方式能够节省资金并且收效迅速。"

二、再造品牌是第一步

无论是控股还是联合，再造品牌是第一步。恒源祥之所以宣布准备"消灭"自己，再造一个国际化品牌，是总结了许多经验教训的。著名的日本松下公司，当初曾以National在本国注册，后来产品扩张进入国际市场，其商标在英语国家就行不通了。因为National在英文中的解释是国家、民族，很多国家的商标法都禁止使用，所以该品牌不能成为一个全球化的品牌，后来日本重塑了一个Panasonic的品牌，而这一个改动，整整多花了16亿美元。刘瑞旗认为，一个好的品牌，除了有个性、显著性之外，还应有文化内涵；如果要成为世界品牌还必须具备国际性。"恒源祥"三个字，是出自一副对联：

"恒罗百货，源发千祥"，这在国人眼中有着浓厚的文化内涵，但外国人却根本不懂，如果对自己的品牌坚持不变，就要在国际市场付出大量的时间、精力和高额投入。目前，恒源祥正在组织专家进行国际品牌研究，开始消灭"恒源祥"。但在已经设计出的若干英文商标中，还没有哪一个被最终确定。

国际化品牌经营对于我国很多企业来说并不陌生，恒源祥提出"消灭"自己，再造国际品牌的战略是符合目前世界经济趋向一体化市场环境的。目前中国商标的价值远远不及国际商标的价值，中国品牌向世界进军的路还十分漫长。

思考与练习

（一）思考题

1. 品牌国际化对企业有什么意义？

2. 文化差异对品牌国际化有哪些影响？

3. 我国企业如何创立国际化品牌？

（二）练习题

1. 请为"恒源祥"品牌国际化设计实施方案。

2. 面对触目即是的国外品牌，你对品牌国际化有何感想？

3. 如果把"中国企业是否需要品牌国际化"作为辩题，请你自行选择正反方，并作一辩护陈词。

参考文献

一、参考书目

[1] 赵琛. 品牌学. 湖南美术出版社, 2003

[2] 余明阳, 朱纪达, 肖俊崧. 品牌传播学. 上海交通大学出版社, 2005

[3] [法]让·诺尔·卡菲勒. 战略性品牌管理. 商务印书馆, 2000

[4] [英]莱斯利·德·切纳东尼. 品牌制胜. 中信出版社, 2002

[5] 陈云岗. 品牌体验. 中国人民大学出版社, 2004

[6] 曾朝晖. 品牌15步法则. 中华工商联合出版社, 2004

[7] [美]威廉·沙门. 品牌创建与形象保护. 时代文艺出版社, 2003

[8] 晓钟. 品牌成名造势之路. 经济管理出版社, 1999

[9] 晓钟. 品牌资本运营之势. 经济管理出版社, 1999

[10] 李政权. 弱势品牌营销. 浙江人民出版社, 2004

[11] 余明阳. 世界顶级品牌. 安徽人民出版社, 2004

[12] [英]马特·黑格. 品牌失败. 机械工业出版社, 2004

二、参考案例

[1] 金色拱门下的麦当劳. 引自余明阳主编. 世界顶级品牌. 安徽人民出版社, 2004年6月第1版

[2] 鳄鱼名将创鳄鱼名牌. 引自IAN BATEY. 卓越品牌著. 云南大学出版社, 2002年9月第1版

[3] 星巴克:第三生活空间. 引自星巴克网站 www.starbucks.com

[4] 哥伦比亚广播公司的Fender吉他:两种文化的故事. 引自杜婕, 吴明著. 世界顶级品牌. 经济管理出版社, 2005年7月第1版

[5] 北大方正品牌标识的创意设计. 引自北大方正 www.founder.com/recruit/index.asp

[6] "企鹅"怎样走向世界. 引自IAN BATEY著. 卓越品牌. 云南大学出版社, 2002年9月第1版

[7] Levis牛仔:不同的裤,相同的酷. 引自余明阳主编. 世界顶级品牌. 安徽人民出版社, 2004年6月第1版

[8] 百事:追求纯洁. 引自 www.pepsi.com.cn

[9] 广告传播打造"耐克神话". 引自耐克中国官方网站 www.nike.com.cn

[10] "大宝"的品牌传播策略. 引自余明阳主编. 中国品牌报告. 上海交通大学出版社,

2006 年 2 月第 1 版,

[11] 文化之争的可口可乐与百事可乐.引自龙文元编译.可口可乐不规则营销.哈尔滨出版社,2004 年 10 月第 1 版

[12] "七匹狼"品牌文化解析.引自白光主编.品牌文化.中国时代经济出版社,2002 年 1 月第 1 版

[13] "皮尔·卡丹帝国"的双名牌.引自 IAN BATEY 著.卓越品牌.云南大学出版社,2002 年 9 月第 1 版

[14] 高露洁食品.引自高露洁中文官方网站 http://www.coigate.com/

[15] 旁氏牙膏.引自旁氏 http://www.elle.com.tw/beauty/special/html

[16] 施乐:不仅仅是复印机.引自施乐中国网站 www.xerox.com.cn

[17] 麦当劳诽谤案.引自 www.mcdonalds.com.cn

[18] 华旗果茶的品牌危机.引自中国品牌网 www.cbone.com.cn

[19] 海澜:掀起新的波澜.引自中国品牌网 www.cbone.com.cn

[20] 柯达失去领先地位.引自张冰著.品牌将死吗.广东经济出版社,2001 年 6 月第 1 版

[21] 五粮液的多品牌战略.引自何满子著.中国酒文化.上海古籍出版社,2001 年版

[22] 佳洁士:将品牌延伸到极限.引自宝洁网站 http://www.dppck.com

[23] 摩托罗拉的品牌维新.引自摩托罗拉中国网站 www.motorola.com.cn

[24] "卧兔"为何变"脱兔".引自中国品牌网 www.cbone.com.cn

[25] 皇家壳牌.引自余明阳主编.世界顶级品牌.安徽人民出版社,2004 年 6 月第 1 版

[26] 恒源祥:真的想自杀.引自宋永高著.品牌战略和管理.浙江大学出版社,2003 年 6 月第 1 版